Oscar Lewis

# Los hijos de Sánchez

## Primera parte

Barcelona 2024
Linkgua-edición.com

# Créditos

Título original: Los hijos de Sánchez.

© 2024, Red ediciones S.L.

e-mail: info@linkgua.com

Diseño de cubierta: Michel Mallard.

ISBN tapa dura: 978-84-9953-975-1.
ISBN rústica ilustrada: 978-84-9007-967-6.
ISBN ebook: 978-84-9629-002-0.

# Sumario

Los textos son reproducción de grabaciones directas y versiones taquigráficas

Dedico este libro,
con profundo afecto y gratitud, a la familia Sánchez,
cuya identidad debe permanecer anónima

# Agradecimientos

En el proceso de escribir este libro he pedido a diversos amigos y colegas que leyeran y comentasen el manuscrito. Guardo especial agradecimiento a los profesores Conrad Arensberg y Frank Tannenbaum, de la Universidad de Columbia, William F. Whyte, de la Universidad de Cornell, y Sherman Paul, de la Universidad de Illinois, por haber leído la versión final. También debo agradecer a Margaret Shedd, a Kay Barrington, al doctor Zelig Skolnik, a los profesores Zella Luria, Charles Shattuck y George Gerbner por su lectura de una primera redacción de la historia de Consuelo. Al profesor Richards Eells por leer parte de la historia de Roberto. Por su lectura crítica de la Introducción estoy en deuda con los profesores Irving Goldman, Joseph B. Casagrande, Louis Schneider, Joseph D. Phillips y con mi hijo Gene L. Lewis.

Agradezco al doctor Mark Letson y a la señora Carolina Luján, de la Ciudad de México, sus análisis de las pruebas de Rorschach y de apercepción temática y por sus muchas indicaciones útiles sobre la estructura del carácter de los miembros de la familia Sánchez. Las pruebas mismas, los análisis de ellas y mi propia valoración serán publicados posteriormente. Agradezco a la señorita Angélica Castro de la Fuente su ayuda en algunas de las entrevistas con un miembro de la familia Sánchez. Asimismo quiero hacer llegar mi agradecimiento a la señorita Lourdes Marín por haberme prestado su cooperación en la preparación de esta edición en español.

A mi esposa, Ruth M. Lewis, compañera y colaboradora en mis estudios de temas mexicanos, le agradezco su invaluable ayuda para organizar y retocar mis materiales de investigación.

Agradezco a la Fundación Guggenheim la beca que me concedió en 1956, a la Fundación Wenner-Gren para Investigación Antropológica y al Consejo de Investigación de Ciencias Sociales sus subsidios otorgados en 1958, y a la Fundación Nacional de Ciencias por la ayuda económica de que disfruté en 1959. Finalmente, en lo que toca a la Universidad de Illinois, quiero agradecer la ayuda financiera que me prestaron la Junta de Investigaciones de la Universidad y el Centro de Estudios Superiores, por el nombramiento con que éste me favoreció para investigar en México, y al Departamento de Antropología por su licencia para ausentarme de él para realizar esta investigación.

# Introducción

Este libro trata de una familia pobre de la Ciudad de México: Jesús Sánchez, el padre, de cincuenta años de edad, y sus cuatro hijos: Manuel, de treinta y dos años; Roberto, de veintinueve; Consuelo, de veintisiete; y Marta, de veinticinco. Me propongo ofrecer al lector una visión desde adentro de la vida familiar, y de lo que significa crecer en un hogar de una sola habitación, en uno de los barrios bajos ubicados en el centro de una gran ciudad latinoamericana que atraviesa por un proceso de rápido cambio social y económico.

En el siglo XIX, cuando las ciencias sociales todavía estaban en su infancia, el trabajo de registrar los efectos del proceso de la industrialización y la urbanización sobre la vida personal y familiar quedó a cargo de novelistas, dramaturgos, periodistas y reformadores sociales. En la actualidad, un proceso similar de cambio cultural tiene lugar entre los pueblos de los países menos desarrollados, pero no encontramos ninguna efusión comparable de una literatura universal que nos ayudaría a mejorar nuestra comprensión del proceso y de la gente. Y, sin embargo, la necesidad de tal comprensión nunca ha sido más urgente, ahora que los países menos desarrollados se han convertido en una fuerza principal en el escenario mundial.

En el caso de las nuevas naciones africanas que surgen de una tradición tribal y cultural no literaria, la escasez de una gran literatura nativa sobre la clase baja no es sorprendente. En México y en otros países latinoamericanos donde ha existido una clase media de la cual surgen la mayor parte de los escritores, esta clase ha sido muy reducida. Además, la naturaleza jerárquica de la sociedad mexicana ha inhibido cualquier comunicación profunda a través de las líneas de clase. Otro factor más en el caso de México ha sido la preocupación, tanto de escritores como de antropólogos, con su problema indígena, en detrimento de los habitantes pobres de las ciudades.

Esta situación presenta una oportunidad única para las ciencias sociales y particularmente para la antropología de salvar la brecha y desarrollar una literatura propia. Los sociólogos, que han sido los primeros en estudiar los barrios bajos urbanos, ahora concentran su atención en los suburbios, pero descuidando relativamente a los pobres. En la actualidad, aun la mayor parte de los novelistas están tan ocupados sondeando el alma de la clase media que han perdido el contacto con los problemas de la pobreza y con las realidades de un mundo que cambia. Como ha dicho recientemente C. P. Snow:

A veces temo que la gente de los países ricos haya olvidado a tal punto lo que quiere decir ser pobre que ya no podemos sentir o conversar con los menos afortunados. Debemos aprender a hacerlo.

Son los antropólogos, por tradición los voceros de los pueblos primitivos en los rincones remotos del mundo, quienes cada vez más dedican sus energías a las grandes masas campesinas y urbanas de los países menos desarrollados. Estas masas son todavía desesperadamente pobres a pesar del progreso social y económico del mundo en el siglo pasado. Más de 1.000 millones de personas en setenta y cinco naciones de Asia, África, América Latina y Cercano Oriente tienen un ingreso promedio por persona de menos de 200 dólares anuales, en comparación con los más de 2.000 dólares, que privan en los Estados Unidos. El antropólogo que estudia el modo de vida en estos países ha llegado a ser, en efecto, el estudiante y el vocero de lo que llamo cultura de la pobreza. Para los que piensan que los pobres no tienen cultura, el concepto de una cultura de la pobreza puede parecer una contradicción. Ello parecería dar a la pobreza una cierta dignidad y una cierta posición. Mi intención no es ésa. En el uso antropológico el término cultura supone, esencialmente, un patrón de vida que pasa de generación en generación. Al aplicar este concepto de cultura a la comprensión de la pobreza, quiero atraer la atención hacia el hecho de que la pobreza en las naciones modernas no es solo un estado de privación económica, de desorganización, o de ausencia de algo. Es también algo positivo en el sentido de que tiene una estructura, una disposición razonada y mecanismos de defensa sin los cuales los pobres difícilmente podrían seguir adelante. En resumen, es un sistema de vida, notablemente estable y persistente, que ha pasado de generación a generación a lo largo de líneas familiares. La cultura de la pobreza tiene sus modalidades propias y consecuencias distintivas de orden social y psicológico para sus miembros. Es un factor dinámico que afecta la participación en la cultura nacional más amplia y se convierte en una subcultura por sí misma.

La cultura de la pobreza, tal como se define aquí, no incluye a los pueblos primitivos cuyo retraso es el resultado de su aislamiento y de una tecnología no desarrollada, y cuya sociedad en su mayor parte no está estratificada en clases. Tales pueblos tienen una cultura relativamente integrada, satisfactoria y autosuficiente. Tampoco la cultura de la pobreza es sinónimo de clase trabajadora, proletariado o campesinado, conglomerados que varían mucho en cuanto a situación económica en el mundo. En los Estados Unidos, por ejemplo, la clase trabajadora vive como una élite en comparación con las clases trabajadoras de los países menos desarrollados. La cultura de la pobreza solo tendría aplicación a la gente que está en el fondo mismo de la escala socioeconómica, los trabajadores más pobres, los campesinos más pobres, los cultivadores de plantaciones y esa gran masa heterogénea de pequeños artesanos y comerciantes a los que por lo general se alude como el lumpen-proletariado.

La cultura o subcultura de la pobreza nace en una diversidad de contextos históricos. Es más común que se desarrolle cuando un sistema social estratificado y económico atraviesa por un proceso de desintegración o de sustitución por otro, como en el caso de la transición del feudalismo al capitalismo o en el transcurso de la revolución industrial. A veces resulta de la conquista imperial en la cual los conquistados son mantenidos en una situación servil que puede prolongarse a lo largo de muchas generaciones. También puede ocurrir en el proceso de destribalización, tal como el que ahora tiene lugar en África, donde, por ejemplo, los migrantes tribales a las ciudades desarrollan «culturas de patio» notablemente similares a las vecindades de la Ciudad de México. Tendemos a considerar tal situación de los barrios bajos como fases de transición o temporales de un cambio cultural drástico. Pero éste no es necesariamente el caso, porque la cultura de la pobreza con frecuencia es una situación persistente aun en sistemas sociales estables. Ciertamente, en México ha sido un fenómeno más o menos permanente desde la conquista española de 1519, cuando comenzó el proceso de destribalización y se inició el movimiento de los campesinos hacia las ciudades. Solo han cambiado las dimensiones, la ubicación y la composición de los barrios bajos. Sospecho que en muchos otros países se han estado operando procesos similares.

Me parece que la cultura de la pobreza tiene algunas características universales que trascienden las diferencias regionales, rurales-urbanas y hasta nacionales. En mi anterior libro, *Antropología de la pobreza* (Fondo de Cultura Económica, 1961), sugerí que existían notables semejanzas en la estructura familiar, en las relaciones interpersonales, en las orientaciones temporales, en los sistemas de valores, en los patrones de gasto y en el sentido de comunidad en las colonias de la clase media en Londres, Glasgow, París, Harlem y en la Ciudad de México. Aunque éste no es el lugar de hacer un análisis comparativo extenso de la cultura de la pobreza, me gustaría elaborar algunos de estos rasgos y otros más, a fin de presentar un modelo conceptual provisional de esta cultura, basado principalmente en mis materiales mexicanos.

En México la cultura de la pobreza incluye por lo menos la tercera parte, ubicada en la parte más baja de la escala, de la población rural y urbana. Esta población se caracteriza por una tasa de mortalidad relativamente más alta, una expectativa de vida menor, una proporción mayor de individuos en los grupos de edad más jóvenes y, debido al trabajo infantil y femenil, por una proporción más alta en la fuerza trabajadora. Algunos de esos índices son más altos en las colonias pobres o en las secciones pobres de la Ciudad de México que en la parte rural del país considerado en su conjunto.

La cultura de la pobreza en México es una cultura provincial y orientada localmente. Sus miembros solo están parcialmente integrados en las instituciones nacionales y son gente marginal aun cuando vivan en el corazón de una gran ciudad. En la Ciudad de México, por ejemplo, la mayor parte de los pobres tienen un muy bajo nivel de educación y de alfabetismo, no pertenecen a sindicatos obreros, no son miembros de un partido político, no participan de la atención médica, de los servicios de maternidad ni de ancianidad que imparte la agencia nacional de bienestar conocida como Seguro Social, y hacen muy poco uso de los bancos, los hospitales, los grandes almacenes, los museos, las galerías artísticas y los aeropuertos de la ciudad.

Los rasgos económicos más característicos de la cultura de la pobreza incluyen la lucha constante por la vida, periodos de desocupación y de subocupación, bajos salarios, una diversidad de ocupaciones no calificadas, trabajo infantil, ausencia de ahorros, una escasez crónica de dinero en efectivo, ausencia de reservas alimenticias en casa, el sistema de hacer compras frecuentes de pequeñas cantidades de productos alimenticios muchas veces al día a medida que se necesitan, el empeñar prendas personales, el pedir prestado a prestamistas locales a tasas usurarias de interés, servicios crediticios espontáneos e informales (tandas) organizados por vecinos, y el uso de ropas y muebles de segunda mano.

Algunas de las características sociales y psicológicas incluyen el vivir incómodos y apretados, falta de vida privada, sentido gregario, una alta incidencia de alcoholismo, el recurso frecuente a la violencia al zanjar dificultades, uso frecuente de la violencia física en la formación de los niños, el golpear a la esposa, temprana iniciación en la vida sexual, uniones libres o matrimonios no legalizados, una incidencia relativamente alta de abandono de madres e hijos, una tendencia hacia las familias centradas en la madre y un conocimiento mucho más amplio de los parientes maternales, predominio de la familia nuclear, una fuerte predisposición al autoritarismo y una gran insistencia en la solidaridad familiar, ideal que raras veces se alcanza. Otros rasgos incluyen una fuerte orientación hacia el tiempo presente con relativamente poca capacidad de posponer sus deseos y de planear para el futuro, un sentimiento de resignación y de fatalismo basado en las realidades de la difícil situación de su vida, una creencia en la superioridad masculina que alcanza su cristalización en el machismo, o sea el culto de la masculinidad, un correspondiente complejo de mártires entre las mujeres y, finalmente, una gran tolerancia hacia la patología psicológica de todas clases.

Algunos de los rasgos arriba enunciados no están limitados a la cultura de la pobreza en México, sino que también se encuentran entre las clases medias y superiores. Sin embargo, es la modelación peculiar de estos rasgos lo que define la cultura de la pobreza. Por ejemplo, en la clase media, el machismo se expresa en términos de hazañas sexuales y en forma del complejo de Don Juan, en tanto que en la clase baja se expresa en términos de heroísmo y de falta de temor físico. De manera similar, entre la clase media la ingestión de bebidas alcohólicas es una afabilidad social, en tanto que entre la clase baja el emborracharse tiene funciones múltiples y diferentes: olvidar los problemas propios, demostrar la capacidad de beber, acumular suficiente confianza para hacer frente a las difíciles situaciones de la vida.

Muchos rasgos de la subcultura de la pobreza pueden considerarse como tentativas de soluciones locales a problemas que no resuelven las actuales agencias e instituciones, porque la gente no tiene derecho a sus beneficios, no puede pagarlos o sospecha de ellos. Por ejemplo, al no poder obtener crédito en los bancos, tiene que aprovechar sus propios recursos y organiza expedientes informales de crédito sin interés, o sea, las tandas. Incapaz de pagar un doctor, a quien se recurre solo en emergencias lamentables, y recelosa de los hospitales «adonde solo se va para morir», confía en hierbas y en otros remedios caseros y en curanderos y comadronas locales. Como critica a los sacerdotes, «que son humanos y por lo tanto pecadores como todos nosotros», raramente acude a la confesión o la misa y, en cambio, reza a las imágenes de santos que tiene en su propia casa y hace peregrinaciones a los santuarios populares.

La actitud crítica hacia algunos de los valores y de las instituciones de las clases dominantes, el odio a la policía, la desconfianza en el gobierno y en los que ocupan un puesto alto, así como un cinismo que se extiende hasta la Iglesia, dan a la cultura de la pobreza una cualidad contraria y un potencial que puede utilizarse en movimientos políticos dirigidos contra el orden social existente. Finalmente, la subcultura de la pobreza tiene también una calidad residual, en el sentido de que sus miembros intentan utilizar e integrar, en un sistema de vida operable, remanentes de creencias y costumbres de diversos orígenes.

Me gustaría distinguir claramente entre el empobrecimiento y la cultura de la pobreza. No todos los pobres viven ni desarrollan necesariamente una cultura de la pobreza. Por ejemplo, la gente de clase media que empobrece no se convierten automáticamente en miembros de la cultura de la pobreza, aunque tengan que vivir en los barrios bajos por algún tiempo. Igualmente, los judíos que vivían en la pobreza en la Europa oriental no desarrollaron una cultura de la pobreza porque su tradición de cultura y su religión les daba el sentido de la identificación con los judíos del mundo entero. Les daba la impresión de pertenecer a una comunidad unida por una herencia común y por creencias religiosas comunes.

He citado alrededor de cincuenta rasgos que constituyen la configuración de lo que yo llamo la cultura de la pobreza. Aunque la pobreza es solo uno de los numerosos rasgos que, de acuerdo con mi hipótesis, aparecen, he utilizado el término para designar la configuración total porque lo considero muy importante. No obstante, los demás rasgos, y especialmente los psicológicos e ideológicos, son también importantes y me gustaría reflexionar un poco sobre esto.

Los que viven dentro de la cultura de la pobreza tienen un fuerte sentido de marginalidad, de abandono, de dependencia, de no pertenecer a nada. Son como extranjeros en su propio país, convencidos de que las instituciones existentes no sirven a sus intereses y necesidades. Al lado de este sentimiento de impotencia hay un difundido sentimiento de inferioridad, de desvalorización personal. Esto es cierto de los habitantes de los barrios bajos de la Ciudad de México que no constituyen un grupo racial o étnico diferenciado ni sufren de discriminación racial. En los Estados Unidos, la cultura de la pobreza de los negros tiene la desventaja adicional de la discriminación racial. Los que viven dentro de una cultura de la pobreza tienen muy escaso sentido de la historia. Son gente marginal, que solo conocen sus problemas, sus propias condiciones locales, su propia vecindad, su propio modo de vida. Generalmente, no tienen ni el conocimiento ni la visión ni la ideología para advertir las semejanzas entre sus problemas y los de sus equivalentes en otras partes del mundo. En otras palabras, no tienen conciencia de clase, aunque son muy sensibles a las distinciones de posición social. Cuando los pobres cobran conciencia de clase, se hacen miembros de organizaciones sindicales, o cuando adoptan una visión internacionalista del mundo ya no forman parte, por definición, de la cultura de la pobreza, aunque sigan siendo desesperadamente pobres.

El concepto de una subcultura de la pobreza inserta en la cultura general nos permite ver cómo muchos de los problemas que consideramos peculiarmente nuestros o específicamente problemas de los negros (o de cualquier otro grupo racial o étnico en particular), existen también en países donde no existen grupos étnicos afectados. Sugiere también que la eliminación de la pobreza física *per se* puede no bastar para eliminar la cultura de la pobreza que es todo un modo de vida. Es posible hablar de borrar la pobreza, pero borrar una cultura o una subcultura es algo muy distinto porque plantea la cuestión básica del respeto a las diferencias culturales.

Los miembros de la clase media, y esto incluye por supuesto a la mayoría de los investigadores de ciencias sociales, tienden a concentrarse en los aspectos negativos de la cultura de la pobreza y tienden a asociar valencias negativas a rasgos tales como la orientación centrada en el momento presente, la orientación concreta *versus* la abstracta, etc. No pretendo idealizar ni romantizar la cultura de la pobreza. Como ha dicho alguien: «Es más fácil alabar la pobreza que vivirla». No obstante, no debemos pasar por alto algunos de los aspectos positivos que pueden surgir de estos rasgos. Vivir en el presente puede desarrollar una capacidad de espontaneidad, de goce de lo sensual, de aceptación de los impulsos, que con frecuencia está recortada en nuestro hombre de clase media orientado hacia el futuro. Quizá es esta realidad del momento la que los escritores existencialistas de clase media tratan de recuperar de manera tan desesperada, pero que la cultura de la pobreza experimenta como un fenómeno natural y cotidiano. El uso frecuente de la violencia significa una salida fácil para la hostilidad de modo que los que viven en la cultura de la pobreza sufren menos de represión que la clase media.

En relación con esto, me gustaría rechazar también la tendencia de algunos estudios sociológicos a identificar a la clase humilde casi exclusivamente con el vicio, el crimen y la delincuencia juvenil, como si la mayoría de los pobres fueran ladrones, mendigos, rufianes, asesinos o prostitutas. Por supuesto, en mis propias experiencias en México, la mayoría de los pobres me parecen seres humanos decentes, justos, valerosos y susceptibles de despertar afecto. Creo que fue el novelista Fielding el que escribió: «Los sufrimientos de los pobres son en realidad menos advertidos que sus malas acciones».

Resulta interesante comprobar que algo de esta ambivalencia en la apreciación de los pobres se refleja en los refranes y en la literatura. Algunos consideran a los pobres virtuosos, justos, serenos, independientes, honestos, seguros, bondadosos, simples y felices mientras que otros los ven malos, maliciosos, violentos, sórdidos y criminales.

La mayoría de la gente, en los Estados Unidos, se representa difícilmente a la pobreza como un fenómeno estable, persistente, siempre presente, porque nuestra economía en expansión y las circunstancias favorables de nuestra historia han creado un optimismo que nos hace pensar en la pobreza como transitoria. En realidad, la cultura de la pobreza en los Estados Unidos tiene un alcance relativamente limitado, pero está probablemente más difundida de lo que se ha creído generalmente. Al considerar lo que puede hacerse acerca de la cultura de la pobreza, debemos establecer una aguda distinción entre aquellos países en los que representa un segmento relativamente pequeño de la población y aquellos en los que constituye un sector muy amplio. Obviamente, las soluciones tendrán que diferir en estas dos áreas. En los Estados Unidos, la principal solución que ha sido propuesta por los planificadores, los organismos de acción social y los trabajadores sociales al tratar lo que llamamos «familias problema múltiples» o «pobres no merecedores» o el llamado «corazón de la pobreza», ha sido tratar de elevar lentamente su nivel de vida y de incorporarlos a la clase media. Y, cuando es posible, se recurre al tratamiento psiquiátrico en un esfuerzo por imbuir a esta «gente incapaz de cambiar, perezosa, sin ambiciones» de las más altas aspiraciones de la clase media.

En los países subdesarrollados, donde grandes masas de población viven en la cultura de la pobreza, dudo que sea factible nuestra solución de trabajo social. Tampoco pueden los psiquiatras empezar siquiera a enfrentarse con la magnitud del problema. Ya tienen suficiente con la creciente clase media. En los Estados Unidos, la delincuencia, el vicio y la violencia representan las principales amenazas para la clase media de la cultura de la pobreza. En nuestro país no existe amenaza alguna de revolución. Sin embargo, en los países menos desarrollados del mundo, los que viven dentro de la cultura de la pobreza pueden organizarse algún día en un movimiento político que busque fundamentalmente cambios revolucionarios, y ésta es una de las razones por las que su existencia plantea problemas terriblemente urgentes.

Si se aceptara lo que he esbozado brevemente como el aspecto psicológico básico de la cultura de la pobreza, puede ser más importante ofrecer a los pobres de los distintos países del mundo una auténtica ideología revolucionaria que la promesa de bienes materiales o de una rápida elevación en el nivel de vida. Es concebible que algunos países puedan eliminar la cultura de la pobreza (cuando menos en las primeras etapas de su revolución industrial) sin elevar materialmente los niveles de vida durante algún tiempo, cambiando únicamente los sistemas de valores y las actitudes de la gente de tal modo que ya no se sientan marginales, que empiecen a sentir que son su país, sus instituciones, su gobierno y sus líderes.

En las investigaciones que he realizado en México desde 1943 he intentado elaborar diversos enfoques sobre el estudio de la familia. En *Antropología de la pobreza* traté de ofrecer al lector algunas ojeadas de la vida diaria en cinco familias mexicanas en cinco días absolutamente ordinarios. En este volumen presento al lector una visión más profunda de la vida de una de estas familias, mediante el uso de una nueva técnica por la cual cada uno de los miembros de la familia cuenta la historia de su vida en sus propias palabras. Este método nos da una vista de conjunto, multifacética y panorámica, de cada uno de los miembros de la familia, sobre la familia como un todo, así como de muchos aspectos de la vida de la clase baja mexicana. Las versiones independientes de los mismos incidentes ofrecidas por los diversos miembros de la familia nos proporcionan una comprobación interior acerca de la confiabilidad y la validez de muchos de los datos y con ello se compensa parcialmente la subjetividad inherente a toda autobiografía considerada de modo aislado. Al mismo tiempo revelan las discrepancias acerca del modo en que cada uno de los miembros de la familia recuerda los acontecimientos.

Este método de autobiografías múltiples también tiende a reducir el elemento de prejuicio del investigador, porque las exposiciones no pasan a través del tamiz de un norteamericano de la clase media, sino que aparecen con las palabras de los personajes mismos. De esta manera creo que he evitado los dos peligros más comunes en el estudio de los pobres, a saber, la sentimentalización excesiva y la brutalización. Finalmente, espero que este método conservará para el lector la satisfacción y la comprensión emocional que el antropólogo experimenta al trabajar directamente con sus personajes, pero que solo raras veces aparecen transmitidas en la jerga formal de las monografías antropológicas.

Hay pocos estudios profundos de la psicología de los pobres en los países subdesarrollados, o aun en los Estados Unidos. La gente que vive en el nivel de pobreza descrito en este libro, aunque de ninguna manera es el nivel ínfimo, no ha sido estudiada intensivamente ni por psicólogos ni por psiquiatras. Tampoco los novelistas nos han trazado un retrato adecuado de la vida interior de los pobres en el mundo contemporáneo. Los barrios bajos han producido muy contados grandes escritores, y para cuando éstos han llegado a serlo, por lo general miran retrospectivamente su vida anterior a través de los lentes de la clase media, y escriben ajustándose a formas literarias tradicionales, de modo que la obra retrospectiva carece de la inmediatez de la experiencia original.

La grabadora de cinta utilizada para registrar las historias que aparecen en este libro, ha hecho posible iniciar una nueva especie literaria de realismo social. Con ayuda de la grabadora, las personas sin preparación, ineducadas y hasta analfabetas pueden hablar de sí mismas y referir sus observaciones y experiencias en una forma sin inhibiciones, espontánea y natural. Las historias de Manuel, Roberto, Consuelo y Marta tienen una simplicidad, una sinceridad y la naturaleza directa características de la lengua hablada, de la literatura oral, en contraste con la literatura escrita. A pesar de su falta de preparación formal, estos jóvenes se expresan notablemente bien, especialmente Consuelo, que en ocasiones alcanza alturas poéticas. Aunque presas de sus problemas irresolutos y de sus confusiones, han podido transmitirnos de sí mismos lo suficiente para que nos sea permitido ver sus vidas desde adentro y para permitirnos enterarnos de sus posibilidades y de sus talentos desperdiciados.

Ciertamente, las vidas de los pobres no son sosas. Las historias que aparecen en este volumen revelan un mundo de violencia y de muerte, de sufrimientos y privaciones, de infidelidades y de hogares deshechos, de delincuencia, corrupción y brutalidad policiaca, así como de la crueldad que los pobres ejercen con los de su clase. Estas historias también revelan una intensidad de sentimientos y de calor humano, un fuerte sentido de individualidad, una capacidad de gozo, una esperanza de disfrutar una vida mejor, un deseo de comprender y de amar, una buena disposición para compartir lo poco que poseen, y el valor de seguir adelante frente a muchos problemas no resueltos. El marco de estas historias es Bella Vista, la extensa vecindad de un piso situada en el corazón de la Ciudad de México. Bella Vista es solo una entre un centenar de vecindades que conocí en 1951, cuando estudiaba la urbanización de los campesinos que desde la aldea llamada Azteca se trasladaron a la Ciudad de México. Inicié mi estudio de Azteca muchos años antes, en 1943. Posteriormente, con la ayuda de los propios campesinos, pude localizar algunos antiguos habitantes de la aldea en diversas partes de la ciudad y encontré dos familias de ellos en Bella Vista. Después de terminar mi estudio sobre los migrantes campesinos, amplié el horizonte de mi investigación y comencé a estudiar vecindades enteras, incluyendo a todos los residentes en ellas, sin tomar en cuenta sus lugares de origen.

En octubre de 1956, mientras realizaba mi estudio de Bella Vista, encontré a Jesús Sánchez y a sus hijos. Jesús había sido inquilino allí por más de veinte años y, aunque sus hijos habían cambiado de residencia varias veces, el hogar de una habitación en Bella Vista era un punto saliente de estabilidad en sus vidas. Leonor, la madre de aquéllos y primera esposa de Jesús, había muerto en 1936, solo unos años antes de que se cambiaran a Bella Vista. La hermana mayor de Leonor, Guadalupe, de sesenta años de edad, vivía en una vecindad de menores dimensiones, «Magnolia», ubicada en la calle del mismo nombre, a unas cuantas cuadras de distancia. La tía Guadalupe fue una madre vicaria para cada uno de los hijos; la visitaban con frecuencia y utilizaban su casa como refugio en tiempos difíciles. Por lo tanto, la acción de los relatos va de un lugar a otro entre Bella Vista y la vecindad de Magnolia.

Ambas vecindades están cerca del centro de la ciudad, a solo diez minutos a pie de la plaza principal o Zócalo con su gran Catedral y su Palacio Nacional. Apenas a media hora de distancia está el santuario nacional de la Virgen de Guadalupe, patrona de México, al cual acuden multitud de peregrinos de todas partes del país. Tanto Bella Vista como la vecindad de Magnolia están en una zona pobre de la ciudad, con unos cuantos talleres y bodegas pequeñas, baños públicos, cinematógrafos de tercera clase en decadencia, escuelas sobrepobladas, cantinas, pulquerías y muchos establecimientos pequeños. El mercado de Tepito, el principal de artículos de segunda mano en la Ciudad de México, está a solo unas cuadras de distancia; otros grandes mercados, como los de la Merced y la Lagunilla, que recientemente fueron reconstruidos y modernizados, están tan cerca que se puede ir a ellos a pie. En esta zona la incidencia de homicidios, borracheras y delincuencia es alta. Se trata de un barrio densamente poblado; durante el día y mucho después de oscurecer, las calles y los umbrales de las puertas están llenos de gente que va y viene o que se amontona en las entradas de los establecimientos. Hay mujeres que venden tacos o caldo en pequeños puestos que sitúan en las aceras. Las calles y las banquetas son amplias y están pavimentadas, pero carecen de árboles, de césped y de jardines. La mayor parte de la gente vive en hileras de casas compuestas por una sola habitación, que dan frente a patios interiores, ocultos a la vista de la calle por establecimientos comerciales o por las paredes de la vecindad.

Bella Vista está ubicada entre las calles de Marte y Camelia. Se extiende sobre toda una manzana, alberga a setecientas personas y constituye por sí misma un mundo en pequeño: la circundan dos altos muros de cemento por el norte y por el sur e hileras de establecimientos por los otros dos lados. Estos establecimientos —expendios de comida, una lavandería, una vidriería, una carpintería, un salón de belleza, juntamente con el mercado de la vecindad y baños públicos— resuelven las necesidades básicas de la vecindad, de modo que muchos de los inquilinos raras veces salen de las cercanías inmediatas y son casi extraños para el resto de la Ciudad de México. Este sector de la ciudad fue en una ocasión morada del bajo mundo, y aún en la actualidad la gente teme caminar por sus calles a altas horas de la noche. Pero la mayor parte de los elementos criminales se han mudado del barrio y la mayoría de quienes residen actualmente en él son comerciantes pobres, artesanos y obreros.

Dos entradas estrechas y poco notorias, cada una de ellas con una puerta alta, están abiertas durante el día, pero se cierran por la noche a las 22 horas; introducen a la vecindad por los lados oriente y occidente. Todo el que entre o salga a deshoras tiene que tocar el timbre para que acuda el portero y ha de pagar para que se le abra la puerta. La vecindad también está protegida por dos santas patronas, la Virgen de Guadalupe y la Virgen de Fátima, cuyas estatuas aparecen en cajas de cristal, una en cada una de las entradas. Ofrendas de flores y de veladoras rodean a las imágenes y sobre sus faldas aparecen pequeñas medallas brillantes («milagros»), cada una de las cuales testimonia algún hecho portentoso realizado en favor de alguien en la vecindad. Son pocos los residentes que pasan ante las Vírgenes sin hacer algún acto de acatamiento, aunque solo sea una ojeada o un apresurado persignarse.

Dentro de la vecindad existen dos largos patios pavimentados, de alrededor de 4 metros y medio de ancho. A intervalos regulares, de aproximadamente 3 metros 60 centímetros, se alinean frente a los patios 157 apartamientos de una sola habitación, sin ventanas, cada una de cuyas puertas está pintada de un color rojo semejante al de los graneros. Durante el día, junto a la mayor parte de las puertas pueden verse fuertes escaleras de madera que conducen a los techos planos, de poca altura, correspondientes a la parte superior de la cocina de cada vivienda. Estos techos sirven para muchos usos y en ellos puede verse una multitud de sogas para tender la ropa, jaulas de gallinas, palomares, tiestos con flores o con hierbas medicinales, tanques de gas combustible para la cocina y ocasionalmente alguna antena de televisión.

Durante el día, los patios están llenos de gente y de animales: perros, pavos, pollos y algunos puercos. Los niños juegan allí porque es más seguro el patio que las calles. Las mujeres forman filas cuando van en busca de agua o conversan entre sí mientras ponen a secar al Sol su ropa, y los vendedores ambulantes entran para vender sus mercancías. Todas las mañanas llega un hombre, con un gran bote redondo sobre ruedas, a recoger de patio en patio los desechos de cada familia. Por la tarde, las pandillas de muchachos de mayor edad con frecuencia se apoderan de un patio para jugar algo que se asemeja al futbol soccer. Los domingos por la noche se celebra, por lo general, un baile al aire libre.

Los inquilinos de Bella Vista provienen de veinticuatro de las treinta y dos entidades que integran la nación mexicana. Algunos vienen desde un lugar tan lejano en el sur como Oaxaca o Yucatán, y otros de los Estados norteños de Chihuahua y Sinaloa. La mayor parte de las familias han vivido en la vecindad de quince a veinte años, y algunos hasta treinta. Más de la tercera parte de las familias tienen parientes directos dentro de la vecindad y aproximadamente la cuarta parte se han relacionado por matrimonio o por compadrazgo. Estos vínculos, además del bajo importe de la renta mensual y la escasez de casas habitación de la ciudad, contribuyen a la estabilidad de los inquilinos. Algunas familias que reciben ingresos más altos tienen sus pequeñas viviendas apretujadas con buenos muebles y aparatos eléctricos, y esperan una oportunidad para mudarse a algún barrio mejor; pero la mayoría están contentos de vivir en Bella Vista y hasta se muestran orgullosos por ello.

El sentimiento de comunidad es muy fuerte en la vecindad, particularmente entre los jóvenes que pertenecen a las mismas pandillas, entablan amistades que duran toda la vida, asisten a las mismas escuelas, se reúnen en los mismos bailes celebrados en los patios y con frecuencia contraen matrimonio con otras personas de la vecindad. Los adultos también tienen amistades a las cuales visitan, con las cuales salen y a las que piden dinero en préstamo. Grupos de vecinos organizan rifas y tandas, participan juntos en peregrinaciones religiosas, y juntos también celebran los festivales de los santos patronos de la vecindad y las posadas de Navidad, así como otras festividades. Pero estos esfuerzos de grupo son ocasionales: la mayor parte de los adultos «se ocupan de sus propios asuntos» y tratan de conservar la intimidad familiar. La mayor parte de las puertas se mantienen cerradas y es habitual llamar y esperar a que se dé el permiso de entrar cuando se hace una visita. Algunas personas visitan solo a sus familiares o compadres y, en verdad, solo han entrado en muy pocas viviendas. No es común el invitar a algunos amigos o vecinos a comer salvo en ocasiones formales tales como días de cumpleaños o celebraciones religiosas. Aunque en alguna ocasión los vecinos se prestan ayuda, especialmente ante una emergencia, esta actividad se reduce al mínimo. Las dificultades entre familias, originadas por travesuras de los chicos, las luchas callejeras entre pandillas y los pleitos personales entre muchachos no son inusitados en Bella Vista.

Los habitantes de Bella Vista se ganan la vida en una gran diversidad de ocupaciones, algunas de las cuales se desempeñan dentro de la vecindad. Las mujeres lavan o cosen ropa ajena; los hombres son zapateros, limpiadores de sombreros o vendedores de fruta y dulces. Algunos salen a trabajar en fábricas o talleres, o bien como choferes y comerciantes en pequeño. Los niveles de vida son bajos, pero de ninguna manera son los más bajos de la Ciudad de México, y la gente que vive en las cercanías considera a Bella Vista como un lugar elegante.

Las vecindades de Bella Vista y Magnolia representan agudos contrastes dentro de la cultura de la pobreza. La de Magnolia es una pequeña vecindad que está formada por una sola hilera de doce viviendas sin ventanas, expuestas a la vista de los transeúntes, no tiene muros que la circunden, ni puerta, y solo un patio de tierra. Aquí, a diferencia de Bella Vista, no existen cuartos de baño interiores ni agua entubada. Dos lavaderos públicos y dos cuartos de baño arruinados, de ladrillo desmoronado y adobe y con cortinas hechas de arpilleras deshilachadas, sirven a los ochenta y seis habitantes.

Al trasladarse de la vecindad de Magnolia a la de Bella Vista, puede encontrarse mayor número de camas por habitante y un menor número de personas que duermen en el piso, más personas que cocinan con gas en lugar de petróleo y carbón, más personas que comen regularmente tres veces al día, utilizan cuchillo y tenedor para comer además de tortillas y cucharas, beben cerveza en lugar de pulque, compran de preferencia muebles y ropa nueva y celebran el Día de los Muertos asistiendo a misa en la iglesia en lugar de dejar las tradicionales ofrendas de incienso, veladoras, alimento y agua en sus casas. La tendencia se mueve del adobe al cemento, de las vasijas de barro al equipo de aluminio, de las hierbas medicinales a los antibióticos, y de los curanderos locales a los médicos.

En 1956, el 79 % de los inquilinos de Bella Vista tenían radios, el 55 % estufas de gas, el 54 % relojes de pulso, el 49 % utilizaban cuchillos y tenedores, el 46 % tenían máquinas de coser, el 41 % vasijas de aluminio, el 22 % licuadoras eléctricas, el 21 % televisiones. En Magnolia, la mayor parte de estos artículos de lujo faltaban. Solo una casa tenía televisión y en dos de ellas poseían relojes de pulso.

En Bella Vista el ingreso mensual por habitante variaba de 23 a 500 pesos. El 68 % tenían ingresos de 200 pesos o menos mensualmente por persona, el 22 % tenían ingresos entre 201 y 300 pesos, y el 10 % entre 301 y 500 pesos. En Magnolia más del 85 % de las casas tenían un ingreso mensual promedio de menos de 200 pesos, ninguno tenía más de 200 pesos y el 41 % percibían menos de 100 pesos.

La renta mensual por una vivienda de una habitación en Bella Vista variaba de 30 a 50 pesos; en Magnolia iba de 15 a 30 pesos. Muchas familias formadas por el marido, la esposa y cuatro niños pequeños se las arreglaban para vivir con una cifra entre 8 y 10 pesos al día para alimentos. Su dieta consistía en café negro, tortillas, frijoles y chile.

En Bella Vista el nivel educativo variaba ampliamente, desde doce adultos que nunca habían asistido a la escuela hasta una mujer que estudió en las aulas durante once años. El número promedio de asistencia escolar anual fue de 4.7. Solo el 8 % de los residentes eran analfabetos, y el 20 % de los hogares se habían formado bajo el sistema de unión libre.

En Magnolia, el nivel de asistencia escolar era de 2.1 años; no había ni un solo graduado de escuela primaria; el 40 % de la población era analfabeta, y el 46 % de los hogares se formaron dentro del sistema de unión libre. En Bella Vista solo la tercera parte de las familias estaban unidas por parentesco directo y aproximadamente la cuarta parte por matrimonios y compadrazgo. En Magnolia la mitad de las familias tenían un parentesco directo y todas estaban unidas por vínculos de compadrazgo.

La familia Sánchez formó parte de una muestra al azar de setenta y una familias seleccionadas en Bella Vista para fines de estudio. Jesús Sánchez figuraba en el grupo de ingresos medios de la vecindad, con un sueldo de 12.50 pesos diarios, como comprador de artículos alimenticios del restaurante La Gloria. Difícilmente podría haberse sostenido él mismo con ingreso tal, de modo que complementaba sus gastos vendiendo billetes de lotería y por medio de la cría y venta de cerdos, pichones, pollos y aves canoras, además de que, con toda probabilidad, recibía «comisiones» en los diversos mercados. Jesús se mostró discreto acerca de estas fuentes extraordinarias de ingresos, pero con ellas se las arregló para sostener, en una escala muy modesta, tres diferentes hogares situados en partes muy distintas de la ciudad. Por el tiempo en que realicé mi investigación, vivía con su esposa Dalila, su favorita, más joven que él, en un cuarto de la calle de Niño Perdido; la sostenía a ella, a los dos niños que con ella tenía, al hijo de su primer marido, a su madre y a los cuatro niños de su hijo Manuel. La esposa de más edad de Jesús, Lupita, sus dos hijas y dos nietos, a todos los cuales sostenía él, vivían en una casita que Jesús había construido en la colonia El Dorado, situada en los suburbios de la ciudad. Jesús también sostenía la habitación ubicada en Bella Vista, donde vivían su hija Marta con sus hijos, su hija Consuelo y su hijo Roberto.

Salvo por un viejo radio, no había artículos de lujo en el hogar que la familia Sánchez tenía en Bella Vista, pero por lo regular había bastante comida y la familia podía jactarse de tener una educación más amplia que cualquiera de sus vecinos. Jesús había asistido a la escuela solo un año, pero Manuel, su hijo mayor, terminó los seis años de instrucción primaria. Consuelo también terminó su instrucción primaria y completó, asimismo, dos años de estudios en una escuela comercial. Roberto se salió de la escuela al tercer año; Marta terminó el cuarto año.

La familia Sánchez difería de algunos de sus vecinos por tener una sirvienta, que venía durante el día para hacer la limpieza, el lavado de la ropa y preparar las comidas. Esto fue después de la muerte de la primera esposa de Jesús, Leonor, y cuando sus hijos todavía eran pequeños. La sirvienta era una vecina o parienta, por lo general una viuda o una esposa abandonada, dispuesta a trabajar por muy poco dinero. Aunque esto le daba cierto prestigio a la familia, no constituía una señal de riqueza ni era inusitado en la vecindad.

Fui presentado a la familia Sánchez por uno de mis amigos de la vecindad. En mi primera visita encontré la puerta entreabierta, y mientras esperaba a que alguien contestara a mi llamado, pude ver el interior más bien triste, que había tenido mejores tiempos. La pequeña azotehuela donde estaban situados la cocina y el baño necesitaba urgentemente pintura y estaba amueblada solo con una estufa de petróleo de dos quemadores, una mesa y dos sillas de madera sin pintar. Ni la cocina ni la recámara un poco más grande que estaban más allá de la puerta de entrada tenían nada del aire de prosperidad autoconsciente que pude presenciar en algunos de los hogares más acomodados de Bella Vista.

Consuelo acudió a mi llamado. Se veía delgada y pálida y me explicó que justamente acababa de padecer una enfermedad seria. Marta, su hermana más joven, se le unió cargando un niño envuelto en un rebozo, pero no dijo nada. Les expliqué que yo era un profesor y antropólogo norteamericano y que había vivido varios años en una aldea mexicana para estudiar sus costumbres. Ahora me ocupaba de comparar la vida de las familias que vivían en las vecindades de la ciudad con la de las que vivían en la aldea y que buscaba en Bella Vista gente que quisiera ayudarme.

Para comenzar, les pregunté dónde pensaban que la gente vivía mejor, si en el campo o en la ciudad. Después de hacerles unas cuantas preguntas de esta clase, que en otras entrevistas me habían sido muy útiles, comencé enseguida con algunas de las preguntas que contenía mi primer cuestionario. En ellas se interrogaba acerca del sexo, edad, lugar de nacimiento, educación y ocupación, así como la historia del trabajo desempeñado por cada uno de los miembros de la familia.

Casi había terminado con estas preguntas cuando entró bruscamente el padre, Jesús Sánchez, cargando al hombro un saco de alimentos. Era un hombre de baja estatura, rechoncho, lleno de energía, con rasgos indígenas, que vestía un overol azul y llevaba un sombrero de paja, un término medio entre el campesino y el obrero. Entregó el saco a Marta, dijo unas palabras a título de saludo a Marta y Consuelo y se volvió, suspicaz, a preguntar qué era lo que yo deseaba. Contestó lacónicamente a mis preguntas, afirmando que la vida en el campo era muy superior a la de la ciudad debido a que en ésta los jóvenes se corrompían, especialmente cuando no sabían aprovechar las ventajas de la ciudad. Después dijo que tenía poco tiempo y salió tan abruptamente como había entrado.

En mi siguiente entrevista a la casa de Sánchez encontré a Roberto, el segundo hijo. Era más alto y tenía la piel más oscura que los demás miembros de la familia; tenía el cuerpo de un atleta. Era agradable y de voz suave y me dio la impresión de ser inusitadamente correcto y respetuoso. Conmigo fue muy cortés siempre, aun cuando estuviera beodo. Solo varios meses después encontré a Manuel, el hermano mayor, porque estaba por entonces fuera del país.

En las semanas y meses que siguieron continué mi trabajo con las demás familias de la vecindad. Completé los datos que necesitaba de la familia Sánchez después de cuatro entrevistas, pero frecuentemente llegaba a su casa para conversar casualmente con Consuelo, Marta o Roberto, pues todos se mostraban amistosos y me dieron información útil sobre la vida de la vecindad. Cuando comencé a aprender algo acerca de cada uno de los miembros de la familia, me di cuenta de que esta sola familia parecía ilustrar muchos de los problemas sociales y psicológicos de la vida mexicana de la clase humilde. Entonces decidí iniciar un estudio en profundidad. Primero Consuelo, después Roberto y Marta convinieron en contarme sus vidas, historias que fueron grabadas con su conocimiento y autorización. Cuando volvió Manuel, también cooperó. Mi trabajo con Jesús comenzó después de que había estado estudiando a sus hijos durante seis meses. Fue difícil ganarme su confianza, pero cuando finalmente aceptó grabar la historia de su vida, esto vigorizó mis relaciones con sus hijos.

Debido a que era necesario estar en privado para obtener una versión independiente de cada autobiografía, casi toda la labor de grabación se hizo en mi oficina y en mi casa. La mayor parte de las sesiones fueron grabadas individualmente, pero cuando volví a México en 1957, 1958 y 1959, me las arreglé para celebrar discusiones de grupo con dos o tres miembros de la familia al mismo tiempo. Ocasionalmente, hicimos alguna grabación en su hogar de Bella Vista. Pero ellos se expresaban con mayor libertad cuando estaban lejos de la vecindad. También me di cuenta de que era útil mantener el micrófono fuera de su vista fijándolo en su ropa; en esta forma podíamos celebrar nuestras conversaciones como si no estuviera allí.

En la obtención de los datos detallados e íntimos que contienen estas autobiografías, no utilicé ninguna técnica secreta, ni drogas especiales, ni diván psicoanalítico alguno. Las herramientas más útiles del antropólogo son la simpatía y la solidaridad con la gente a la cual estudia. Lo que comenzó como un interés profesional en sus vidas se convirtió en amistad cordial y duradera. Llegué a interesarme profundamente en sus problemas y con frecuencia sentí como si tuviera dos familias a quien atender: la familia Sánchez y la mía propia. He estado centenares de horas con miembros de la familia; he comido en sus casas, he asistido a sus bailes y he convivido con ellos en sus festividades; los he acompañado adonde trabajan, me he reunido con sus parientes y amigos y he asistido con ellos a peregrinaciones, a la iglesia, al cinematógrafo y a acontecimientos deportivos.

La familia Sánchez aprendió a confiar en mí. A veces me llamaban en momentos de necesidad o de crisis, y los ayudamos cuando sufrían enfermedades, cuando se emborrachaban, cuando tenían dificultades con la policía, cuando no tenían trabajo o cuando se enfrentaban entre sí. No seguí la práctica antropológica común de pagarles como informantes, y me impresionó la ausencia de incentivo monetario en sus relaciones conmigo. Básicamente, fue un sentimiento amistoso el que los llevó a contarme la historia de sus vidas. El lector no debe subestimar el valor que se requiere para presentar, como ellos lo hicieron, los muchos recuerdos y experiencias dolorosas de sus vidas. Hasta cierto punto esto ha servido como una especie de catarsis y alivió sus necesidades. Se conmovieron por mi dedicación hacia ellos, y mi regreso a México un año tras otro constituyó un factor decisivo para aumentar su confianza. Su imagen positiva de los Estados Unidos como un país «superior» indudablemente reforzó mi posición ante ellos y me colocó en el papel de una figura autoritaria benévola, más bien que la punitiva que estaban tan acostumbrados a ver en su propio padre. Su identificación con mi trabajo y su sentido de participación en un proyecto de investigación científica, por vaga que haya sido la forma en que concibieron sus objetivos últimos, les proporcionó una sensación de satisfacción y de importancia que los transportó más allá de los horizontes más limitados de sus vidas diarias. Con frecuencia me dijeron que si sus autobiografías pudiesen ayudar a otros seres humanos en alguna parte, experimentarían una sensación de labor cumplida.

En el transcurso de nuestras entrevistas presenté centenares de preguntas a Manuel, Roberto, Consuelo, Marta y Jesús Sánchez. Naturalmente, mi preparación como antropólogo, mi familiaridad de años con la cultura mexicana y mis valores propios influyeron en el resultado final de este estudio. Si bien utilicé en las entrevistas un método directivo, estimulé la libre asociación, y fui un buen oyente. Intenté abarcar sistemáticamente una amplia variedad de temas: sus primeros recuerdos, sus sueños, sus esperanzas, temores, alegrías y sufrimientos; sus ocupaciones, sus relaciones con amigos, parientes, patronos; su vida sexual; sus conceptos de la justicia, la religión y la política; sus conocimientos sobre geografía e historia; en resumen, su concepto total del mundo. Muchas de mis preguntas los estimularon a expresarse sobre temas en que de no haber sido así jamás hubieran pensado ni proporcionado voluntariamente información sobre ellos. Sin embargo, las respuestas fueron las suyas propias.

Al preparar las entrevistas para su publicación, he eliminado mis preguntas y seleccionado, ordenado y organizado sus materiales en autobiografías congruentes. Si se acepta lo que dice Henry James de que la vida es toda inclusión y confusión, en tanto que el arte es todo discriminación y selección, entonces estas autobiografías tienen al mismo tiempo algo de arte y algo de vida. Creo que esto de ninguna manera reduce la autenticidad de los datos o su utilidad para la ciencia. Para aquellos de mis colegas que estén interesados en la materia prima, tengo a su disposición las entrevistas grabadas.

La revisión final ha sido más extensa en algunos casos que en otros. Manuel, con mucho el más fluido y dramático relator de la familia, requirió relativamente poco trabajo. Su autobiografía refleja mucho de su estructura original. Pero, quizá más que las otras, pierde mucho con la transcripción porque su autor es un actor nato con gran facilidad para los matices, las pausas y la entonación. Una sola pregunta con frecuencia provocaba un monólogo ininterrumpido de cuarenta minutos. Roberto hablaba con facilidad, aunque menos dramáticamente y en forma más sencilla, sobre sus aventuras, pero se mostró más restringido acerca de sus sentimientos y de su vida sexual. En el caso de Consuelo fue necesaria una gran labor de revisión debido a la superabundancia de material. Además de las entrevistas grabadas, ella también escribió en forma extensa sobre diversos incidentes acerca de los cuales la interrogué. Marta fue quien mostró menos facilidad para el monólogo extenso o para la organización de las ideas. Durante mucho tiempo contestó a la mayor parte de mis preguntas con una sola frase o una oración. En este sentido era como su padre. Sin embargo, dándoles tiempo y estímulo ambos se volvieron más fluidos y tuvieron sus momentos elocuentes.

Manuel fue el menos inhibido para utilizar la típica jerga de los barrios bajos, con toda su profanidad y su fuerte metáfora sexual. Roberto también habló en forma muy natural, pero con frecuencia preludiaba alguna expresión fuerte con un cortés «con el perdón de usted, doctor». También Marta habló en su lengua natural. Consuelo y su padre fueron los más formales y «correctos» y raras veces se sirvieron de términos vulgares durante las sesiones de grabación.

La fluencia del lenguaje y el vocabulario de los mexicanos, ya se trate de campesinos o de habitantes de los barrios bajos, siempre me ha llamado la atención. En general, el lenguaje de Manuel y el de Consuelo es bastante más rico que el de Roberto y Marta, tal vez porque los primeros asistieron durante más tiempo a la escuela. El uso que Manuel hace de términos un tanto elaborados, como «subconsciente», «luminarias» y «opulencia portentosa» puede parecer sorprendente, pero Manuel lee Selecciones y tiene cierta tendencia hacia la intelectualidad. Además, en nuestros días, aun los analfabetos habitantes de los barrios bajos reciben ideas y terminología avanzadas por obra de la televisión, la radio y el cinematógrafo.

El lector podrá advertir que existe un marcado contraste entre Jesús Sánchez y sus hijos. Este contraste refleja no solo la diferencia entre la formación en el campo y la urbana, sino también la diferencia entre el México prerrevolucionario y el posrevolucionario. Jesús nació en una pequeña aldea en el Estado de Veracruz en 1910, el año mismo que señaló el comienzo de la Revolución Mexicana. Sus hijos nacieron entre 1928 y 1935 en los barrios bajos de la Ciudad de México. Jesús creció en un México sin automóviles, sin cinematógrafos, sin radios ni televisión, sin educación universal libre, sin elecciones libres y sin la esperanza de experimentar una movilidad ascendente ni hacerse rico con rapidez. Creció en la tradición del autoritarismo, con su acentuación en ser respetuoso, el trabajo tenaz y la autoabnegación. Los hijos de Sánchez, aunque sujetos a su carácter dominante y autoritario, también recibieron la influencia de los valores revolucionarios, pero con su más acentuada insistencia en el individualismo y en la movilidad social. Es tanto más notable, por lo tanto, que el padre que nunca aspiró a ser más que un simple trabajador se las arreglara para elevarse desde las profundidades inferiores de la pobreza, en tanto que sus hijos han permanecido en ese nivel. Me gustaría subrayar que la familia Sánchez no está de ninguna manera en el nivel más bajo de la pobreza en México. Aproximadamente un millón y medio de personas, entre una población total de aproximadamente cinco millones de almas que tiene la

Ciudad de México, viven en condiciones similares o peores. La persistencia de la pobreza en la ciudad más importante de la nación, cincuenta años después de la gran Revolución Mexicana, presenta serias cuestiones acerca del grado en que este movimiento ha logrado alcanzar sus objetivos sociales. A juzgar por la familia Sánchez, por sus amigos, vecinos y parientes, la promesa esencial de la Revolución no ha sido cumplida aún.

Esta afirmación se basa en el conocimiento pleno de los cambios impresionantes y de largo alcance que se han producido por obra de la Revolución: la transformación de una economía semifeudal, la distribución de la tierra a los campesinos, la emancipación del indio, la vigorización de la posición de la clase obrera, la difusión de la educación pública, la nacionalización del petróleo y de los ferrocarriles y la aparición de una nueva clase media. Desde 1940 la economía ha estado en expansión y el país ha llegado a ser agudamente consciente de la producción. Los principales periódicos informan diariamente en sus encabezados de progresos cada vez más notables en la agricultura y la industria y orgullosamente anuncian la existencia de fuertes reservas de oro en la tesorería de la nación. Se ha creado un espíritu de auge que recuerda la gran expansión de los Estados Unidos a fines del siglo pasado y comienzos del actual. Desde 1940 la población ha aumentado de aproximadamente 19 millones a 34 millones en 1960. La Ciudad de México es ahora la ciudad más grande de América Latina y ocupa el tercero o cuarto lugar en el Continente Americano. Una de las tendencias más significativas en México desde 1940 ha sido la creciente influencia de los Estados Unidos en la vida mexicana. Nunca antes, en la larga historia de las relaciones entre los Estados Unidos y México, ha existido una tan intensa y variada interacción entre ambos países. La estrecha cooperación que tuvo lugar durante la Segunda Guerra Mundial, el rápido ritmo de inversión norteamericana, que ha llegado a ser casi de 1.000 millones de dólares en 1960, el notable crecimiento de los turistas norteamericanos en México y de los mexicanos que visitan los Estados Unidos, la emigración anual de varios centenares de miles de trabajadores del campo a los Estados Unidos, el intercambio de estudiantes, técnicos y profesores, y el número cada vez mayor de mexicanos que se convierten en ciudadanos norteamericanos han integrado un nuevo tipo de relaciones entre los dos países.

Los principales programas de televisión son patrocinados por compañías controladas por extranjeros, tales como la Nestlé, la General Motors, la Ford, Procter & Gamble y Colgate. Solo el hecho de que se utilice la lengua española y representen artistas mexicanos distingue a los anuncios de los que se emiten en los Estados Unidos. Las prácticas de venta al detalle por los grandes almacenes se han hecho populares en la mayor parte de las grandes ciudades, por obra de compañías comerciales como Woolworth's y Sears Roebuck & Co., y los supermercados donde el cliente se despacha a sí mismo ahora empacan muchas marcas de productos norteamericanos para uso de la creciente clase media. La lengua inglesa ha sustituido a la francesa como segundo idioma en las escuelas, y la tradición médica francesa está siendo reemplazada lenta, pero seguramente, por la medicina norteamericana.

A pesar de la producción incrementada y de la aparente prosperidad, la desigual distribución de la cada vez mayor riqueza nacional ha hecho que la disparidad entre los ingresos de los ricos y los de los pobres sea más notoria que nunca antes. Y a pesar de que se ha registrado algún aumento en el nivel de vida de la población en general, en 1956 más del 60 % de la población estaba todavía mal alimentada, mal albergada y mal vestida, el 40 % era analfabeta y el 46 % de los niños del país no asistían a la escuela.

Una inflación crónica desde 1940 ha reducido el ingreso real de los pobres, y el costo de la vida para los trabajadores en la Ciudad de México ha aumentado más de cinco veces desde 1939. Según el censo de 1950 (cuyos datos se publicaron en 1955), el 89 % de todas las familias mexicanas que informaron sobre sus ingresos percibieron menos de 600 pesos al mes. Un estudio publicado en 1960 por una competente economista mexicana, Ifigenia M. de Navarrete, mostró que entre 1950 y 1957 aproximadamente la tercera parte de la población situada en la parte inferior de la escala sufrió una disminución en su ingreso real. Es un hecho del dominio común que la economía mexicana no puede dar ocupación a todos los habitantes del país. De 1942 a 1955 aproximadamente un millón y medio de mexicanos fueron a los Estados Unidos a trabajar como braceros, o sea, como trabajadores agrícolas temporales, y esta cifra no incluye a los «espaldas mojadas» ni a otros inmigrantes ilegales. Si los Estados Unidos cerraran de pronto sus fronteras a los braceros, tal vez se presentaría en México una crisis grave. México también ha llegado a depender cada vez más del turismo norteamericano para estabilizar su economía. En 1957 más de 700.000 turistas provenientes de los Estados Unidos gastaron casi 600 millones de dólares en México, con lo cual el turismo viene a ser la industria más importante del país. El ingreso derivado del comercio turístico es aproximadamente igual al presupuesto federal de la nación.

Un aspecto del nivel de vida que ha mejorado muy poco desde 1940 es la vivienda. Ante el rápido aumento de la población y la urbanización, la situación de amontonamiento y la vida en los barrios bajos en realidad han empeorado. De los 5.2 millones de viviendas de que se informa en el Censo de 1950, el 60 % solo tenían una habitación, y el 25 % dos; el 70 % de todas las viviendas estaban hechas de adobe, madera, cañas y varas o piedras sin labrar, y apenas el 18 % de ladrillo y cemento. Solamente el 17 % tenían agua entubada para su uso privado.

En la Ciudad de México la situación no es mejor. Cada año la ciudad se embellece al construirse nuevas fuentes, al plantar flores a lo largo de las principales avenidas, al erigir mercados nuevos e higiénicos y al expulsar de las calles a mendigos y vendedores ambulantes. Pero más de la tercera parte de la población vive en viviendas pobres, en vecindades donde padecen una crónica escasez de agua y sufren la falta de elementales instalaciones sanitarias. Por lo regular, las vecindades consisten en una o más hileras de construcciones de un solo piso, con una o dos habitaciones que dan frente a un patio común. Los edificios se han construido de cemento, ladrillo o adobe y forman una unidad bien definida que tiene algunas de las características de una pequeña comunidad. Las dimensiones y los tipos de vecindades varían muchísimo. Algunas constan de solo unas cuantas viviendas, en tanto que otras tienen varios centenares. Algunas están ubicadas en el corazón comercial de la ciudad, en edificios coloniales españoles en decadencia, de los siglos XVI y XVII, que tienen dos o tres pisos, en tanto que otros, en los suburbios de la ciudad, están formados por chozas de madera (jacales) y semejan Hoovervilles semitropicales.

Me parece que el material contenido en este libro tiene importantes implicaciones para el pensamiento y la política de los Estados Unidos respecto de los países subdesarrollados del mundo, en especial los de América Latina. Ilumina las complejidades sociales, económicas y psicológicas a las que se debe hacer frente en cualquier esfuerzo para transformar y eliminar del mundo la cultura de la pobreza. Sugiere que los cambios básicos en las actitudes y en los sistemas de valores de los pobres tienen que ir de la mano con mejoramientos realizados en las condiciones materiales de vida.

Aun los gobiernos mejor intencionados de los países subdesarrollados se enfrentan a difíciles obstáculos a causa de lo que la pobreza ha hecho a los pobres. Ciertamente la mayor parte de los personajes que aparecen en este libro son seres humanos muy lastimados. Pero con todos sus defectos y debilidades, son los pobres quienes surgen como los verdaderos héroes del México contemporáneo, porque ellos están pagando el costo del progreso industrial de la nación. En verdad, la estabilidad política de México es un triste testimonio de la gran capacidad para soportar la miseria y el sufrimiento que tiene el mexicano común. Pero aun la capacidad mexicana para el sufrimiento tiene sus límites, y a menos que se encuentren medios para lograr una distribución más equitativa de la cada vez mayor riqueza nacional y se establezca una mayor igualdad de sacrificio durante el difícil periodo de industrialización, debemos esperar que, tarde o temprano, ocurrirán trastornos sociales.

## Prólogo
## Jesús Sánchez

Puedo decir que no tuve infancia. Nací en un pueblo que está al lado del Paso del Macho, en el Estado de Veracruz. Es un poblacho muy solitario, triste aquello, y de allá apenas me acuerdo. En provincias el niño no tiene las mismas..., cómo le diría yo... las mismas oportunidades que tienen los niños de la capital. Usted sabe que el niño de pueblo, rancho o provincia carece de todo. Mi padre no nos dejaba jugar con otros chamacos; nunca nos compró juguetes; siempre aislados. Ésa fue mi niñez. A la escuela fui nada más un año, pues mi padre no quería muy bien que fuera a la escuela. Antes, los padres pensaban de un modo y hoy piensan de otro, ¿verdad? Lo poco que sé leer lo fui aprendiendo poco a poco cuando ya andaba fuera de casa. Desde que pude trabajar, empecé a trabajar; puedo decir que desde los diez años hasta hoy día.

Nosotros vivimos siempre en casas de una pieza, como la que conoce usted ahora, como la que tengo hoy día. En una pieza dormíamos todos, cada uno en su camita de madera, hechas de tablas y cajones. Allí no había camas de tambor como las de aquí. Por la mañana, me levantaba y me persignaba; me lavaba la cara y la boca, y luego me iba a buscar agua. Después de desayunar, si no me mandaban a cortar leña, me sentaba a la sombra. A veces agarraba un machete y un mecate, y me iba al campo a buscar leña seca. Volvía cargando un pesado atado desde muy lejos. Ése era mi trabajo cuando vivía en casa. Empecé a trabajar desde muy chico; pero de juegos, nada... no conocí juegos.

En sus tiempos, cuando joven, mi padre fue arriero, trabajaba con mulas. Compraba mercancías y las iba a vender a otras partes, muy lejos. Era completamente analfabeto. Después puso una tienda en un camino real, de un pueblo a otro, en puro monte. Allí mismo hizo su jacal, y allí nacimos nosotros. Después nos cambiamos a un pueblo, donde mi padre abrió una pequeña tienda. Cuando llegamos, mi padre tenía en el bolsillo 25 pesos, y con ese capital empezó a trabajar el comercio otra vez. Allí había un compadre que le vendió una marrana grande en 20 pesos, y aquella marrana le daba en cada cría once marranos. En aquel entonces, los marranos de dos meses valían 10 pesos. ¡Y 10 pesos, entonces, valían! Así empezó otra vez mi padre; con mucha constancia y mucho ahorro levantó cabeza. Empezó a hacer cuentas, aprendió a sumar, y él solo hasta aprendió a leer un poco. Más tarde abrió una tienda de abarrotes, grande y bien surtida, en Huauchinango.

Yo tengo una libreta en que anoto muchas cosas, como hacía mi padre. Anoto las fechas de nacimiento de cada uno de mis hijos, los números de mis billetes de lotería, lo que gasto en los marranos y lo que gano de su venta.

Mi padre era poco comunicativo con sus hijos. Todo lo que sé de él y de su familia es que conocí a su madre, mi abuelita, y a otro señor que fue medio hermano de mi padre. No conocimos a su padre. Nunca conocí a la familia de mi madre porque mi padre no se llevaba bien con ellos.

Mi padre no tenía a nadie que le ayudara. Usted sabe que algunas familias no se llevan bien, como por ejemplo Consuelo y sus hermanos. Hay pequeñas diferencias que los alejan, y éste fue el caso de mi padre con su gente: siempre vivieron retirados uno del otro.

Entre mis hermanos sí había armonía; pero ellos crecieron, y se fueron cada uno por su lado. Yo, como fui el más chico, me quedé en casa. Mi hermano mayor entró de soldado, y en un accidente se mató; se le disparó el rifle. Después, Mauricio, el segundo, él estaba en la tienda de Huauchinango, la segunda tienda, porque la primera terminó con la revolución.

Mi hermano Mauricio estaba en la tienda cuando entraron unos hombres a robar. Eran cuatro hombres, y agarró a uno y le desarmó, pero por detrás otro le dio un golpe y lo mató. Murió rápido: le echó fuera los intestinos. Son dos. Otro, mi hermana Eustaquia, murió allí en Huauchinango, joven ella todavía, como de veinte años. Después, un hermano mío, Leopoldo, murió aquí en la capital, en el Hospital General. Así que, de los cinco hermanos —fuimos seis, pero mi hermano gemelo murió de chiquito— nada más quedo yo de la familia.

Mi padre no era muy cariñoso que digamos. Naturalmente, como la mayoría de los jefes de familia, era muy económico. Él no se daba cuenta exacta de si yo necesitaba alguna cosa, y en la provincia no había mucho en qué gastar. No había teatro, ni cines, ni futbol, nada de nada. Ahora quién sabe cómo estén las cosas, pero en aquel entonces no había nada de eso. Mi padre nos daba cada domingo unos cuantos centavos. Ya sabe usted que hay distintos caracteres, y que no todos los padres saben mimar al hijo. Mi padre pensaba que si mimaba mucho al hijo, luego no serviría para trabajar, lo echaría a perder. Yo también pienso así. Si uno mima mucho al hijo, pues el hijo no se desenvuelve por sí solo, no aprende a ver la vida como es, crece temeroso porque tiene siempre la protección de los padres.

Mi madre nació en un pueblo pequeño, y apenas recuerdo cómo se llama. Era una persona muy callada, y como yo era el más chico a mí no me platicaba nada. Mi madre era una persona tranquila, buena gente, con un corazón noble, y recibí mucho cariño de ella. Mi padre era más duro, más enérgico. Mi madre fue una mujer limpia y recta en sus cosas, ordenada en todo, en su matrimonio, en todo. Pero mis padres tenían disgustos porque mi padre tenía otra mujer, y mi madre estaba celosa.

Yo tendría unos siete años cuando se separaron mis padres. Ya los revolucionarios habían saqueado la tienda; así terminó todo el negocio. Se acabó la familia, se deshizo el hogar por completo. Yo me fui con mi madre y mi hermano que trabajaba de peón en un rancho. Yo también trabajaba en el campo, cortando caña. Dos años más tarde, mi madre se enfermó, y mi padre vino en burro a vernos. Vivíamos en una casita muy pobre, nomás tenía techo en un lado, el otro estaba descubierto. Pedíamos maíz prestado porque ni había para comer. Estábamos muy, muy pobres. No había medicinas, ni médicos, ni nada para curar a mi madre, y fue a morir a la casa de mi padre; su reconciliación se hizo a última hora.

Bueno, cuando murió mi madre... ¡ahí empezó la tragedia! Yo tenía unos diez años cuando me fui a vivir con mi padre. Como a los doce años, cuando mucho, salí de casa para trabajar. No tuvimos madrastra hasta mucho más tarde. Yo estaba fuera de casa cuando sucedió este asunto. Mi padre se casó con una señora de por allí, una mujer que le robó, le quitó todo y lo dejó en la calle; ella y sus hermanos. Ya iban a matarlo una noche, por el dinero, nada más que unos vecinos se metieron, y entonces se separó la mujer. Se habían casado por lo civil. La mujer, en combinación con la gente de allí, le quitó la casa y le quitó todo.

Entonces compró otra casita por otro lado del mismo pueblo, y ahí se puso a trabajar otra vez en el comercio. Pero entonces él se enfermó de muerte. Sí, a veces los hombres queremos ser muy fuertes y muy machos, pero en el fondo no lo somos. Cuando se trata de una cosa moral... una cosa de familia que le toca a uno las fibras del corazón, a solas el hombre llora y le duele. Usted se habrá dado cuenta que mucha gente toma hasta ahogarse y caerse, y otros agarran la pistola y se pegan un tiro porque ya no pueden con aquello que sienten dentro. No hallan cómo expresarse, no hallan con quién explayarse, a quién contarle sus penas; agarran la pistola, y fuera... ¡se acabó! Y, a veces, los que se creen muy machos, cuando están a solas con su conciencia, no lo son. Nomás son valentonadas de momento.

Cuando murió mi padre, dejó allí una casita con algo de mercancía, que yo recogí. Yo era el único hijo que quedaba. Estaba ya en México, trabajando en el restaurante, pero unos señores de allá me mandaron un telegrama.

Encontré a mi padre todavía con vida, y yo lo vi morir. Cuando estaba junto a su cabecera me dijo:

—No les dejo nada, pero sí un consejo les doy: nunca se junten con amigos, es mejor andar solo.

—Así hice yo toda mi vida.

Fue muy poca cosa lo que él dejó. Y ese medio hermano de mi padre, en combinación con la gente de allí, me metió en la cárcel. Yo le di lo que mi padre dejó para él en el testamento escrito, debía darle el 50 %. Pero el medio hermano de él era un hombre muy flojo, pa' nada servía, no le gustaba trabajar. Yo cumplí en una forma limpia, legal. Hasta le di una máquina vieja de coser Singer que había en la casa. Le dije:

—Llévate eso, tío.

Yo, de buen corazón, y en forma sincera, le dije:

—Mira, aquí está lo que te corresponde a ti, y llévate esa máquina para tu mujer, para tu señora.

—Pues, aun con todo eso, me metió en la cárcel. Por 100 pesos.

Le dije:

—¡Qué miserable eres!

—Le di los 100 pesos; los otros se los repartieron y a él le dieron 10 pesos. ¿Ve usted las cosas? Así es que ni en la propia parentela puede uno confiar cuando se trata de dinero. La ambición es tremenda.

Yo, ya de chico, me acostumbré a trabajar constantemente. Veía que mi padre ganaba dinero con su comercio chico, y yo quería tener el mío, no en gran escala, pero sí ganarlo con esto, con mis manos y no con dinero de mi padre. Nunca tuve ambición de la herencia de parte de mi padre, ninguna. Yo pensaba: «Si algún día tengo algún dinero, que sea por mi trabajo, no porque me lo dé nadie, vecino, pariente, tío o mi padre, no; que sea ganado con mis propias manos». Eso fue lo que me hizo tomarle amor al trabajo. Y otra cosa, más importante: que al irme de casa yo sabía que si no trabajaba no comía.

Cuando me fui de casa de mi padre tenía unos doce años. Me marché sin decir nada a nadie. Primero trabajé en un molino, luego limpiando terreno con el azadón en una plantación de caña, y después cortando caña en un ingenio. El trabajo era muy duro, y entonces pagaban un peso y medio por cortar 900 o 1.000 cañas. Poco a poco me fui acostumbrando a ese trabajo y al principio hacía media tarea; me pagaban 75 centavos de peso, ni para comer. Tenía mucha hambre y me pasaba muchos días sin comer o con solo una comida al día. Por eso digo que no tuve infancia. Así trabajé cuatro años.

Después conocí a un español que tenía un molino de masa. Él sabía que yo conocía algo de básculas, y un día me dijo:

—Me voy a México; si quieres venir, yo te puedo dar trabajo.

Y yo le dije:

—Sí, señor.

Todo mi equipaje era una cajita que tenía con ropa. Yo quería conocer México porque nunca había salido. Tomamos el tren para México al día siguiente en la mañana y llegamos a Tacuba, donde paramos. Después de trabajar un tiempo para él, me corrieron, así, de plano. Tuvimos una pelea por unas pesas de la báscula. Bueno, él buscó la forma de echarme. Usted ya sabe cómo es la gente cuando ven a otro más tonto y más analfabeto. Pos claro, hacen lo que quieren, ¿no? En aquel entonces yo estaba recién venido de una hacienda, ignorante de todo. Yo había acabado los centavos que traía, no conocía una sola calle; ni un centavo, sin dinero, sin conocer a nadie, ni nada.

Bueno, y como dicen algunas gentes: «Donde todo falta, Dios asiste». Había un señor que trabajaba en un molino de masa y que pasaba a diario por allí. Un día me vio y me dijo que su patrón quería que picara unas piedras para su molino. Aquella noche estaba en la esquina de la calle, con mi cajita de ropa, sin un centavo y sin saber qué hacer. De haber tenido dinero me habría ido a mi tierra. En ese momento pasó ese señor como bajado del cielo, y me preguntó:

—¿Qué hace aquí?

Le conté lo que había ocurrido, y me dijo:

—No se apure, vámonos a la casa y yo le voy a conseguir trabajo.

Pero había eso de los sindicatos. Al día siguiente fuimos a ver a su patrón, pero me dijo que necesitaba estar en el sindicato para poder trabajar en su molino. Yo no tenía ni un centavo. Vinimos desde la Tlaxpana y fui andando hasta cerca de Tepito, donde estaba el sindicato de molineros. Me preguntaron cuánto dinero traía, y cuando les dije que ni un centavo, pues no pudo arreglarse nada. Volví andando otra vez, sin nada en el estómago. Estaba en la misma situación que antes, vuelta a pasar hambre. Por eso algunas veces regaño a mis hijos, porque yo siempre les he dado techo, plato y sopa.

Entonces me fui buscando por las tiendas de abarrotes, a ver si buscaban un mozo. Yo conocía algo de abarrotes, podía despachar ligero. Fui buscando tienda por tienda, pero sin suerte. Por todos lados veía pan, y yo con tanta hambre; no se puede imaginar lo que uno siente. Después de algunos días de andar así, conocí a un señor en la Tlaxpana, a una cuadra de donde yo estaba. Tenía una tienda de abarrotes muy bien parada. Me preguntó:

—¿Quieres trabajar?

—Sí, señor.

—¿Tienes referencias?

—No, señor. Acabo de llegar de Veracruz.

Yo, pidiéndole a Dios que me diera algún trabajo, o de comer. Le dije que solo me conocía un señor que tenía un molino allí cerca. Fue a ver al señor, y luego me dijo que me tomaría a prueba quince días. Ganaba medio peso diario y el alimento. Al otro día, allí estaba yo con mi paquete de ropa, porque no tenía dónde dejarla. Enseguida me puse a despachar. Yo andaba como sobre rieles, rápido en todo; necesitaba trabajar, necesitaba comer. Pasaron quince días, pasó un mes, pasaron dos, tres... Yo andaba muy contento. Trabajaba de las seis de la mañana a las nueve de la noche, sin descansar. El desayuno se tomaba en la tienda, helado; no había tiempo de tomarlo caliente. Había mucha clientela. Iba a dejar pedidos a domicilio, y cargaba sacos de sal y cajas de cerveza que apenas podía levantar.

Una mañana, el patrón llevó a otro muchacho y me dijo:

—Oye, Jesús, ven acá. Este muchacho se va a quedar en tu lugar. Tú no sirves; mañana mismo te vas de aquí.

Así, con esas palabras tan dulces y consoladoras, me echó del trabajo. A la mañana siguiente estaba otra vez en la calle.

Algunas veces esas situaciones le benefician a uno, porque uno aprende a ser hombre y aprende a apreciar las cosas en todo su valor; sabe uno lo que cuesta ganar el alimento con el sudor de la frente. El criarse lejos de los padres ayuda a ver las cosas como son.

Cuando estaba en la tienda conocí a un muchacho que tenía un pariente que cuidaba todo un edificio. Le pedí que me diera una nota para este pariente, y fui a verle. Le entregué la nota, y me dijo:

—Cómo no, acomódese donde guste y ponga la cajita donde quiera.

Allí me quedé, sin un centavo, y otra vez empecé a buscar trabajo.

Es entonces cuando entré a trabajar en el restaurante La Gloria. Me pagaban 12 pesos al mes y tres comidas. Entré con todo y mi cajita de ropa, y me puse a hacer todo lo que me mandaban. Trabajaba todo lo que podía, y pocos días después tuve una hernia por levantar un bulto pesado. Fui al baño, y vi una bolita aquí en la ingle. La apreté y me dolió. Fui al médico, y me dijo que era un principio de hernia. Tuve suerte de ir a aquel médico, porque era del Hospital General y él me internó. Y ahora ¿qué hago con mi trabajo? Hablé con el patrón, un español, hombre decente y buena gente. Le pedí permiso para que me operaran. Me operaron rápido, pero cometí una tontería. Después de la operación, sentía muy raro por las grapas. Por la noche alcé el vendaje y me toqué con la mano, y me infecté. En lugar de estar quince días en el Hospital, tuve que estar cinco semanas.

Cuando salí, me fui derecho para el restaurante, y ya estaba otro en mi lugar. Pero el patrón me volvió a admitir. Sí, llevo más de treinta años de servicio, sin faltar ni un solo día. Los primeros quince años trabajé dentro; ayudaba en todo y aprendí a hacer pan y helados. Trabajaba de 14 a 15 horas. Después empecé a hacer las compras para el restaurante. Cuando empecé a trabajar, ganaba 80 centavos por día. Ahora, después de treinta años, tengo el salario mínimo de 11 pesos diarios. Pero nunca pude vivir solamente con este salario.

En treinta años rara vez he perdido un día de trabajo. Aunque esté enfermo, no falto. Parece que el trabajo es una medicina para mí. Hasta se me olvidan a veces los problemas hogareños. Me gusta todo lo que tengo que caminar, me gusta platicar con los vendedores del mercado. Los conozco a todos, después de tantos años de comprarles fruta, verduras, queso, mantequilla y carnes. Hay que saber comprar, porque todas las frutas tienen su temporada, ¿no? Como los melones; ya están buenos, ya se pueden comprar. Los primeros no valen porque vienen de diferentes partes, de Morelos, de Michoacán, de Cortazar. Los de Guanajuato son muy buenos, y también los amarillos de Durango. Lo mismo con la naranja y con las verduras. De los aguacates, el mejor es el de Atlixco y Silao, pero la mayor parte se exporta a Estados Unidos. Jitomates, ahorita hay mucho malo; barato, pero malo. Hay que observar mucho para conocer las frutas y poder comprar.

Yo compro cada día unos 600 pesos de mercancía para el restaurante. Por la mañana me entregan el dinero y yo pago en efectivo por cada compra. No hay notas ni recibos. Yo llevo mis cuentas, y cada día entrego a la caja la lista de gastos.

Todos los días llego al restaurante a las siete para abrir las cortinas. Después trabajo un poco dentro, desayuno y me voy al mercado a las nueve y media. Me ayudan dos muchachos que llevan en carretillas la compra al restaurante. Luego regreso como a la una y media; casi siempre falta algo, y hago otro viaje. Vuelvo al restaurante a las tres, como, y a eso de las cuatro me marcho a cuidar de mis marranos, a vender billetes de lotería y a visitar a mi hija Marta y los niños. Los compañeros de trabajo me aprecian mucho, me estiman por ser yo el más viejo de la casa. En el trabajo siempre bromeamos y esto también es una distracción. Yo siempre me he portado dentro del orden y me he llevado bien con el patrón.

Muchos obreros sienten cierta antipatía hacia el patrón y no tienen mucha ayuda moral, digamos, de la casa. Yo, por ese lado, estoy bien porque sé que el patrón me estima. Lo demuestra el hecho de que a mí me permite trabajar parejo, los siete días de la semana y las vacaciones. Durante años he trabajado el miércoles, mi día libre. Respeto a mi patrón y trabajo lo mejor que puedo. Él es para mí como un padre.

Todo lo que hago es trabajar y cuidar de mi familia. Nunca voy a fiestas. Solo una vez, cuando vivíamos en la calle de Cuba, fui a una fiesta que hacían personas de la misma vecindad donde yo estaba. Allí bailé un poquito, pero sin tomar gran cosa; me fui a acostar a mi casa, y se acabó. Para mí no hay paseos ni fiestas, ni hay nada, solo trabajo y familia.

Donde trabajo no tengo compadres. Yo considero que el compadrazgo es cosa seria, una cosa que debe respetarse. Cuando he tenido compadres he procurado que sean gentes mayores de edad, no jovencitos ni de la casa donde yo trabajo. No me gusta, porque luego hacen fiestas, se emborrachan mucho y hasta se matan. Cuando me invitan, nunca voy.

Fue en La Gloria donde conocí a Leonor, la mamá de mis hijos. Me enamoré de ella. Era chaparra, pero ancha de espaldas, morena, de esa gente muy fuerte. Yo tenía unos dieciséis años, y ella dos o tres más que yo. Llevaba muchos años viviendo aquí, en la capital, y había tenido un marido en unión libre. Yo la recibí con una niña como de diez meses. Para mí era lo más natural. Pero la niña enfermó y murió al poco tiempo. Yo ganaba 80 centavos al día y no podía pagar 10 o 15 pesos al mes por una casa.

Por eso fui a vivir con su familia. Entonces yo era muy joven, muy pobre y muy torpe, como un pedazo de madera. Pero, a los quince años ¿qué experiencia podía tener? ¿Qué experiencia podía tener del matrimonio, de las obligaciones del hogar? Ninguna. Me casé porque necesitaba vivir con mi mujer.

Pero, como decimos aquí, el muerto y el arrimado a las veinticuatro horas apestan. Sus hermanos tomaban mucho y había disgustos porque pegaban a sus mujeres. Entonces yo hice el esfuerzo de buscar una casita para vivir aparte. Encontré una habitación, por la que pagábamos 10 pesos. Yo no tenía ni cama. Ella ganaba buenos centavos con el pastel que vendía. A veces ganaba sus 8 pesos diarios. El comercio siempre deja y, como decimos aquí: yo «me enterré como un camote» en el restaurante y ya no salí.

Leonor tenía su carácter, un genio muy fuerte, y por eso no podía vivir tranquilo con ella. Quería que nos casásemos, y eso me ponía furioso. ¡Yo pensaba que me quería amarrar para toda la vida! Estaba equivocado, pero así era yo entonces.

Leonor fue la primera mujer que conocí. Perdimos a nuestro primer hijo, una niña que se llamaba María. Se murió a los dos o tres días de nacer, de pulmonía. Algunos dicen que se le reventó el vientrecito. Después nació Manuel, y yo me sentía feliz con mi primer hijo. Estaba hasta orgulloso de ser padre. Le miraba como si fuera una persona extraña. Yo era tan joven que no tenía experiencia. Uno no siente mucho cariño al principio por los hijos, pero a mí siempre me gustaron los niños. En aquel entonces yo estaba completamente en la miseria; ganaba solo 80 centavos al día y eso no daba para mucho. Naturalmente, cuando Leonor esperaba al niño no podía trabajar, y sin sus 10 o 12 pesos diarios nos faltaba de todo. Con lo suyo pagábamos siempre los gastos de casa.

Después de Manuel nació otro niño que murió a los pocos meses. Murió por falta de dinero y por ignorancia. No teníamos experiencia y murió por falta de lucha. Leonor era buena persona, pero tenía un carácter fuerte, y le daban muchos ataques al corazón y la bilis. No tenía suficiente leche para sus hijos. No era de esas madres cariñosas que miman a sus hijos. Que yo recuerde, no les golpeaba, aunque se ponía muy enojada y les hablaba muy fuerte. No les besaba ni abrazaba, pero tampoco les trataba mal. Ella estaba todo el día fuera de casa y vendiendo pastel.

Yo tampoco fui muy cariñoso con los hijos. No sé si porque a mí me faltó cariño en mi niñez o porque quedé solo con ellos, o porque siempre tuve la preocupación del dinero. Tenía que trabajar muy duro para alimentarlos. No tenía tiempo para ocuparme de ellos. Creo que en la mayoría de los hogares los disgustos y las tragedias tienen una base económica; porque si uno necesita 50 pesos diarios y no los tiene, pues anda molesto, anda preocupado y hasta se pelea con la esposa. El dinero es motivo de muchos disgustos en la mayoría de los hogares de los pobres.

Cuando Leonor estaba embarazada de Manuel, empecé a ver a Lupita. Lupita también trabajaba en el restaurante La Gloria. Leonor y yo siempre teníamos disgustos, y de cualquier disgusto quería tumbar la casa. Era demasiado celosa y siempre se enojaba. Cuando yo llegaba a casa, siempre estaba de humor negro por cualquier cosa. Por ese genio tan fuerte que tenía le daban ataques; se le iba el pulso y parecía muerta. El médico no sabía cuál era el origen de los ataques. Y eso, poco a poco, me fue causando molestia. Yo buscaba afecto, una persona que me comprendiera, alguien con quien desahogarme. Usted sabe que hay distintos caracteres, y muchas veces cuando el hombre humilde no encuentra afecto en su hogar, lo encuentra afuera del hogar. Decía un doctor:

—Para estar contenta, una mujer necesita estar bien vestida, bien comida y bien cogida; y para eso, él debe ser fuerte y acordarse con frecuencia de ella. Hágalo así y verá.

Leonor también fue una persona fuerte en ese aspecto, y creo que fue uno de los motivos... bueno, podía haber vivido... pero una mujer que está siempre disgustada hace que el marido se olvide de ella. Es una cosa mal hecha, lo sé, pero fue entonces cuando empecé a hablar con Lupita. Mi organismo no es muy fuerte que digamos, pero siempre he sido un poco cálido de temperamento. Antes de ir con Lupita yo había estado en una casa de citas, en la calle Rosario; pero allí cogí una infección. No tuve cuidado, no tenía experiencia y nada más. Desde entonces no he vuelto a esos lugares. ¡Hoy no iría aunque fuera de balde!

Pero en eso, a pesar de mi mala conducta, he tenido buena suerte. Nunca he tenido quejas de las mujeres que han vivido conmigo. Todas fueron morenas y de mucho temperamento. Aquí, en México, hay la creencia de que la mujer güera es de menos temperamento sexual. Pues, aunque no fuera con ellas por un tiempo, no buscaban otro hombre.

Una mujer honrada, y si tiene familia con más razón, debe aguantarse física y moralmente. Yo he tenido cinco mujeres... hubo una con la que tuve un hijo, pero se casó con otro. Ese hijo tendrá ahora veintidós años, y creo que es hora de ir a reclamarlo. Sí, he tenido cinco mujeres y varias aparte, y la suerte sigue favoreciéndome por los cuatro lados. No puede decirse que no fue suerte la mía, al ser yo nadie, analfabeto, sin escuela, ni capital, ni estatura, ni juventud, ni nada, y tener suerte con las mujeres por todos lados.

Otro estaría en la cárcel quién sabe por cuanto tiempo. La libertad vale mucho, y yo no he buscado muchachas nuevas. ¡No! Todas mis mujeres habían estado casadas antes de vivir yo con ellas. Si fueran muchachas nuevas querrían casarse por la Iglesia o por lo civil, o si no estaría yo ahí veinte años en la cárcel.

Al entrar en relaciones con Lupita, yo no fui con la idea de que se hiciera de familia. Pero el embarazo vino pronto. Nos veíamos en su pieza, en la calle Rosario, donde vivía con sus dos hijas. Eran tan chicas que no podían darse cuenta todavía. Ellas siempre me respetaron y hasta hoy me llaman papá. En aquel entonces yo ganaba muy poco y no podía mantener a Lupita. Ella seguía trabajando en el restaurante. Pero desde hace quince años yo le pago la renta.

Aquí, en México, cuando uno recibe a una mujer con un hijo, como yo recibí a Leonor, la mujer no se siente con todo el derecho para reclamar al marido. Ella sabe que cometió un error antes. Pero si aquí se casa uno, por ejemplo, con una mujer señorita por la Iglesia y por lo civil, las cosas cambian. Esa mujer sí tiene el derecho de hacer reclamaciones. Pero Leonor era muy difícil. Sufrí mucho con ella, pero nunca la abandoné. Fui fiel a mis creencias. Solo dejé la casa por unos cuantos días cuando nos enojábamos. Siempre volví, porque quería mucho a los hijos.

Bueno, un día murió; como a las siete de la noche estábamos bebiendo atole y comiendo gorditas, y me dijo:

—Ay, Jesús, yo me muero este año.

Siempre se quejaba de dolores de cabeza muy fuertes. Y a la una de la mañana:

—¡Ay!, ¡ay!, me muero; cuida de mis hijos.

Estaba ya agonizando. Apenas tuvo tiempo de ir a buscar al médico. Cuando llegamos, le puso una inyección, pero no la ayudó. Estaba embarazada, pero el médico dijo que se le había reventado una arteria en la cabeza. ¡Lo que sufrí aquellos días! Caminaba por las calles como un sonámbulo. Entonces estaba la abuela en casa, y ella pudo cuidar de los chamacos.

# Primera parte

Manuel

Tenía ocho años cuando mi madre murió. Roberto y yo teníamos un petate y dormíamos en el suelo. Marta y Consuelo
dormían con mi mamá y mi papá. Como entre sueños recuerdo que nos llamaba mi padre. Nos gritó, porque siempre he
tenido el sueño muy pesado:

—¡Levántense, cabrones! ¡Levántense, hijos de la chingada!
Que se está muriendo su madre, y ustedes echados ahí.

—¡Cabrones, párense!

Entonces me paré muy espantado.

Recuerdo perfectamente bien los ojos de mi madre, y
cómo nos miraba. Echaba espuma por la boca y no pudo
hablar. Le mandaron hablar a un doctor que estaba a una
cuadra de donde nosotros estábamos, vino y examinó a mi
madre pero duró poco puesto que creo que expulsaba el aire
pero no podía aspirar. Se puso como muy morada y en una
noche murió. Mi madre estaba encinta otra vez y murió con
otro hermano mío dentro, porque recuerdo bien que tenía su
barriga mamá. A mi hermana Marta la acabó de criar otra
señora, porque ésa sí quedó muy chiquita.

No alcanzo a comprender si fue a causa del parto o fue
congestión realmente, como me dijeron. Un dato que me impresionó mucho fue que ya una vez tendida mi madre, aquello
que tenía en el vientre, que era otro hermano mío, todavía le
brincaba adentro. Todavía le brincaba y mi padre hacía unos
ojos de desesperación. Pero no sabía mi padre qué hacer, si
que le cortaran y lo sacaran o lo dejaran allí. Mi padre lloró
mucho, mucho; lloró y fue y les avisó a todos sus compadres.

Fue una cosa que sorprendió a todo el mundo. Tenía vein-
tiocho años. La tarde anterior la habían visto que había andado lavando el patio, había andado haciendo el quehacer de
la casa. Todavía estuvo espulgando a mi papá, en la puerta,

mi madre sentada y mi padre recargado en las piernas de ella.

Entonces vivíamos en una vecindad de Sol. En la noche me dijo mi mamá:

—Ve y compra sopes y atole.

Nada más caminé a la esquina; al dar la vuelta había una señora que vendía sopes, tamales y atole. ¡Ah!, por cierto era un día lunes, recuerdo bien, porque un domingo antes habíamos ido a la Basílica con mi padre y mi mamá.

Entre nosotros tenemos la creencia de que el aguacate, el chicharrón y la chirimoya son muy malos para la bilis; haciendo un coraje y comiendo eso, ¿verdad? Y pues habíamos comido todo eso el domingo y el lunes en la mañana mi madre hizo un coraje bastante, pero bastante fuerte a causa de mi hermano Roberto. Se disgustó muy fuerte con la vecina de al lado.

Transcurrió todo el día. Terminó mi padre de trabajar, vino a casa y estuvieron los dos contentos ese día. Todavía cenaron. Nos acostamos todos. Fue rápida la muerte. No tuvo tiempo mi padre de llamar un cura y casarse con mi mamá antes de morir.

Al entierro de mi madre pues vino muchísima gente, mucha, pero mucha gente, en exageración. De la vecindad y de la plaza. No sé cuánto tiempo estaría permitido entonces tener un cadáver en la casa, pero la gente empezaba a protestar porque decían que ya se estaba descomponiendo el cadáver y mi papá no quería que se lo llevaran. Cuando fuimos al panteón y bajaron la caja de mi madre a la fosa, mi papá trató de echarse con ella a la tumba. Lloraba inconsolablemente mi padre, día y noche a causa de ella.

Recuerdo después que cuando llegamos a casa mi papá nos dijo:

—Ahora solo me quedan ustedes, hijos.

También nos dijo que debíamos procurar portarnos bien porque él iba a ser padre y madre para nosotros. Y cumplió al pie de la letra su palabra. Pero cuántas veces habíamos de escuchar a mi padre decirnos a mi hermano y a mí estando él enojado:

—No tienen ni madre, cabrones.

Mi padre quiso mucho a mi madre, pues transcurrieron seis años de su muerte cuando se enamoró de Elena.

Mi padre quiso a mi madre mucho, a pesar de los disgustos. No estoy enterado, pero creo que mi madre y mi padre se casaron por amor. Se conocieron en el restorán La Gloria donde trabaja mi padre y ella trabajaba allí. Había otra mujer, Lupita, que trabajaba ahí también y tuvieron un disgusto mi papá y mi mamá por eso.

Mi mamá era de un carácter pues alegre, ¿verdad?, un carácter muy opuesto al de mi padre. Era alegre y le gustaba trabar conversación con todo mundo. Siempre estaba cantando. Por las mañanas ponía su brasero, sacaba el carbón, lo echaba sobre la hornilla, le ponía unos trozos de ocote, después le prendía un cerillo y le empezaba a soplar para que encandilara la lumbre, siempre sin dejar de cantar. Era muy amante de tener pájaros, de tener macetas, y mi padre no. Le decía a mi mamá que eran gastos superfluos. Teníamos al único perro que hemos tenido en la casa en toda la vida, lo recuerdo, se llamaba Yoyo. Ese perro me cuidaba mucho, pero mucho.

Mi mamá era muy amante de festejar los onomásticos de sus hijos, de su marido. El día del santo de mi padre le gustaba hacer fiesta, y el día del santo de ella, pero le gustaba hacer las cosas en grande. Preparaba grandes cazuelas de comida y le gustaba invitar a sus parientes, sus amigos y compadres. Incluso en las fiestas le gustaba tomar una copa o dos. Era muy alegre mi mamacita y le gustaba frecuentar a sus compadres, a sus comadres. Era también de la clase de personas que era capaz de dejar el bocado que se iba a comer y dárselo a otra persona que viera que lo necesitaba. Y siempre dejaba que parejas que no tenían casa durmieran en el piso de la cocina.

Fuimos una familia feliz mientras ella vivió. Después de su muerte ya nadie vino a visitarnos ni hubo más fiestas. A mi padre nunca le he conocido amigos, tiene compadres, pero a ellos también los desconozco. Y nunca ha frecuentado casas que no sean las de él.

Mi mamá la mayor parte del tiempo se la pasó trabajando; le ayudaba a mi papá. Él pagaba la renta y le daba dinero para el gasto, pero me dijo mi tía que nunca le dio para ropa y otras cosas. Ha de haber trabajado unos cinco años; vendía recortes de pastel en el barrio pobre donde nosotros vivíamos. Iba a comprar recorte de pastel a la pastelería El Granero, una cantidad grande, y vendía cincos y dieces de migajas. Después se relacionó con gente que compra y vende usado y varias veces me traía por la colonia Roma a comprar ropa para vender en el puesto que ella tenía en el mercado del baratillo.

Mi mamá era muy religiosa y le gustaba mucho ir en las peregrinaciones. Una vez nos llevó a Roberto y a mí con ella a Chalma. Chalma es el santuario de los pobres, los que con mucha fe y amor caminan 60 kilómetros por entre brechas en la sierra. Es un viaje muy duro, un sacrificio ir caminando cargando el equipaje y comida. Había mucha gente cuando fuimos y nos llevó cuatro días. Llegamos muy cansados, después de haber andado a lomo de mula. Nos dormimos sobre una calle empedrada. Había cantidad de gente ahí acostada. Se acostumbra comprar un petate chalmeño, y se duerme uno en la calle porque no hay hotel. Mi madre estaba platicando con otros peregrinos y le decían:

—Tenga mucho cuidado con sus niños, señora, porque es tiempo de que las brujas andan muy activas. Fíjese usted, antier sacaron del tular a tres criaturas que se habían chupado las brujas.

Yo me acuerdo que nosotros estábamos oyendo aquel relato y me entraba mucho miedo y a Roberto también. Decía:

—¿Oyes, mano, oyes?

Le decía yo:

—¿Sabes qué cosa, mano? Nos tapamos bien con la cobija, hasta la cabeza, y así la bruja cree que no hay niños aquí y no nos puede hacer nada.

En el transcurso del camino hay cruces donde ahí se murió alguien, y hay la creencia de que aquel espíritu está esperando posesionarse de las criaturas, y cuando uno pasa cargando un niño por ahí hay que gritarle el nombre de la criatura para que no se quede ahí su alma.

Veía yo bolas de lumbre volar de la punta de un cerro a la punta de otro. Todas las gentes decían:

—¡Es la bruja, es la bruja!

Y si estaban acostados, se sentaban y luego se hincaban. Las madres tapaban a sus hijos. Mi mamá nos abrazaba por debajo de las cobijas para que la bruja no nos llevara. Decían que el mejor modo de agarrar una bruja era poner unas tijeras en cruz, santiguarse ante las tijeras y rezar la Magnífica; y agarrar un rebozo, enrollarlo a modo que quedara como cuerda, y rezar una Magnífica, un Padrenuestro y echarle un nudo al rebozo, y así sucesivamente. Y tienen la creencia firme que al último nudo que le echaban la bruja aquélla iba a caer a los pies de uno. Y querían que cayera para quemarla en leña verde, porque las brujas se deben quemar en leña verde a fin de que se mueran.

Hay muchas leyendas ahí en Chalma. Un peñón muy grande que se ve al lado del camino se llama el Arriero. Semeja un campesino con su faja, como la que usan los indios aquí, con un burro delante y un perro atrás de él. Ese arriero, según parece, mató a su socio que iba con él arriba de aquel monte y ahí está encantado; inmediatamente se convirtió en piedra. Luego están los Compadres, que fornicaron dentro del río los dos y resulta que cuando estaban en el acto, como eran compadres, se volvieron rocas. Después hay una configuración de rocas muy curiosas, parece un padre, meditando, con una mano puesta en la mejilla, su sombrero y su capa. Este cura, no recuerdo por qué, pero también fue un castigo del cielo. Las gentes de edad tienen la creencia de que aquellas rocas cada año por sí solas dan una vuelta. Cuando hayan llegado dentro de la iglesia van a volver a su estado normal.

Hay también penitentes, personas que van con la penitencia de ir de rodillas desde las cruces del Perdón hasta el atrio de la iglesia. Hay padrinos para bajar la penitencia; el que va con la penitencia va de rodillas y los padrinos le ayudan con una cobija, se la ponen en la tierra, pero a trechos tienen que andar sobre la tierra vil, sobre la roca. Hay otros que compran una cuerda, un mecate de tendedero, que es lo más rasposo que hay, y se amarran los tobillos y caminan con los pies así. Aquel mecate les va cortando, les va cortando, hasta dejarles los pies bañados en sangre. Nunca flaquean, no, aunque lleguen sangrando y casi sin cuero en las rodillas, con el puro hueso.

Mi mamá y toda su familia iban a Chalma con frecuencia. Les gustaba también mucho ir a las peregrinaciones que se hacen a San Juan de los Lagos; fuimos siempre, pero el viaje es más largo. Mi papá fue con nosotros una sola vez, pero nunca fue a Chalma. Nunca le han gustado las peregrinaciones y ésa era otra causa para disgustos con mi mamá. Mi papá siempre ha dicho de los parientes de mi mamá:

—Serán muy santos pero toman durante todo el viaje al santuario.

Es cierto que los hermanos de mi mamá, José, Alfredo y Lucio, tomaban mucho y se murieron por tomar. A mi tía Guadalupe también le gustaba tomar su copita todos los días. Pero no recuerdo que la mamá de mi mamá, mi abuelita, tomara. Era una viejecita muy erguida, muy girita, y muy limpia, mucho. Siempre traía su ropa limpia, y usaba zapatos de glacé y vestía blusa de telita de dibujo en negro y blanco y naguas largas negras.

Mi abuelita vivía con mi tía Guadalupe en un cuarto de la calle de Moctezuma. Tempranito llegaba a mi casa y se sentaba a desayunar. Mi papá ya había salido a trabajar. Mi abuelita le ayudaba a mi mamá a lavarnos la cara, las manos, el pescuezo. Siempre queríamos llorar porque nos tallaba muy duro con el zacate. Me daban ganas de chillar. Ella decía:

—¡Mugrosos, jodidos éstos, lávense bien!

Mi abuelita tenía más arraigado el culto religioso. Nos hacía rezar a la hora de levantarnos y a la hora de acostarnos. Ella nos enseñó a persignarnos, y oraciones como la Magnífica, que ella decía era el mejor remedio de las enfermedades, y una oración al Santo Ángel de la Guarda. Era también devota del Arcángel San Miguel y nos enseñó su oración. Tenía una hora dedicada a la oración en todas las fiestas, el Domingo de Ramos, Pentecostés, el Día de Muertos... todas. El Día de Muertos ponían la ofrenda: manjares, agua, pan de muerto. Fue el único tiempo que nos ponían el Nacimiento en la Navidad. Después que murió mi abuelita ya nada de esto tuvimos. Mi abuelita era la única que tenía estas tradiciones y siempre trató de inculcárnoslas. La familia de mi papá vivía en un pueblito del Estado de Veracruz pero casi no sabíamos nada de ellos. Recuerdo lejanamente que cuando

Roberto y yo éramos muy chicos mi abuelito le mandó hablar. Mi abuelo estaba solo y estaba agonizando. A mis tíos los mataron, o se murieron, no sé qué cosa pasó. Mi abuelito tenía la tienda más grande de abarrotes en Huauchinango. Mucha gente le quedó a deber dinero. Él le dijo a mi padre que la tienda era para nosotros, pero mi papá, al fin mayor, creo que la vendió. Había un tío mío que le metió rencilla, dijo que tenía mucho dinero mi papá y lo metieron a la cárcel para poderle quitar el dinero. Luego creo que lo querían matar, o no sé qué cosa querían hacerle. Entonces mi mamá en la noche salió sigilosamente y se fue a la cárcel —al fin cárcel de pueblo— le pegó con un garrote al guardia y que saca a mi papá de la cárcel, y nos tuvimos que venir pero si a la carrera en el tren que venía para México. Así que pues de eso no le quedó a mi papá ni un centavo.

Cuando tenía yo seis años nació Consuelo. Ese día andaban muy agitados ahí en la casa y mi hermano Roberto y yo nada más veíamos el movimiento. Nomás nos mirábamos uno al otro pero no nos explicaban qué estaba sucediendo. Luego nos corrieron para afuera y después oímos un llanto de niño. Me agradaba mucho oír llorar a Consuelo, oír su llanto de niña chiquita, y se me hacía una cosa muy bonita tener una hermanita. Pero entonces empecé a sentir celos pues me daba yo cuenta de que mi mamá la traía cargando, y que le daba de comer y ahí estaba. Le decía:

—Mi hijita, qué bonita mi muchachita.

Y yo sentía feo. Mi mamá me veía que ponía yo cara y me decía:

—No, no, m'hijo, si usté es mi consentido, no se crea.

Y siempre era yo el preferido, porque siempre andaba cargando conmigo cuando andaba ella trabajando. Dejaba a Roberto con mi abuelita y yo me iba con ella. Y mentira que de chamaco no sepa uno lo que hace; sí sabe uno. En mi interior pensaba: «mi mamá me quiere mucho, me tiene que comprar esto», porque yo todo quería, ¿no? Nada más haciéndole un berrinche, una rabieta, me lo tenía que dar. Me acuerdo muy bien que me decía:

—Ay hijo, yo te quiero mucho, pero la verdá eres muy exigente. Yo no sé qué vas a ser cuando seas grande.

Un día íbamos al Granero a traer el recorte de pastel y mi mamá se detuvo a platicar con su comadre, la madrina de Consuelo, cuando veo que le empieza a salir sangre por la pierna. Ella no se había dado cuenta y yo le dije:

—Mamá, ya te cortaste.

—¿Cómo que ya me corté?

—Sí, mamá, tienes sangre en la pierna.

—Creo que sí, de veras, ya me corté.

Se regresó a la casa y le mandó hablar a mi papá. Luego entró la señora que había venido la otra vez, con Consuelo, y de repente oí llorar a un niño. Mi hermano y yo estábamos ahí sentados con caras de conejos asustados y mi papá se nos quedó viendo y dice:

—No se espanten, hijos, ya tienen otra hermanita, la trajo la señora en la petaca que venía cargando.

Entonces nos metimos y me acerqué a ver a la niña, al bulto que tenía abrazado mi mamá. Sentí bonito el olor a talco y a jabón, pero cuando me acerqué a darle un beso, que me retiro rápido y le dije:

—Ah, está refea, mamá, esa muchachita. Te hubieran traído una más bonita.

Mi papá se ponía muy contento cuando nacieron sus hijas. Creo que él hubiera preferido tener solamente hijas. Era más afectuoso con mis hermanas pero entonces no lo notaba yo tanto porque todavía cuando vivía mi mamá mi papá era muy cariñoso. Con Roberto no recuerdo exactamente. Hay una cosa, pues a mi papá no le ha gustado la gente así muy morena, y es que a lo mejor por eso, a causa de su color, pues él es bastante moreno. Cuando éramos chicos no era tan estricto con nosotros. Si hasta nos hablaba con otro tono de voz. Lo malo para nosotros, para Roberto y para mí, fue crecer. Yo fui feliz hasta que tuve ocho años.

Por cierto que en ese tiempo fue cuando me di cuenta del contacto sexual entre el hombre y la mujer. Pasó que mi mamá iba a prender la lumbre y quién sabe qué se había hecho el aventador y me mandó a pedírselo a la vecina. Abrí la puerta, salí corriendo y me metí a la casa de la vecina de sopetón, sin llamar. El marido tenía a Pepita en un sofá. Ella estaba con las piernas para arriba y él con los pantalones para abajo y esas cosas. Pues yo sentí pena de algo, no podía precisar de qué, bueno, como que los había agarrado en un hecho malo. Pepita se turbó toda y el señor también, pero nada más cesaron el movimiento, no se quitaron de la posición que estaban. Y me dice:

—Sí; agárralo, ahí está en el brasero.

Entonces ya me salí y ocúrreseme platicarle a mi mamá, ¡y me ha puesto una tundal...

—¡Muchacho baboso, qué anda viendo!

Se me grabó aquello y después ya quise experimentar aquello con las chamaquitas de la vecindad. Y jugábamos al papá y a la mamá. Mi mamá tenía una muchacha que le ayudaba a hacer el quehacer y yo jugaba con ella cuando estábamos solos. Un día subió a la azotea a tender la ropa y yo me fui detrás de ella.

—Ándale —le digo—, vamos a hacerlo.

Y traté de alzarle el vestido y bajarle los calzones y ya iba a dejarse, cuando oí que alguien tocaba en una ventana. Nuestra casa en aquel tiempo daba enfrente de una fábrica de medias y cuando me volteé a ver quién estaba tocando, que veo a todos los hombres y mujeres que trabajaban ahí señalando y riéndose. Alguien gritó:

—¡Cabrón muchacho, miren el escuintle éste, hijo de la chingada!

Y que me voy corriendo de la azotea.

El primer día que mi madre me fue a dejar a la escuela me solté llorando y al primer descuido de la maestra me salí corriendo y me fui a refugiar a la casa, puesto que era únicamente una cuadra. Una señorita que se llamaba Lupa fue mi primera maestra y era de un carácter tan fuerte, pero tan fuerte así, que si alguno de nosotros hacía una travesura agarraba el borrador y se lo aventaba desde donde estuviera. Tenía una regla de esas de a metro y, bueno, a mí una vez me la rompió en la muñeca.

Ese año conocí a mi primer amigo, se puede decir, de confianza. Santiago se llamaba y era el que me defendía cuando me pegaban los muchachos más grandes. Este muchacho era más grande que yo y fue el que me empezó a enseñar a decir majaderías y acerca de lo que hacen los hombres con las mujeres.

En esa escuela estuve del primero al cuarto año. Ahí me pusieron el apodo de Chino, pues tengo los ojos oblicuos. Iba yo en tercer año cuando Roberto entró a primero. Sentía que me hervía la sangre, me daba mucho coraje que le pegaran y siempre me peleaba por mi hermano. A la hora del recreo yo veía que lo querían llevar castigado a la dirección por algo, y lo llevaban jalando y como estaba más chiquillo se soltaba llorando y forcejeaba. No sé qué se me figuraba pero me daba mucho coraje y entonces es cuando peleaba yo.

En una ocasión mi hermano llegó llorando en una forma desaforada a mi salón de clase y noté que le salía sangre de la nariz:

—Fíjate que me pegó el Puerco.

Y sin más que voy al salón de él y llegué a reclamarle:

—Francisco, ¿por qué le pegaste a mi hermano?

—Porque quise, ¿y qué?

—Ah, sí, pues pégame a mí.

Y que me avienta. Me le fui encima, pero en eso le finté con la mano izquierda y él se agachó y le pegué un golpe muy fuerte. Cuando él me tiró ya tenía una navaja en la mano, que si no me agacho seguro me había cortado la cara.

Luego mandaron llamar a mi padre. Por desgracia era un miércoles, el día que descansaba mi padre. En la tarde que salí no sabía yo si llegar o no llegar a casa, ¿no? Pero después dije: «Pues en el nombre sea de Dios. Voy a llegar y me va a pegar mi papá, ni remedio». Llegué y por una hendidura que había en la puerta estaba viendo a mi papá a ver qué cara tenía, si se veía enojado o contento. Pues entré y no me pegó mi papá ese día, sino que me dijo que procurara evitar los pleitos lo más posible.

Llegué yo de la escuela y se acercaba el Día de las Madres. Habíamos estado ensayando una canción dedicada a la madre. Llegué a la casa cantando la canción, «Perdóname, madre mía, que no puedo darte más que amor». Entonces mi padre, lo noté con mucho orgullo, con mucha satisfacción, me dice:

—No hijo, puedes darle también este regalo.

—Volteé los ojos hacia donde señalaba y sobre el ropero estaba un radio.

—¡Qué bueno, papá! —le digo—, ¿es de mamá?

—De tu mamá y tuyo también —me dijo mi padre.

El radio lo compró a raíz de una lotería que se sacó. Después me cayó mal el radio porque mi papá se enojaba con mi mamá si llegaba y tenía encendido el aparato, porque decía que se iba a descomponer.

—Aquí nadie paga nada, yo soy el único que pago.

Y, bueno, él quería que nada más el radio se tocara cuando él quisiera.

Después de la muerte de mi madre mi abuelita se hizo cargo de nosotros por un tiempo. Mi abuelita en realidad es la única persona que yo sentía que me quería realmente. Me acercaba a buscar consejo con ella. Era la única que lloraba porque no comía yo. En una ocasión me acuerdo que me dijo:

—Manuelito, mira, tú eres muy caprichudo, hijo, y me haces hasta llorar porque no quieres comer. El día que yo me muera vas a ver que nadie va a llorar para que comas.

Mi abuelita nunca nos pegaba. Cuando alguna vez no quise acompañarla a algún mandado me jalaba las orejas, o me tiraba de las patillas, pero no fue seguido. Mi mamá sí llegó a pegarnos en varias ocasiones, especialmente a Roberto, que era insoportable, era muy travieso. Una vez se metió abajo de la cama y mi mamá de tanto coraje que tenía porque no quería salir, agarró una plancha de ésas para carbón y se la aventó así por el suelo y le hizo un chipote en la cabeza. Mi abuelita más que nada significó para mí la ternura personificada.

Mi papá se llevó bien con mi abuelita. Yo no recuerdo haber visto ninguna discrepancia entre mi abuela y mi padre. Ella fue para nosotros el hada madrina porque nos enseñó a rezar, nos enseñó a querer y a respetar el recuerdo de nuestra madre. Siempre nos dio consejos sanos:

—Cuiden de su padre, es el hombre que los mantiene, que les da de comer, y padres como el que ustedes tienen hay pocos.

En un tiempo mi tía Guadalupe estuvo atendiéndonos. Una noche mi papá nos mandó a comprar dulces. Él esperaba, yo creo, que nos tardáramos, pero yo regresé prematuramente. Me di cuenta que él estaba en la actitud del hombre que quiere abrazar a fuerza a una mujer. Creo yo que mi papá le haya hecho el amor a mi tía Guadalupe. Sí me sorprendió de mi papá, como que al fondo me desagradó, ¿no? Pero, bueno, era mi papá y no lo juzgo.

Después mi papá trajo varias sirvientas para cuidarnos. No me acuerdo del nombre de la primera, dientona ella, y tenía los dientes muy amarillos porque fumaba mucho. Un día que estaba lavando fui y que le meto la mano por abajo y me dice:

—Noooo, estáte quieto, ándale, a ver qué te vas a ganar, sangrón.

No quería, la fregada, pero le subí el vestido, y que le veo la cola, y ¡ay!, tenía hartos pelos... sentí refeo.

Nos cambiamos de la calle de Moctezuma a una vecindad a la calle de Cuba. Nuestro cuarto era muy pequeño y oscuro y estaba en muy mal estado; me pareció un lugar muy pobre. Fue donde mi papá conoció a Elena.

No recuerdo los números exactos, pero supongamos que nosotros vivíamos en el número 1 y Elena vivía en el número 2 con su marido. Nada más lo que hizo mi papá fue pasarla del número 2 al número 1 y se casó con mi padre. Se mostraba muy cariñosa con nosotros al principio, con mis hermanos y conmigo. Era muy joven y bonita. Como no sabía leer me mandaba hablar a mí para que le fuera a leer el Pepín o el Chamaco. Era nuestra amiga, ¿no? Yo no sé cómo estaría, el caso es que se enamoraron mi papá y ella. Y yo creo que quisieron disimular la cosa porque Elena entró a la casa de nosotros como sirvienta, pero vamos a ver que después vino casándose con mi padre.

Una noche el marido de Elena le mandó hablar a mi papá. Mi papá, a pesar de ser chaparrito, fue y se metió a la casa del otro. Vi que agarró un cuchillo y que se lo guarda en la cintura. Estuvieron encerrados y yo tenía miedo. Le dije a Roberto:

—Súbete a la azotea y si vemos que le quiere hacer algo aquél nos aventamos sobre de él.

Estábamos chamacos, pero estábamos en la azotea viendo a ver qué. Pero no, hasta la puerta de adentro cerraron. Tenía yo mucho miedo, estaba yo muy preocupado por mi padre, pues dije: «A lo mejor éste lo va a matar, le va a hacer algo». Quién sabe qué cosas estarían hablando, luego ya salió mi padre y entonces ya en definitiva se quedó Elena allí en la casa.

A raíz de eso se formó un escándalo ahí en la vecindad, ¿no? La gente escandalizada, que cómo había sido capaz Elena de salirse de una pieza y meterse a otra luego luego, ¿verdad? Y que mi papá qué valor de haberla sacado. Bueno, era la comidilla de ahí de la vecindad. Entonces mi papá tuvo que haberse cambiado y nos fuimos a vivir allí a las calles de Orlando.

El día que nos cambiamos mi papá vino temprano de trabajar, a la una en punto, y como siempre le ha gustado que las cosas se hagan rápido, llegó diciendo:

—Vámonos, desarmen la cama y enrollen el colchón.

Enrollamos el colchón, y para que no se viera lo manchado, lo sucio, lo envolvimos con una colcha limpia. Empezamos a bajar ollas, a descolgar jarros, a acarrear las cosas en las tinas que teníamos para apartar agua, porque es un problema, en todas las casas falta agua. Entre mi hermano y yo sacamos las cosas, Elena andaba también ayudando. Mi papá contrató a alguien para que cargara el ropero, pues estaba pesado y la nueva casa quedaba como a una cuadra y media.

Era una vecindad más grande y más bonita y por primera vez vivimos en dos cuartos. Las piezas estaban en el tercer piso y había únicamente un barandal muy pequeño en el corredor que daba al patio. Mi papá mandó poner una verdadera barda para que no nos fuéramos a caer.

Pero a mi papá no acababan de gustarle estos cuartos en Orlando, así que nos volvimos a la calle de Cuba, donde vivían, por cierto, dos compañeras de trabajo de mi padre. Una de ellas tenía una hija que me gustaba mucho. Se llamaba Julia y soñaba con que fuera mi novia, pero su familia era de condición más acomodada que la nuestra y me hacía sentir como inferior. Cuando vi lo bonita que tenían amueblada su casa me decidí a nunca pedirle que fuera mi novia.

Al principio Elena nos trató bien. Se mostraba muy cariñosa con nosotros, pues ella nunca tuvo hijos, no podía tener familia. Después se volvió un poco mala con nosotros, ya una vez que nos cambiamos a Cuba. De allí fue cuando empezó mi padre a cambiar en su modo de ser con nosotros. Ella de continuo peleaba con mi hermano Roberto y al pobrecito de mi hermano es al que le pegaba mi papá, más que nunca. La primera vez que sentí la impresión que mi papá sí quería mucho a Roberto fue cuando un perro lo mordió y le jaló un cacho de carne. Vi ponerse descolorido a mi papá, se espantó mucho, se atarantó mi papá completamente y no sabía qué hacer. Unas vecinas le echaron una pomada, no sé qué cosa, y le vendaron el brazo.

Es cierto que Roberto siempre ha sido muy difícil, de un carácter rebelde, nunca le ha gustado dejarse de nadie. Elena le decía:

—Lava el suelo.

Y decía Roberto:

—Nosotros por qué lo vamos a lavar. Usted es la señora de la casa.

Total, que se agarraban fuerte, ¿no?, de palabra. Entonces venía mi papá, y Elena hacía que estaba llorando y agarraba mi padre el cinturón y nos daba parejos, a mí y a Roberto.

Aunque uno no hiciera nada, nos pegaba a los dos. Nos ponía a lavar el suelo, a lavar los trastes y Elena se sentaba a la orilla de la cama y se reía de nosotros para hacernos rabiar más.

Una ocasión estábamos sentados cenando —mi madrastra, mi padre, mis hermanas, mi hermano y yo—. Yo iba a dar un sorbo de café cuando volteé a ver a mi padre. Nos estaba viendo fijamente a mi hermano y a mí, como con rencor, como con odio verdadero, y nos dijo:

—¡Hijos de la chingada, ya hasta lo que se tragan me pesa, hijos de la rechingada!

Sin motivo, porque ese día no habíamos hecho nada nosotros. Nos dijo así y yo nunca he vuelto a sentarme a la mesa con mi padre. Entre hermanos, donde debe existir tanta confianza y más siendo huérfanos de madre, debiéramos ser más unidos, buscar más apoyo uno en otro, ¿verdad? Pero nunca hemos podido ser así por cuestión de que mi padre siempre se interpuso entre las muchachas y nosotros. Entonces nunca pude cumplir con mi deber como hermano mayor. Si mi madre hubiese vivido, hubiera sido completamente diferente, porque mi madre tenía gran apego a la tradición de que los menores deben respetar a sus mayores. Posiblemente mis hermanas nos hubiesen respetado sin que nosotros hubiéramos abusado de esa autoridad.

Aquí en México se estila que el hermano mayor debe de ver por los menores, ¿verdad?, debe de corregirlos un poco. Pero él nunca me permitió que les llamara la atención a mis hermanas, porque ¡ay de mí donde se me ocurriera! Me decía:

—¿Quién eres tú, hijo de la chingada, qué les das? ¡El único que se chinga aquí para trabajar soy yo, y nadie, ni tú, ni ninguno, tienen que ponerles la mano encima!

Mis hermanas, especialmente Consuelo, siempre trató de crear discordias entre nosotros. Sabía cómo hacer para que mi papá nos pegara y nos jalara las orejas. Desde un principio mi papá no nos dejaba jugar con ella, o correr, con eso de que ha sido siempre tan flaquita. Y para ser franco nunca consideré tener una hermana. Siempre ha sido muy quejumbrosa, siempre ha sido exagerada.

¡Para exagerar como exagera esa Consuelo! De repente le daba yo un manacito y se soltaba llora y llora y llora. Llegaba mi papá y ella empezaba a tallarse los ojos para que se le pusieran rojos y mi papá notara que había llorado. La veía mi papá y le decía:

—¿Qué te pasa, hija, qué tienes, madre?

Hacía un escandalazo, porque si nosotros le dábamos un manazo, ¡uuuuh!, se soltaba como sirena:

—Mira, papá, me pegó en el pulmón.

Siempre decía que le pegábamos en el pulmón, pues sabía que era la parte que le preocupaba a mi papá, y ahí tiene que mi papá zúrrale con nosotros. La Flaca —así llamábamos a Consuelo— siempre ponía cara muy humilde delante de mi padre, como sor Juana Inés de la Cruz ante el crucifijo. Era toda sufrimiento y resignación, pero con las uñitas afiladas por dentro. Siempre era muy egoísta y ¡hombre! a Roberto y a mí nos daba mucho coraje.

No sé por qué mi padre ha sido muy duro con los hijos y muy cariñoso con las hijas. A ellas les hablaba con un tono de voz y a nosotros con otro. Será que mi padre es un hombre chapado a la antigua y en ese tiempo eran muy estrictos con los hijos hombres. En dos o tres ocasiones que mi padre me ha dejado entrever su vida, se acuerda que mi abuelo era muy estricto con él, lo golpeaba mucho. Ha de decir que, para que no le perdamos el respeto, él se muestra, antes que padre, hombre con nosotros. A Roberto y a mí nos ha pegado fuerte, nos ha dicho cosas que a veces en realidad no tiene justicia para decírnoslas, sin embargo nunca le hemos contestado. Siempre lo hemos respetado, bueno, lo hemos adorado, entonces, ¿por qué nos ha tratado así?

El hecho de que nos haya pegado siempre fuerte no lo tomo como cosa cruel porque lo hizo con buenas intenciones. En ocasiones también nos pegó a causa de otro sentimiento más fuerte del que tenía por nosotros, que era el amor de Elena. En esas ocasiones le podía más su mujer que nosotros los hijos, y nos pegó para desagraviar, para complacer a la mujer. Yo creo que en el fondo nos quería mucho, pero él quisiera que fuésemos alguien; él abrigaba muchas esperanzas de sus hijos, y al verse defraudado, desilusionado, tiene rencor con nosotros. Nos decía que Elena era una santa, y que nosotros fuimos los canallas, los malas almas que nunca quisimos comprenderla y que nunca la dejamos ser feliz. Yo creo para mi modo de pensar que su amor por Elena era una mezcla de cariño y gratitud, y mi padre es, pues, aferrado a sus sentimientos. No creo que él haya querido a Elena más que a mi madre, porque mi madre fue su amor verdadero, su primer amor.

En cuanto a Elena yo fui siempre pues no sé, más dejado, o más prudente. Aun cuando me dolía lo que ella decía yo me lo guardaba, me lo callaba, y sabía que no me iba a resultar bien. Yo le recomendaba a mi hermano que se quedara callado, pero él nunca se dejó de ella porque decía que esa mujer no era su madre. A mis hermanas, Elena las trataba más bien, por ser mujeres, posiblemente, o como eran muy chicas no podían protestar ellas, no podían catalogar, pero nosotros ya teníamos más visión de lo que era una cosa y lo que era otra.

En una ocasión estábamos platicando, una plática de familia se puede decir, ¿no? y se me ocurrió decirle a Elena que mi mamá le decía a mi papá, por cariño, Gato Seco. Entonces Elena dijo una grosería de mi madre, que quién sabe qué clase de amor le tenía a mi padre que le andaba poniendo apodos. Insultó a mi madre en una palabra, y me dio mucho coraje y le dije que con mi madre no se metiera. Tuvimos un disgusto, llegó mi papá y me pegó. Siempre procuré evitar los disgustos con ella, pero Roberto no, era como un volcán, nomás lo tocaban y explotaba.

Cada cosa mala que pasara, o que faltara cualquier objeto de la casa, cualquier cosa, culpaban a Roberto. Hay una cosa que me duele mucho y es que en una ocasión pagó mi hermano por una culpa mía. Ésa fue la única cosa que he hecho. Mi amigo Santiago me dice:

—Sácate algo de tu casa para irnos al cine.

Y lo que hallé más a la mano fue un crucifijo que tenía mi papá, de mi abuelito; lo saqué y lo fuimos a vender.

En la tarde buscaron y buscaron el Cristo, que no apareció. ¡Cómo iba a aparecer si yo lo había vendido! Entonces le pegaron a mi hermano porque decían que él lo había robado. Quise confesarle a mi padre que yo había sido, pero de verlo tan enojado, me dio miedo y me quedé callado. Nunca le he dicho a nadie de este incidente. Pero sí cada cosa que pasaba, algún desperfecto, siempre se lo cargaban a Roberto.

Después de la muerte de mi madre Roberto empezó a sacarse las cosas de la casa. La mayoría de las veces que faltaban cosas de la casa, él se las sacaba. Excepto el Cristo, nunca volví yo a sacar nada de mi casa. Los robos de Roberto cuando chico eran robos en pequeña escala y creo que haya sido pues por consejo de los amigos. Por ejemplo, mi papá mandaba a la casa los huevos por docena; él agarraba un huevo, o dos, y los iba a vender, entonces ya tenía para gastar. Pobrecito de mi papá, no podía con tanto. Nos compraba zapatos y ropa cuando la necesitábamos y siempre nos compró útiles para la escuela de lo mejor. Pero había veces que ni yo ni mi hermano llevábamos ni 5 centavos para gastar. Me daba envidia que mis compañeros compraban paletas, o dulces, o cualquier golosina. Y pues siempre se siente triste uno así, ¿no? Pero ahora comprendo que mi papá no podía atender a tantos. Cuando estaba yo en quinto año tuve mi primer novia. Esta muchacha, Elisa, era hermana de mi amigo Adán. Iba yo a la casa de él a cantar, porque siempre me ha gustado cantar, y él tocaba la guitarra. Sus padres le tenían a Elisa una vigilancia muy estrecha y a mí me aceptaron como amigo de su hermano. Yo quería sentir a qué sabía tener novia, así que le dije yo de plano que si quería ser mi novia, ¿verdad? Esta muchacha era mucho más grande que yo y mucho más alta. Yo tenía como trece años y tenía que subirme en algo para poder besarla. La llevaba yo al cine donde la podía yo besar y abrazar. A su novia de uno la quiere para llevarla al cine, o ir a pasear a cualquier parte con permiso de los padres. Una vez que se duerme con ellas es como si ya estuviera uno casado.

Por mis amigos empecé a desatenderme de mis estudios, pero mi profesor, el profesor Everardo, era una persona buena, yo como alumno era malo porque no estudiaba, pero se puede decir que de hombre a hombre era yo amigo de él. Allí en esa escuela me sucedió un hecho muy interesante que me trae en mi vida real muy buenos recuerdos. En una ocasión, recién que llegué yo allí, había un muchacho que se llamaba Bustos que era el campeón en la escuela, por razón de que les ganaba a todos los zoquetes a pelear. Hubo junta el primer día de clases, se fueron los maestros y dejaron a Bustos encargado del salón de nosotros. Entonces Bustos me llamó la atención, pero en una forma indebida, ¿no? y le dije:

—No, no, chiquito, tú a mí no me gritas.

—Ah, ¿no? —dice—, ¿pues qué tú eres muy chicho? No me digas.

—No soy tan chicho, pero pues, ¿por qué me vas a gritar tú? Si tantos pantalones tienes tú como yo. ¿A poco porque tú eres bravero aquí? No, mano, yo vengo de Tepito, y los de Tepito no nos dejamos nunca de nadie.

Pues que nos agarramos una moquetiza allí mismo dentro del salón y bueno, pues lo he puesto bañado, pero bañado así, en sangre. De las narices y de la boca, todo le reventé. Y los muchachos dijeron:

—¡Ay, Bustos, qué bárbaro, mira nada más qué trompiza te puso el nuevo!

Después me pusieron de apodo el Veinte, porque a la hora de pasar lista a mí me tocó el número veinte. A raíz de eso que le había yo pegado al más chicho de ahí, pues me hice famoso, y decían que el Veinte, y el Veinte, y ya dondequiera ganaba el Veinte. Ya después de eso ya ninguno de los muchachos se metió conmigo, pues aunque he sido chaparro, pues he tenido buen cuerpo y los brazos gruesos.

Había una muchacha, Josefa Ríos, que creo yo que fue de la primera muchacha que me haya yo enamorado realmente en mi vida; una rubia, blanca, bueno, muy bonita esta muchacha, ¿no? Había un muchacho, Pancho, y pues era hijo de padres de más dinero y muy guapo, por cierto. Yo andaba locamente enamorado de Josefa, y ella andaba enamorada de Pancho y Pancho no le hacía caso. Llegó a tanto mi celo que yo no hallaba cómo provocar a Pancho para pelearme con él delante de Josefa para que viera que yo era mejor. Y no, Pancho nunca quiso pues supo que le había yo pegado a Bustos.

Bueno, pues entonces se acercó el santo del director de la escuela y todos los grupos tenían un número para desarrollar en su honor. Nuestro salón no tenía nada preparado. Un día llegué temprano a la escuela y no había nadie y siempre que me siento triste o que me siento alegre me da por cantar, me puse a cantar allí en el salón. Estaba yo canta y canta y no me había dado cuenta que el maestro Everardo, mi maestro, me estaba oyendo. Luego que entró me dice:

—Oyes, Manuel, pues tienes buena voz. Ya tenemos número para presentar el día del santo del director.

Pero yo no comprendí con qué intención me había dicho esto. Transcurrieron unos días, llegó la fecha exacta del festival, y entonces el primer año presentó un bailable, el segundo una declamación, el tercer año... y así sucesivamente. Llegó el quinto año y entonces dicen:

—Quinto año A, canción dedicada al señor Director, cantada por el alumno Manuel Sánchez Vélez.

¡Madre Santísima! Yo no sabía, ni me habían avisado y ahí estaba Josefa en primera fila. Me dio una pena espantosa, pues no es lo mismo estar uno solito cantando como loco, que delante de la gente.

Y que me escondo debajo de las bancas y ya no quería salir de allí. Todos buscan y buscan hasta que uno de los muchachos, Bustos, se da cuenta y que me sacan de debajo de la banca y ahí me llevan. Parecía que me llevaban preso. Bueno, subí al estrado y canté una canción que estaba en boga en aquel tiempo: «Amor, amor, amor, nació de mí, nació de ti, de la esperanza... amor, amor, amor, nació de Dios, para los dos, nació del alma». En ese tiempo tenía la voz más clara, ¿verdad?, y podía cantar mucho más alto. Yo no oía lo que estaba cantando, de los nervios, de la pena que tenía y no quitaba la vista de Josefa. Como si hubiera despertado de un sueño pues que oigo unos aplausos, muy fuertes, muy nutridos. ¡Ay! Y entonces me sentí muy orgulloso y Josefa era la que más me aplaudía, y dije:

—¡Ay, Dios mío, ¿qué será posible que ahora sí se vaya a fijar en mí?

Bueno, pues ya después yo quería que me dejaran cantar más.

Esa misma tarde le dije a Josefa:

—Necesito decirte algo, ¿me das permiso de verte?

Y me acuerdo que me dio tanto gusto que me dijo:

—A las seis de la tarde te espero en la esquina de mi casa.

Me dio mucho gusto y fui a las seis de la tarde, en puntito; allí estaba yo, pero ¡triste mi decepción! no salió. Ese mismo día le habló Pancho y claro, ella le correspondió y a mí me dejó «chiflando en la loma», como se dice aquí.

Siguieron las clases y yo me iba de pinta un día por semana. Fue cuando me empezó a dar por fumar. Nos íbamos con los amigos y uno de ellos dice:

—Vamos a ver qué se siente darse las tres.

Me daba su cigarro, y yo fumaba de él y luego lo pasaba a otro, era un cigarro para varios.

Yo me ocultaba de mi padre para fumar; una vez que entró y estaba yo fumando recuerdo que hasta me metí el cigarro prendido a la boca y con la saliva le hacía yo para que se apagara. He de haber tenido unos doce años cuando me agarró fumando ahí en el patio, me acuerdo que me dice:

—Mmm, cabrón, ya sabe usted fumar, y ¿sabe usted trabajar para comprarse sus cigarros? ¡Nomás ahorita que llegues a la casa verás, cabrón!

Así me dijo delante de los amigos. Después eso lo agarraron para andarme vacilando a cada rato. Decía yo:

—Dame un cigarro, mano, ¿no?

—No, qué te voy a dar, a ti te pega tu papá.

Hasta que tuve veintinueve años no fumé delante de mi padre. El día que me decidí a hacerlo fue más bien una especie de rebelión contra su paternidad, porque dije:

—Bueno, que vea que ya soy hombre... Incluso todavía siento cierta penilla, ¿no?

Siento, he tenido la sensación, que nunca hemos tenido un hogar verdadero. He tenido muy poco que ver con mi familia y he pasado tan poco tiempo en la casa que no puedo ni recordar qué hacíamos. Además no tengo memoria para las cosas diarias. Solo lo que me desagrada mucho o lo que me agrada es lo que recuerdo perfectamente bien, en todos sus detalles. Pero las cosas rutinarias... pues siempre he tenido aversión a la rutina.

No quiero que esto suene como ingratitud hacia mi padre, pero la verdad es que siempre nos ha tratado muy mal a mi hermano y a mí. Nos ha hecho pagar por el lugar en que hemos dormido y el pedazo de pan que hemos comido, humillándonos. Sí ha sido muy fiel, muy responsable, pero siempre me ha parecido más enérgico. Él hubiera querido que hubiéramos salido una réplica exacta de él. Él imponía su propia personalidad sobre la de nosotros y nunca nos dejó externar nuestras opiniones, ni nunca pudimos acercarnos a él, a pedirle consejos sobre lo que debiéramos o no hacer, porque él nos decía:

—Pendejos, babosos, ustedes qué saben, cállense el hocico.

Ya le daban a uno un cortón, le daban a uno un aplastón, y ya no podía hablar media palabra con él.

El hábito de andar en la calle me lo fue formando inconscientemente el. Como digo nunca he tenido un hogar verdadero porque no éramos libres de llevar un amiguito. A la hora que estaba leyendo y entrábamos o hacíamos cualquier ruido:

—Cabrones, sáquense para el patio a jugar, cabrones, mulas, que estoy leyendo; no estén jodiendo, viene uno de trabajar todo el día y no puede uno ni leer en paz.

Si nos quedábamos adentro teníamos que estar absolutamente callados.

Quizá es que soy hipersensible, pero la falta de sentimiento de mi padre hacia nosotros me hacía pensar que éramos una carga para él. Hubiera sido más feliz con Elena si no nos hubiera tenido a nosotros, porque creo que en realidad en ese tiempo sí le pesaba a él mantenernos, lo hacía como de esas cargas que no se pueden soportar y porque tienen que llevarse se llevan. Nunca se me va a olvidar la mirada que nos echó de odio a Roberto y a mí aquel día que estábamos cenando. Me fui a la cocina llorando y no pude comer porque se me atoraba el bocado en la garganta.

Muchas veces le he querido decir:

—Mira, papá, ¿qué te he hecho? ¿Por qué tienes la peor opinión de nosotros? ¿Por qué nos tratas como a criminales? ¿No te das cuenta que hay padres que tienen hijos que son drogadictos, o que abusan de sus familias en su propia casa, o que matan hasta a su propio padre?

Algún día, si me atrevo, me gustaría decirle todo esto, con buen modo, desde luego.

Siempre que he tratado de hablarle a mi padre hay algo que me impide hablar. Creo yo que palabras me sobran, ¿verdad? Pero algo se me atora aquí en la garganta y entonces ya no puedo hablarle. No alcanzo a definir si en realidad es el respeto profundo que le tengo a mi padre o miedo. Quizás sea por esto que he preferido vivir mi vida muy aparte de mi padre y del resto de mi familia. Hay un golfo entre nosotros, una desunión, y aunque los respete me duele ver lo que les pasa, pero me encierro en mí mismo. Una actitud egoísta, sí, pero creo que así me lastima menos a mí y los hiero menos a ellos.

Me iba con mis amigos todo el tiempo. Prácticamente he vivido en la calle. En las tardes iba a la escuela y por las mañanas iba con los amigos a trabajar a una talabartería. No llegaba a la casa más que por mis útiles. Comía en la casa pero me salía tan pronto como terminaba. Lo hacía para evitarme dificultades, para evitarme golpes, más bien, a raíz de lo de mi madrastra. Mi papá no decía nada. En ese tiempo creo yo que era mejor para él.

Debo haber trabajado desde muy chico porque el primer trabajo que tuve me acuerdo que mi papá me fue a esperar el día de mi primera raya. Saqué mis centavitos y se los entregué a mi papá. Me sentí muy contento cuando mi papá me abrazó y me dijo:

—Ahora ya tengo quien me ayude.

Estuve de ayudante de acabador de zapatos en un taller a unas cuantas cuadras de la casa. Hasta la noche trabajaba, a veces nos quedábamos a velar toda la noche. Debo de haber estado muy chiquillo, de a tiro, no creo haber tenido más de nueve años.

Mi segundo trabajo fue en la talabartería, después vendí billetes de lotería, por un tiempo trabajé con el hermano menor de Elena, de ayudante del hijo de un primo de mi abuelita que era albañil. Antes de eso, cuando todavía estaba yo en la escuela, me iba a echar unas veladas a una panadería. Mi tío Alfredo trabajaba ahí y me enseñó a hacer «bisquets». Desde que yo me acuerdo me he pasado la vida trabajando aunque el trabajo no haya sido muy productivo, así que ¿por qué dicen que soy un flojo hijo de esto y lo otro?

Terminó el año y me entregaron la boleta de reprobado. El profesor Everardo me quería mucho pero de todos modos me reprobó. Me dio mucha vergüenza y dolor al mismo tiempo para con mi padre que me hayan reprobado. Creí que el profesor había cometido una injusticia conmigo y allí se me acabó el amor a la escuela. Para la cuestión de la conjugación de los verbos y todas esas cosas, la gramática, para eso pues siempre fui burro. En la aritmética era yo regular. En lo que sí siempre fui sobresaliente y me gustó mucho y me encanta en la actualidad es la historia universal y la geografía. Son cosas que me fascinan, de veras, y en eso sí ponía todos mis cinco sentidos.

En la clase, en cuestión de deportes, en cuestión de fuerza física, yo era pues el número uno. En cierta ocasión se organizaron carreras de 100 metros y yo fui el primer lugar, y luego de 200 metros y yo fui el primer lugar. Me atrae mucho todo lo que es de motores y eso y mi ambición era llegar a ser profesionista, a tener alguna carrera, hubiera querido estudiar para ingeniero mecánico. Pero eso ya pasó.

Todavía vivíamos en las calles de Cuba, cerca de mi abuelita. Ella nos iba a visitar; nos llevaba el pastelito, los dulces, la ropita. Luego nos preguntaba cómo nos trataba la esposa de mi padre. Una vez me pegó mi papá y yo corrí a casa de mi abuelita. Quería yo ir a vivir con ella, pero esa noche vino mi papá y me hizo irme a la casa.

Yo para las fechas soy muy desmemoriado, pero recuerdo el día que nos cambiamos a Bella Vista porque fue santo de mi papá y ese día murió mi abuelita. Cuando mi tío le mandó avisar de su muerte a mi papá él dijo:

—¡Qué regalito!

Un día antes nos mandó hablar y me sorprendió porque murió en sus cinco sentidos. Conoció a todo mundo y a todo mundo le habló. A mí me recomendó:

—Híncate, hijito. Me voy a dormir. Cuida mucho a tus hermanos. Pórtate bien en la vida para que la vida te trate bien, hijo. Si ustedes se portan mal el ánima de su madre y mi alma no van a poder descansar en paz. Siempre que recen, récenme un Padrenuestro, porque es como si yo les estuviera pidiendo de comer.

Luego nos echó la bendición. Yo sentí un nudo en la garganta, pero para ese tiempo debo haberme considerado ya hombre, o algo así, porque hacía esfuerzos por no llorar.

Mi tío José estaba tomado, como de costumbre, y bailaba afuera del cuarto.

Mi tía Guadalupe y mis tíos le cambiaron su ropa, le pusieron un vestido limpio, y la limpiaron muy bien. Cambiaron ese día la cama; pusieron una sábana limpia y tendieron a mi abuelita mientras traían la caja. Entre los cuatro la cargaron y la metieron a la caja. Entonces pusieron debajo una bandeja con vinagre y cebolla para que absorba el cáncer que despide el difunto. Pusieron cuatro cirios, dos a la cabeza y dos a los pies del difunto. Nosotros estábamos ahí sentados, con toda la gente que fue al velorio. Se acostumbra darles café negro y pan. Pero lo que yo recuerdo que me cayó muy mal ver unos tipos que ahí estaban contando cuentos subidos de color. Mi papá platicaba con uno de mis tíos. Oí que le dijo a mi tío:

—Ya ve, Alfredo, en estos casos de qué vale la rivalidad, las desavenencias que tiene uno, cuando así es el fin, la realidad de las cosas.

Creo que había habido pugnas entre ellos, pero mi papá les ayudó económicamente para el velorio y el entierro.

Bueno, luego empezamos a vivir en Bella Vista. La palomilla que había ahí me empezó a provocar. Pero en ese tiempo no había perdido ni una pelea en las escuelas. Había un muchacho que estaba bastante fuertecito, me provocó y yo sin más ni más le dije:

—Pos ándale, hermano, ya estás.

¡Nos dimos una tranquiza! Nos llenamos de sangre, pero el otro fue el que «se dio», yo no. Entonces ya empezaron a reconocerme, ya no comoquiera se metían. Ya nada más me quedaba un muchacho al que le decían la Chencha, porque tenía el miembro muy grande. Un día que le tumba un diente a mi hermano de un trompón. Y pues ahí voy a ver a la famosa Chencha. Nos dimos una tranquiza y que lo hago chillar, pero la vio llegar conmigo, no pudo a los trompones y que me muerde. Todavía traigo una marca de sus dientes en el hombro. Nuestra presentación fue ésa, porque después fuimos como hermanos, pues él no resultó ser otro que mi buen amigo y compadre Alberto Hernández. Nunca hemos tenido secretos el uno para el otro.

Desde nuestro primer pleito me sentí atraído por Alberto. Me caía muy bien a pesar de que nunca caminamos de acuerdo en nuestras opiniones. Porque él me decía alguna cosa y yo siempre le llevaba la contraria. Siempre andábamos peleando así, de palabra, ¿no? Pero cuando se trataba de algo serio, por ejemplo que alguien me quisiera pegar, primero le pegaban a él y si le trataban de pegar a él, primero me pegaban a mí. Ni un solo día dejábamos de vernos y todo el tiempo andábamos juntos, bueno, éramos inseparables, en una palabra. Era al único que confiaba mis cosas y él a mí las suyas. Es el único que ha sabido siempre todos mis secretos, mi modo de reaccionar, lo que he hecho en el pasado, lo que estaba haciendo en el presente y lo que pensaba hacer en el futuro. Luego supe también todas sus alegrías, sus tristezas, sus conquistas. Él me disparaba lo que comíamos porque él tenía más dinero para gastar.

Alberto es, creo, dos años más grande que yo, pero tenía más experiencia, especialmente con las mujeres. Tenía pelo chino y ojos grandes y les gustaba mucho a las muchachas, aunque se veía bastante rústico y era muy torpe en su modo de hablar; hablaba como indio. Me sorprendió por las cosas que sabía. Desde muy chiquito había trabajado en las minas de Pachuca, Hidalgo, luego de lavador de coches, de mesero, y había viajado por las carreteras. No tuvo escuela porque desde un principio tuvo que sostenerse. Su vida ha sido más dura que la mía; su madre murió cuando él estaba muy chiquito y luego su padre lo abandonó. Primero se quedó con su abuelita materna, luego vivió con su tía y su tío político ahí en Bella Vista. A pesar de que estaba muy chico ya me platicaba que de la cama, y que de perrito, y que posturas y todas esas cosas. Luego le pusieron el Tres Diarias, porque era muy «puñetero», el cabrón. Andábamos vendiendo periódico y nada más se paraba junto a un carro donde fuera manejando una mujer y con que trajera el vestido subido, se metía la manita a la bolsa y empezaba luego, luego...

En los baños hicimos hoyos para ver bañarse a las muchachas. Un día llegó Alberto corriendo a decirnos que Clotilde, una muchacha que estaba a toda madre, se estaba bañando. Entonces nos fuimos todos a ver, y la vimos encuerada, y todos nos metíamos la mano a la bolsa y haciéndonos la chaqueta y apostábamos a ver quién se venía primero.

Alberto y yo éramos de la palomilla de Bella Vista. En ese tiempo no éramos menos de cuarenta muchachos. Nos juntábamos todos y decíamos vamos a jugar al burro, o luego nos poníamos a contar cuentos colorados. Cuando alguno se peleaba íbamos todos por si algún otro se metía. En algún baile que andábamos decíamos:

—Se ponen abusados, muchachos, y si vienen los bueyes esos de las otras palomillas y quieren estar aquí mandándose con las muchachas, les ponen en la madre.

Por eso todos los de las calles de Marte, Moctezuma, Camelia, nunca se podían ver con nosotros.

Había una palomilla que cada 16 de septiembre venía con palos y toda la cosa a echar guerras contra nosotros. Los dejábamos entrar por un lado de la vecindad y cerrábamos el zaguán por el otro lado con candado, porque el hijo del portero era de nuestra palomilla y él cerraba con candado. Ya que estaban todos adentro, cerrábamos rápido el otro zaguán y entonces en todos los patios nos traíamos a puros piedrazos, y cubetadas de agua y palos en la cabeza, y todo. Hasta que ellos decían:

—Ya, nos damos.

Siempre tuvimos el orgullo de poner en alto el nombre de Bella Vista, y nunca dejarnos de ninguno.

A los golpes siempre les ganamos a todos, y siempre que se trataba de golpearse, Alberto y yo éramos los primeros que nos agarrábamos contra cualquiera. Tanto peleábamos que empecé a soñar en eso. Soñaba que Alberto y yo nos estábamos peleando, y luego son cuatro, cinco contra nosotros, y al tiempo de pegar un brinco para que no me peguen, me elevo, y me elevo, y me elevo, y llego a la altura de los alambres de la luz, y me sorprendo y digo:

—¡Puedo volar, puedo volar!

Entonces me tiendo y me dejo caer y le digo a Alberto:

—Compadre móntate.

Y él se me sube y me empiezo a elevar y le digo:

—Ya ves, ¿qué nos hicieron, compadre? ¡No nos hacen nada!

Y sigo volando y ya que paso los alambres de la luz pierdo esa facultad y siento que caigo. Soñé esto mismo por muchos años.

La cuestión es que en mi medio empezamos a ver la vida tan de cerca que debemos aprender a tener mucho autocontrol. En muchas ocasiones ha habido cosas que me motivan un deseo intenso de llorar. Mi padre con algunas palabras que me ha dicho me ha dado un sentimiento enorme y he tenido muchas ganas de llorar. Sin embargo, la vida me enseñó a mostrar una máscara; cuando estoy sufriendo por dentro, me estoy riendo. Y para él no sufro, no siento nada, soy un cínico, un sinvergüenza, no tengo alma... por la máscara que le muestro. Pero por dentro yo capto todo lo que él me dice.

Aprendí a disimular el miedo mostrando la reacción contraria, o sea el valor, porque he leído que según la impresión que le causa uno a la persona, así es el trato. Entonces, cuando he llevado mucho miedo por dentro, por fuera les demuestro que no tengo nada, que estoy tranquilo. Y me ha resultado, porque a mí no me han perjudicado como a otros de mis amigos que se ponen a temblar porque los agarran los agentes. Porque si entro callado, si entro con los ojos llorosos, si entro temblando —como decimos aquí, ¡triste mi vida!—, inmediatamente todos «a la cargada». En mi barrio o se es picudo, bravero, o se es pendejo.

El mexicano —y creo yo que en todas partes del mundo— admira mucho los «güevos», como así decimos. Un tipo que llega aventando patadas, aventando trompones, sin fijarse ni a quién, es un tipo que «se la sabe rifar», es un tipo que tiene güevos. Si uno agarra al más grande, al más fuerte, aun a costa de que le ponga a uno una patiza de perro, le respetan a uno porque tuvo el valor de enfrentarlo. Si uno grita, usted grita más fuerte. Y si cualquiera me dice: «chin tu ma», yo le digo: «chin cien más». Y si aquél da un paso pa' delante y yo doy un paso para atrás, ya perdí prestigio. Pero si él da un paso pa' delante, y yo doy otro, y «¡éntrale y ponle, güey!», entonces me van a respetar. En un pleito en ningún momento voy a pedir tregua, aun cuando me estén medio matando, voy a morir riendo. Esto es ser muy macho.

La vida entre nosotros es más cruda, es más real que entre las personas de dinero. Un chamaco de mi medio a los diez años ya no se espanta de ver el órgano sexual de una mujer; no se espanta de que otro tipo le esté sacando la cartera a una segunda persona; o de que abran a alguno con un cuchillo; no se espanta de nada de eso. A base de ver tanta maldad, de verla tan cerca, empezamos a ver la vida lo que es en realidad. Todos los de mi clase empezamos a conocer las crueldades de la vida tan chicos que nos damos el primer raspón, y se nos forma una costra. Esa costra nunca se nos borra —como las costras de sangre— sino que ahí se nos queda, permanente, sobre el espíritu. Después, otro golpe y otra costra, y así sucesivamente, hasta que se llega a hacer una especie de coraza. Después es uno indiferente a todo; incluso la misma muerte no nos espanta.

Las personas de cierta posibilidad pueden permitirse el lujo de dejar vivir a sus hijos dentro de un mundo de fantasía, de poderles hacer ver únicamente el lado bueno de la vida. No les permiten malas compañías, no les permiten conocer palabras obscenas, ni ver escenas brutales por no lastimar la sensibilidad de aquella criatura, y como viven bajo su férula, los padres solventan todos los gastos de los hijos. Tienen el privilegio de vivir bien, pero viven con los ojos cerrados, y son ingenuos en toda la extensión de la palabra.

Durante mi niñez, y aún después, pasaba gran parte del tiempo con mi palomilla. No teníamos jefe, no aceptábamos jefe... necesita de a tiro ser demasiado bueno en todo. Algunos sobresalían por algo, pero nada más. Entre nosotros no había malvivientes como en otras palomillas. En el barrio ése por ahí donde vivimos había una palomilla que cuando estaban en alguna parte tomando y veían que llegaba alguno con dinero, cuando estaba ya bastante tomado lo asaltaban, o también fumaban mariguana. Que yo recuerde, de mi palomilla solo hubo uno que se volvió mariguano y después le hizo al piquete. En mi tiempo nunca hicimos cosa parecida; si andábamos por la calle y pasaban las muchachas, les agarrábamos las nalgas, ¿no?, pero así eran todas las maldades que hacíamos nosotros. En ese tiempo admiré mucho a mi primo Salvador —el hijo único de mi tía Guadalupe—. Era el «coco» de la palomilla de Magnolia, y vaya que era una palomilla brava, sin en cambio él los doblegaba a todos, era muy bueno para los trompones. Pero por otro lado sentía yo cierto rencor contra él por cuestión de que le respondía mal a mi tía y siempre lo veía yo borracho. Tomaba mucho, pero se dio más a la tomadera a causa de la mujer ésa de la que estuvo enamorado, pero ella lo dejó. Tuvo un hijo con esa mujer, pero ella se fue con otro, y ese hombre fue el que mató a mi primo con un picahielo.

Cuando tenía trece años, o así, tenía yo unos amigos más grandes que yo y quisieron llevarme a Tintero, con las prostitutas.

—No, muchachos, pero yo a Tintero no voy —les digo—; capaz de que me mata mi padre.

Y dicen:

—Bueno, pues éste qué...

—¿Tú eres joto, o qué cosa? Ahorita te vamos a pagar una vieja y te la vas a coger.

Yo no quería que me pegaran alguna enfermedad.

Tenía, y todavía tengo, gran miedo de una enfermedad venérea. Este miedo mío comenzó cuando todavía estaba yo muy chico. Una vez en los baños de vapor vi a un tipo que tenía la mitad de la cabeza del miembro comida y con un chorro de pus. Luego en el museo vi cómo nacen los hijos de los sifilíticos, y todo eso se me quedó muy grabado... Luego uno de los muchachos de Bella Vista tuvo gonorrea cuatro o cinco veces. Lloraba el pobre cuando quería orinar y lo oí gritar de dolor cuando le hicieron unas curaciones.

Un día mi papá me asustó. Cuando tenía como doce años tuve reumatismo y andaba con los talones como lobo, de puntillas caminaba. Y mi papá que me dice:

—A ver, bájese los pantalones, cabrón. ¿Con cuántas mujeres de Tintero has ido? No quiero nietos que vayan a nacer tuertos, o mochos, o cuchos. Que se baje los pantalones, vamos a verte.

—Papá, pero si no tengo nada...

Tenía vergüenza que me viera, que ya me habían salido pelitos. Y ahí estoy con toda la pena del mundo volteado para el otro lado mientras me estaba viendo mi padre. No conforme con eso me llevó con un doctor, y me acuerdo que me cayó gordo porque con un tono muy meloso me dijo:

—A ver, si al cabo no es cosa del otro mundo...

—No, no, doctor...

—Cómo no, acuéstate, vamos a verte.

Y yo dije:

—Bueno, viejo pinche, pos qué me va a ver, si yo le estoy diciendo que no tengo nada, y está de necio que sí tengo.

Me hizo subir a la mesita y ahí me estuvo jalando el cuerito y la fregada. Y dijo:

—No, no tiene nada —pero de todos modos me recetó unos chochitos.

Por eso no quería yo ir a Tintero con los muchachos. Pero me dijeron que exprimiendo jugo de limón en el miembro después de hacerlo ya no se le pega a uno nada, así que fuimos. Alberto, otro y yo fuimos con la misma señora. Yo tenía tantos nervios que ni se me paraba siquiera, y las piernas me estaban temblando. Uno de los muchachos que se sube sobre ella y empezó ahí el asunto. Total que terminó y dice:

—Ahora, síguele tú.

—Bueno, pues... pero conste que yo no quería, y si me pegan alguna enfermedad, canijo, tú me vas a dar para que me cure.

Bueno, me subí sobre de la señora, pero no fue nada que me agradara. La señora se movía en extremo. Luego me puse a pensar: «A esta vieja cuántos no se la han cogido, esta clase de viejas no me gustan, ya tienen mucha experiencia, con ésta viene el que quiere y se lo mete. No, a mí no me gusta...». Bueno, pues pasó aquella cosa y los muchachos salieron muy contentos de que a mí me gustaban las viejas y ellos creían que no.

Bueno, pues resulta que yo no sé, se me metió en tal forma esta cosa, esta calentura, que decimos aquí en México, que nada más andaba pensando en eso a cada rato. Cualquier mujer que veía se me antojaba, y cuando no podía con alguna mujer recurría al autoalivio.

Creo que por ese tiempo Enoé estaba trabajando con nosotros. Era una señora que vivía en nuestro mismo patio y venía a la casa a hacer la limpieza y la comida. Su hijo era amigo mío. Pues le hablé de esa cosa porque supe que el hermano de Elena, Raimundo, se la había echado. Y dije yo:

—Ah, chirrión, cómo que nomás Raimundo, uno tiene que alcanzar taco, ¿no?

Pero que ella me dice:

—Ah, jodido, ora verás con tu papá.

Creo que mi papá andaba también aventándole sus suspiros.

Nunca se me hizo con las sirvientas porque mi papá había llegado primero. Lo mismo pasó con la Chata. Estaba muy gordota, y sí me caía gorda. Me acuerdo que me daba una rabia del carajo que a fuerza quería que me sentara a comer. Y si yo le decía que no, ella decía:

—Mejor, más me alcanza.

Y se sentaba, a dos nalgas, y se comía mi comida. Pero también le hablé de esa cosa.

—No —dice— estás muy chamaco, hombre. Pos qué, ¿puedes?

—Bueno, pos usté no sentirá nada, pero yo sí voy a sentir. Déjese, ándele... ¿no?

—Bueno... ¡ah qué...! Veme a ver a mi casa.

—La fui a ver hasta su casa pero ya que llegué no me hizo caso.

—No, estás muy escuintle, tú. Qué vas a saber de... Ándale, vete pa' tu casa.

Y luego me dijo de mi papá.

Hasta entonces había andado de canijo con un par de chamacas de la vecindad y de la escuela. Julita, mi prima, las tres hermanas que vivían en el patio de en medio, María... como ocho en total. Pero era puro juego, de papá y mamá, porque estaba yo muy chico para otra cosa.

Luego conocí a Panchita en un baile y eso fue una nueva sensación. Ella era una campeona para el baile, y nos simpatizamos, ¿no? Bailando me le pegué mucho, y se me pegó mucho, y pues noté que ella se puso muy coloradita y todo. Salimos, y vamos pasando por un hotel, y yo nada más le di un empujoncito así, y se metió.

Pues llegamos, ¿no? y la empecé a besar por el cuello, por los brazos y ella a corresponder a mis caricias. Le quité las medias, le quité los zapatos —así la cosa es más excitante para mí—. La que se forza un poquito, que demuestra un poco de pudor, me pone más excitado. Y ella era por ese estilo; que yo le quería meter la mano por ciertas partes, ella no me dejaba agarrarlas. Pues resulta que ya tanto y tanto, me coloqué y cuando se lo metí, sentí una sensación completamente nueva para mí, porque esta muchacha tenía —no sé qué término científico tenga esto, ¿no?— pero aquí se le dice «perro». Es una cosa que absorbe, que chupa... es la única mujer a la que me le subí unas ocho o nueve veces en el tiempo que estuve yo con ella. El caso es que era experta en esas lides y me enseñó diferentes posturas y a aguantarme, a esperar. Es cuando aprendí que la mujer también goza. No pensé nunca vivir con ella porque la mujer que viviera conmigo yo la tenía que deshonrar. Las mujeres que ya se han cogido con otros no eran de mi agrado.

Había un muchacho que ya mataron, la Rata, que quería enseñarme a ser padrote. Me decía:

—No seas pendejo, hermano. Te agarras una vieja, ¿no?, y le hablas y haces que te quiera mucho, luego la deshonras y la metes a trabajar en un cabaret.

Él bailaba mucho y tenía mucho partido con las mujeres. Yo le decía que no porque no me gustaba la idea. Luego nos enseñó a Alberto y a mí una muchacha y nos dijo su plan para bailar con ella los tres y la invitáramos a tomar cervezas hasta que ya no pudiera más y luego cogérnosla entre todos.

Agarramos a la muchacha aquélla y le metimos cerveza a más no poder —tres ella por una nuestra— le metimos dos nembutales y la muchacha nos emborrachó a los tres y ella salió caminando derechita. La Rata trataba de explicarse cómo estuvo eso. Decía:

—¡Me lleva la chingada! ¡Cómo va a aguantar tanto esta vieja cabrona!

Alberto y yo éramos medio bajos, no vaya a creer. Él había deshonrado a una señorita y a resultas de eso hay un chamaco ahora. Él no quería nada serio con ella. Me dice:

—Compadre, no vas a tener más remedio que hacerme el quite. Enamórala y llévatela a dormir para que yo le diga: «Ya me traicionaste con mi mejor amigo» y la pueda cortar.

Yo por la lealtad al amigo no vi que era una cochinada, pues.

En ese tiempo Alberto estaba encargado de un puesto de ropa blanca que tenía su tío en el mercado. Vendían camisetas, calcetines, medias, pantaletas de mujer, calzoncillos de hombre, bueno, ropa interior. Falté muchas veces a la escuela por irme a estar al puesto con él. Alberto estaba mermando del negocio y pues empezó a tener dinero. Total que íbamos diario al cine. Más de un año estuvimos yendo diario, diario, diario.

Luego hay veces que ya habíamos visto una película, tres, cuatro veces, y ya na'más nos metíamos. Comprábamos unos bolillos que hay, grandes, virotes, y en una parte les echábamos frijoles, en otra arroz, en otra crema y en otra aguacate. Nos metíamos dos tortas de ésas cada uno, dos o tres refrescos cada uno, aparte... que limón, que naranjas, que pepitas, que dulces. Bueno, ¡era un atascadero que dejábamos ahí! Alberto disparaba todo, pues él siempre tenía bastante dinero para nuestra edad. Si debía entregar al tío 100 pesos, le entregaba 75, y en esa forma, pues...

Su tío de Alberto cuando vio que el negocio andaba muy mal lo vendió. Se lo vendió a una muchacha, Modesta. Nos disparaba tortas y aguas frescas, todas esas cosas. Tenía la cara con barros, y una nube en un ojo, na'más que tenía un cuerpo reprovocativo, a todo dar, muy nalgoncita, cintura delgadita y muy bonito busto. Así que cuando no teníamos dinero para el cine la íbamos a ver.

Un día ya sabíamos nuestro plan. El puesto tenía una tarima y quedaba un tanto para moverse entre la pared y la tarima. Nos brincábamos la tarima y nos poníamos al lado de ella. Entonces yo empezaba:

—Quihubo, Modesta... ¡caray, te estás poniendo más buena cada día!

—Oh, sangrón, ¿ya vas a empezar?

—No, no, es que, derecho, derecho, verdá buena, estás a todo dar.

Y luego ya ella empezaba a entrar en calor, ¿verdad?, entraba a la plática.

—Oye, Manuel, ¿y qué se siente cuando hace uno «eso»?

—Porque ella era señorita, ¿verdad?

—Ay, pues cómo eres tonta. No puedo decirte, eso necesitamos hacerlo, pos si no, ¿cómo?

Estaba ella sentada en un banquito con las piernas abiertas. Le digo:

—Mira, te voy a dar una semejanza, más o menos.

Agarré y le puse la mano entre las piernas:

—Y luego se trata de hacerle así.

Alberto en eso me hace señas que la «echara». Eran las doce del día —éramos brutos hasta donde no— y cuando menos pensó ya la tenía yo tirada en la tarima del puesto y Alberto que jala una sábana y que nos tapa. Traía una blusita de botones, y que se la desabrocho y le empecé a agarrar los senos y a besárselos, y a mordérselos, y todo.

Y la gente pasaba —era hora de la plaza— y la sábana subía y bajaba. Alberto me dijo después:

—Pinche güey, todos te estaban viendo... la sábana na'más se hacía pa'arriba y pa' bajo, y yo te pellizcaba las nalgas, y tú ni me sentías.

Bueno, pues mientras yo la estaba entreteniendo, Alberto que agarra dos o tres pantaloncitos de niño y ya de ahí sacábamos para irnos al cine.

En otra ocasión la fui a ver y quise bajarle los calzones, pero a la hora de ir a hacerlo que me paro pero reteespantado porque tenía sangre. Creía que estaba enferma de purgación, o que estaba podrida... Pues yo más tarugo, verdad, no sabía pues que las mujeres se enfermaban de la regla.

Esto siempre me ha parecido sucio, bueno, porque simplemente las aventuras que tuve... Si hay algo que no soporto es el humor de la mujer, ¿no?, hay unas que, ¡ay, qué brutas!, huelen como la fregada... Más de una vez estábamos acá, como decimos cachondeando... le agarraba sus piernitas, y dándole sus besos... una mordida aquí, apretones en los senos, una mordidita allá...hasta ahí todo marchaba perfectamente bien, ¿no?, pero a la hora de abrir las piernas salía un olor que el erecto se me cayó pero pa'pronto. A una de ellas llegué a decirle:

—Hazme el favor de pararte, y vete a lavar.

Siempre fui alérgico a eso.

Para ese tiempo Elena había empeorado. Yo la notaba ya medio rara, ¿no?, sería la palidez que se le estaba poniendo. Mi papá la llevó con el doctor y va resultando que era tuberculosis. Otra vez volvieron a recaer los golpes de mi papá sobre nosotros, sobre todo sobre mi hermano. Mi papá le achacó que Roberto la empujó, pero ella se resbaló, se fue para atrás y se pegó en el filo del lavadero. No creo yo que haya sido esa la causa, ¿verdad? Después mi papá nos culpó, a mi hermano Roberto y a mí, de que por nuestra causa se hubiera muerto Elena. Mi padre ha sido un hombre mucho muy celoso. Creo que esta Elena creo andaba queriendo dejar a mi padre por un carnicero, un chaparrito de por allí cerca. Mi papá no sé cómo se enteró, pero llegó más temprano que de costumbre, del trabajo, ¿no? Agarró un cuchillo y vi que caminó para la carnicería. Roberto y yo nos pusimos listos, agarramos piedras y palos por si aquél le quería hacer algo a mi papá. Vimos que se detuvo en la carnicería y que estuvo hablando con el carnicero. No sé qué habló con él, el caso es que no sucedió nada. Después fue a la casa y le reclamó a Elena, pero ya no con la misma energía, no con tanta altanería como le reclamaba a mi madre.

Mi papá creía que Elena era muy buena, pero creo yo que él llegó a desilusionarse de ella. Mi padre encontró a un sobrino —hijo de un hermano— por casualidad. En ese tiempo salía el *Pepín*, una revista cómica, y en ella una sección de que fulano de tal busca a fulano de tal. Entonces este sobrino mandó un escrito: «El señor David Sánchez busca al señor Jesús Sánchez que salió de la hacienda de Huauchinango el año de 1922». Entonces mi papá escribió una carta y mi primo inmediatamente se vino de Veracruz, se vino a vivir acá a la casa de nosotros.

Resultó que sí era hijo de un hermano de mi padre. ¡Mire qué tan enterado estoy que no sé siquiera el nombre del papá de David... ni de los otros hermanos de mi padre! A mi papá ya lo daban por muerto y el día de Todos Santos le ponían su veladora y su comida.

Mi padre le había conseguido trabajo a David en el restorán La Gloria, y todo iba muy bien. Una ocasión mi padre llegando del trabajo encontró a Elena sentada en las piernas de David. Pues a David lo tengo en muy buen concepto, es un muchacho que no es nada maleado, un hombre íntegro. David para mí es pues el familiar que más quiero. No está corrompido, no tiene la malicia que tenemos aquí. Admiro en él la limpieza de su alma, un alma campirana, no como lo podrido de la ciudad. Por eso caí en la cuenta de que David no quería nada con Elena, ella era la que se le ofrecía a él. Y a causa de esa dificultad David se volvió a Veracruz.

Que Dios me perdone, pero creo que mi padre estaba celoso hasta de Elena y de mí. De veras lo creo porque cuando una persona tiene coraje lo mira a uno de un modo muy especial y así era como me miraba mi padre. Yo no podía darme cuenta entonces pero ahora sí puedo ver que sospechaba de Elena y de mí.

Para evitar tantas rencillas entre Roberto y Elena mi papá había alquilado otra vivienda de la misma Bella Vista. Nosotros vivíamos en el 64 y Elena y su mamá, Santitos, vivían en el 103. Los dos hermanos chicos de Elena y su hermana Soledad también vivieron un tiempo en el 64. Santitos fue muy buena gente con nosotros. Una señora muy simpática, muy tratable. Y, cosa paradójica, mi papá nos culpaba de la muerte de Elena y la mamá nunca lo tomó por ese lado. Nos habló bien y a la fecha nos habla bien.

Yo ya no sentía coraje con Elena, sino una especie de cariño, de compasión. La acompañé al dispensario de tuberculosis y me impresionó mucho ver cómo le hicieron el «neumo», le descubrieron por las costillas y entonces le metieron una especie de tubo, pero sin punta. Y mi padre, pobrecito, se desesperaba y con los mejores doctores que conocía la mandaba. La llevó a internar en el Hospital General y mi padre me mandaba con cierta frecuencia a llevarle frutas, a llevarle alimentos, a llevarle centavos.

Si mal no recuerdo cuando Elena estaba en el hospital llegó un día mi papá con una jaula pajarera grande con seis o doce pájaros. Me cayó de sorpresa y dije: «Qué raro que mi papá haya comprado pájaros», porque años atrás mi papá tenía disgustos con mi mamá porque a mi mamá le gustaban los animales. Al siguiente día que vuelve a llevar más y así fue lleva y lleva y lleva, hasta que se hizo de una cantidad considerable. Las paredes de la cocina estaban tapizadas de jaulas. Había gorriones, zenzontles, canarios, clarines, jilgueros, hasta un correcaminos. Era una escandalera de pájaros cuando se agarraban todos cantando... Se me hacía muy bonito, se me figuraba un campo florido, se me figuraba estar en un bosque.

Pero me caían mal también porque siempre he sido muy flojo para levantarme temprano y mi papá antes de irse como a las seis de la mañana ya estaba:

—¡Manuel, Roberto, arriba! ¡Pónganse a picar plátano!

Luego agarré por decirle a mi papá:

—Ay, papá, me duelen mucho las piernas.

Los primeros días me lo creyó y me dejó acostado todavía. Entonces se paraba Roberto a hacer la comida. Pero luego mi hermano me decía:

—Hummm, ni te duele nada, na'más te haces maje, pa' que yo haga la comida.

Por kilos picábamos los plátanos machos —teníamos un machetote— y lo revolvíamos con mosco y harina, a otros les dábamos alpiste. Poníamos la comida en cada jaula, les cambiábamos el agua y el periódico que habían ensuciado y les poníamos otro limpio.

Un día me dijo:

—Manuel, te vas a la plaza a vender pájaros.

Sentía gusto de ayudarle a mi papá, de que mi papá se hubiera valido de mí, pero también en el fondo sentía pena. Agarré mis jaulas y ahí voy a la plaza. Estuve yendo varios días y estuve con las marchantas vendiendo.

Un miércoles llegó mi papá a verme, porque en ese tiempo descansaba los miércoles. Y que va llegando uno de la Forestal y no teníamos el permiso para vender. Mi papá, como nunca se ha visto en esos líos, pues se puso muy nervioso. Y el tipo aquél dijo:

—Van a tener que acompañarme.

—No, hombre, señor, no sea mala gente —dice mi papá—, mire yo ahí le doy unos centavitos... déjenos ir, hombre, qué caso tiene...

Y el otro se daba aires de gran señor. Total, que nos llevó a la Forestal y yo creo que mi papá le hubiera dado más de mordida al policía que la multa que le pusieron.

Después él vendía los pájaros únicamente con las vecinas y con las compañeras de trabajo. Luego se hizo compadre de un pajarero de las calles de Soto y hacía muy buen negocio. Yo creo que mi papá vendía los pájaros y luego palomos, guajolotes, pollos y marranos porque, digo yo, después de trabajar muchos años descubrió que le gustaba también el comercio. Ya lo descubrió muy tarde, pero vio que sacaba más dinero así.

Me empecé a dar cuenta de la existencia de mis medias hermanas Antonia y María Elena cuando he de haber tenido como catorce años. Antes de eso no tenía la menor idea de que mi papá hubiera tenido otra esposa y otros hijos. Nada más me acuerdo que una vez como de unos diez años me llevó a ayudarle al restorán La Gloria. Salimos y cuando llegamos a la calle de Rosario me dice mi papá:

—Espérate aquí en la esquina.

Me dejó en la esquina y él se metió a una vecindad. Yo dije:

—¿Qué va a hacer mi papá allí, a quién va a ver?

Me entró así como celo y le pregunté:

—Papá, ¿a qué fuiste allí?

—Qué le importa. Usté no tiene que andarme preguntando nada.

Entonces caí en la cuenta que mi mamá estaba en lo cierto, y que tenía razón de enojarse con mi papá.

Ya después supe que ahí vivía Lupita, la Lupita que dijo mi mamá. Es la mamá de mis medias hermanas. De chico no la traté y ahora puedo decir exactamente las ocasiones que he hablado con ella; son tres.

En una ocasión llegué demasiado noche a la casa y en la penumbra reparé que en la cama de mis hermanas había un bulto de más. Roberto estaba en su lugar en el suelo y mi papá en su cama. Entonces me fui de puntillas y me acerqué hasta la orilla de la cama de mis hermanas, y me agaché y traté de ver quién era la persona que estaba ahí. Mi padre creo yo que estaba despierto y me estaba observando y me dice:

—Es tu hermana.

—¿Mi hermana?

—Es tu hermana Antonia.

Bueno, pues ya no dije nada más, ¿verdad?, sino que agarré y me fui a acostar. Nunca nadie me había platicado de
ella antes.

—¿Pues de dónde salió esta hermana?

Y yo ansiando que llegara la mañana para conocerla.

Como mujer no digamos que era atractiva, era simplemente simpática en su forma de hablar. Pero demostró como
cierto rencor contra nosotros desde un principio. Y con mi
papá empezó a tener dificultades, pues lo aborrecía. Le contestaba en una forma grosera y me daban ganas de voltearle
una cachetada en la boca para que se callara. Un vez no sé
qué le estaba diciendo mi papá que no debería de hacer y
Antonia le contestó:

—Yo puedo hacer lo que se me dé mi fregada gana. A ti
qué te importa. ¿Te importa, acaso? ¿Quién es la que sufre,
quién es la que se chinga, no soy yo? —gritándole, pero gritándole a mi padre.

Le agarré aversión a Antonia a causa de eso. Es más, yo
trataba de no intimar mucho con ella temiendo que me fuera
a llamar la atención como mujer. Apenas cruzamos dos, tres
palabras dentro de la misma casa.

Mi hermano Roberto sí la quiso, la quiso mucho. Mi
padre lo supo, no sé por qué medio se enteraría. No sé si
Roberto la quería como hermana, o la quería como mujer,
pero el caso es que la quiso en una forma exagerada. Mientras tanto Elena no se mejoraba en el hospital y se vino a la
casa. Cuando estaba muy grave mi papá nos mandó a mi tía
Guadalupe y a mí a hablarle al padre. El padre nos preguntó
si nunca había sido casado mi papá antes y le contestamos
que no. Entonces procedió a casarlos en «grado mortis». Mi
padre creo que guarda el anillo de matrimonio.

Una tarde saliendo yo de la escuela llegué a la casa y me
dice mi hermana Marta:

—Ve a casa de Elena.

Llegué y la encontré tendida. Mi papá estaba contento días antes porque ella había subido de peso y él creía que era signo de mejoría. Quién sabe qué pasó que se murió. Yo recuerdo la escena muy bien. La caja mortuoria en medio de la pieza y sus cuatro cirios prendidos, uno en cada esquina, y alguna gente allí. Mi padre parado en la puerta —entre la azotehuela y la pieza— luego que me sintió entrar se volteó y me dijo:

—Miren su obra, cabrones; ustedes, ustedes fueron los que la mataron, pero así les ha de ir.

Comprendo que fue el dolor que él sentía, un arrebato de desesperación, pero siempre ha tenido esa costumbre mi padre. No sé por qué, pero para cualquier cosa siempre me decía:

—Así te ha de ir. Dondequiera te han de cerrar las puertas.

Bueno, deseándome siempre mala suerte. Avergonzado por las palabras de mi padre opté por esconderme detrás de la puerta y dentro de mí le decía a Elena:

—Perdóneme. Perdóneme si algún mal le hice, Elena. Perdóneme por todo lo que la haya yo ofendido.

Nomás es lo que acertaba a decir.

Roberto estaba ahí llorando, llorando por ella. Consuelo estaba también ahí y mi padre, inconsolable, culpándonos de su muerte. Estuvo tendida dos días, no como mi madre. Después la vida siguió su curso y la enterramos en el mismo panteón que a mi mamá. Mi papá compró el pedacito de tierra en perpetuidad y le mandó hacer alrededor un marquito formado de ladrillos. También le pagó a un señor para que cuidara la sepultura.

Después que la hubimos llevado a sepultar mi padre se portó más agrio, más hosco con nosotros. Le entró más rencor. Siempre nos ha achacado que no pudo ser feliz con ella. La vida cada vez era peor en la casa y yo más y más vivía en la calle.

Mero enfrente del puesto de ropa donde íbamos Alberto y yo había un café de chinos. Graciela, una muchacha de pelo quebrado, negro, muy bonito, estaba trabajando allí. Una ocasión me dice Alberto:

—Mira qué chinita tan bonita, compadre.

Le digo:

—Ay, ojón, está a todo dar, de veras, compadre. Oye, qué chula está esa chamaca. Cuánto vas a que me la amarro.

Pero yo le dije así nomás, nunca pensé en serio.

—Mmm... qué te vas a amarrar, a poco te va a hacer caso... De esas pulgas no brincan en tu petate. No, mano, esa vieja anda con cuates que visten bien, que tienen centavos.

Pues esa noche ahí cenamos, y vi a Graciela de pasada porque ella andaba sirviendo a unos clientes. Yo me sentía un poco apenado porque no sabía usar los cubiertos muy bien —en la casa nunca los usamos, comíamos con tortillas— pero pronto me volví un experto porque empecé a ir al café día con día. Se volvió un hábito grande en mí... malgasté catorce o quince años de mi vida yendo a ese café.

Le pedí un trabajo a Lin, el chino del café, pero realmente no había nada para mí. Me enseñó a hacer pan y a veces pagaba mis comidas haciendo el pan para él.

Bueno, yo había apostado con Alberto que Graciela iba a ser mi novia, y pues tenía que sostener la hablada, pero para eso necesitaba dinero. Luego le dije a mi papá:

—Oye, papá, pues yo tengo ganas de ganarme unos centavos. Estoy en la escuela, pero mientras puedo hacer algo aparte.

Le platiqué a Ignacio, el marido de mi tía. Dice:

—Pues vente a vender periódico conmigo, ¿qué tiene de malo?

Al otro día me fui con Ignacio a vender periódico. Nos fuimos a donde está el Caballito, a Bucareli, a esperar las *Últimas Noticias* y *El Gráfico*. En ese tiempo creo que valía 10 o 15 centavos el periódico; total que nos veníamos ganando en pieza como 4 centavos y medio, algo así. Me dieron mis periódicos y mi tío me dice:

—Ora tienes que irte corriendo.

Le digo:

—¿Por dónde?

—Pues por las calles que tú quieras. Na'más corres y gritas, *Gráficooooo... Noticiaasssss...*

Pues ahí voy, corre y corre, desde el «Caballito de Troya» por Francisco I. Madero, luego agarré todo Brasil hasta Peralvillo, y de allí me regresé corriendo hasta la casa. Se me agotaron los periódicos y me regresé otra vez al Zócalo y le entregué los centavos a Ignacio.

—Ta' bueno —dice— mira, te ganaste 2 pesos.

Entonces regresé a casa, me peiné, me lavé la cara y me fui a la escuela.

En un principio le caía pero mal, mal de veras, a Graciela. Digo esto porque en una ocasión estaba yo cenando en uno de los gabinetes de atrás y ella no me había visto. Estaba platicando con Alberto y él le dice:

—¿Cuándo vamos al cine?

—Voy con usted, pero no lleve al sangrón ése de Manuel, me cae muy mal.

Sentí feo y dije:

—Ah chirrión, ¿pues por qué, si no le he hecho nada?

Se me metió a capricho y dije:

—Pues ahora la hago mi novia a como dé lugar.

Luego ella le dijo a otra muchacha mesera:

—Pues sí, es buena gente, pero me cae mal que no hace nada, que no trabaje en nada. Nomás ahí se hace tonto con sus libritos, se me hace que ni va a la escuela. Ni va a la escuela ni trabaja, ¿a qué puedo aspirar yo con él?

Me dio mucho gusto haber oído aquello y yo dije:

—Inmediatamente me pongo a trabajar.

El año estaba por terminar y estaban próximos los exámenes del sexto año, por cierto creí que me iban a reprobar. Comprendo que con justa razón no le caía muy bien a los maestros porque era muy rebelde y ya me querían expulsar, pero le mandaron hablar a mi padre y él pidió disculpas a los maestros y al señor Director y me aceptaron. Pues pasé los exámenes y me dieron mi certificado de primaria. Me gradué pero nadie de mi familia vino a mi graduación y me dio mucha tristeza. Yo esperaba que mi papá me felicitara, o me diera un abrazo, pero no. Tampoco lo hizo cuando cumplí quince años, o cuando cumplí veintiuno, que es cuando un muchacho se vuelve hombre realmente. Ni siquiera cambió su tono de voz conmigo.

Después de la graduación le dije a mi papá que ya no quería seguir estudiando y que iba a trabajar. Fue el peor error que he hecho en mi vida pero entonces no me podía dar cuenta. Tenía yo la idea de hacerme novio de Graciela y todo lo que quería era encontrar un trabajo y ganar dinero. Mi papá estaba muy disgustado porque yo no quise estudiar una carrera. Si me lo hubiera hecho ver hablándome como amigo yo creo que hubiera seguido en la escuela. Pero en vez de eso me dijo:

—¿Así que vas a trabajar? ¿Crees que es muy bonito que alguien te esté mandando toda tu vida? Yo te doy una oportunidad y tú la desperdicias. Muy bien, si lo que quieres es ser un idiota, ándale pues.

Alberto trabajaba en un taller donde hacían piezas de vidrio, en una candilería. Él no sabía ni leer ni escribir pero era inteligente y estaba ganando bien. Y como siempre queríamos estar los dos juntos quise que me consiguiera trabajo ahí con él. Yo le conté al maestro que sabía cómo manejar las máquinas, los tornos, y él entonces me aceptó. Pero las piezas se me rompían y tenía yo las puntas de los dedos peladas y llenas de sangre por el polvo de esmeril. Me ardían horriblemente y por fin les confesé que nunca antes había yo trabajado las máquinas. Entonces me pusieron a pulir vidrio. Esto era un trabajo fácil pero muy sucio, se embarra uno todo de tizne, porque se pule con tizne el vidrio. Luego me enseñaron cómo se forman los cocolitos con las máquinas. Se agarra la pieza de vidrio con tres dedos y se sujeta con fuerza contra la rueda para irla cortando. Pronto agarré confianza en este trabajo y ya me quedé. Raimundo, el hermano de Elena, vivía entonces con nosotros y le conseguí trabajo allí. Trabajábamos la máquina juntos y entre los dos nos echábamos unos dos mil o tres mil cocolitos a la semana.

El maestro nos trataba bien; cada viernes nos daba boletos para las peleas de box o para las luchas, y el día que nos quedábamos a trabajar hasta muy noche nos disparaba la cena. Pero el muy canijo sabía también cómo andarnos picando. Era muy vivo y nosotros caíamos en la trampa. Venía y me decía:

—Uy, Chino, Raimundo dice que él trabaja más rápido la máquina que tú.

—Qué... buey éste... ¿Cómo va a hacerlo más rápido si yo fui el que le enseñó?

Luego iba con Raimundo y le decía a modo que no oyera yo:

—Así que el Chino hace dos piezas por una tuya... Él dice que te gana sin hacer mucho la lucha.

Y así Raimundo y yo, como un par de tontos, empezamos a jugar competencias; lo hacíamos todo con una rapidez tremenda y producíamos más para el maestro. Así nos hacía trabajar el doble.

Me pagaban muy poco y durante la semana había ido a un puesto de comida con los muchachos, así que me quedaron únicamente 7 pesos de la raya. Llegué esa noche de trabajar y le dije a mi papá:

—Mira, papá, no me quedaron más que 5 pesos, ten.

Mi papá traía entonces el rencor ése de que se había muerto Elena, o no sé. El caso es que él estaba de pie a la orilla de la mesa y yo puse allí los 5 pesos. Se me quedó viendo fijamente, con coraje, levantó el billete de 5 pesos y me lo aventó en la cara.

—Yo no soy su limosnero, cabrón. Vaya usted a gastarse su miseria con sus amigos. Yo no le pido nada, yo todavía estoy fuerte y puedo trabajar.

Yo sentí muy feo, me dolió mucho, porque Dios bien sabe que era todo lo que me había quedado. Después, en otra ocasión, también traté de darle centavos y me volvió a hacer la misma operación. Ya después no volví a dar nada a mi padre.

Luego otro maestro me ofreció un trabajo perforando piezas de vidrio para candilería. Pagaba por pieza y me ofreció 3 y medio centavos por pieza. En otros lugares pagaban menos, así que tomé el trabajo, pues pensé que iba a sacar más dinero. Bueno, pues trabajé duro y rápido toda la semana. ¡Los miles de hoyos que perforé allí! El sábado cuando se terminó la semana el maestro dijo:

—Ándenle, muchachos, a ver cuánto ganaron.

El pobre hombre no sabía leer ni escribir y tenía a uno de los muchachos sacándole las cuentas.

—Vamos a ver cuántas piezas se hizo el Chinito.

—Al pobre se le salían los ojos cuando vio que en total sacaba 385 pesos.

—No, no, jovencito, no. Cómo le voy a pagar a un chamaco de su edad 385 pesos. Pos mejor que se quede con todo el pinche taller. No saco nada de este lugar, únicamente lo tengo para entretenerlos a ustedes. Yo soy el dueño y Dios sabe bien que no saco más de 50 pesos a la semana. No. No te puedo dar tanto dinero. Lo malo es que trabajas muy aprisa.

—Bueno, maestro, si me paga por pieza tengo que apurarme, ¿no? Y usted me prometió 3 y medio centavos, ¿verdad?

—¡Sí, pero no pensé que ibas a sacar tanto! Todo lo que puedo darte son 100 pesos, los tomas o los dejas.

Bueno, pues tuve que tomar el dinero y ahí fue cuando empecé a odiar tener que trabajar para un patrón.

Pues Graciela ya se hizo mi novia tan pronto como supo que yo estaba trabajando. Todas las noches cuando salía del trabajo iba al café a verla y no llegaba a la casa hasta después de las doce. Salimos varias veces al cine y yo sentía ya quererla mucho, en una forma exagerada, con verdadera pasión.

Por ese tiempo fue cuando empecé a jugar baraja.

Pues la primera ocasión fue una vez un sábado que llegaba yo de trabajar. Entonces entré por el zaguán, me fui todo el patio de en medio de Bella Vista. Llegando adonde estaba el tinaco, estaba Santiago —que ahora está preso, el que mató a un muchacho—, estaba Domingo y no me acuerdo quiénes más estaban ahí. El caso es que me dice Santiago:

—Quihubo, tú.

—Quihubo —le digo.

Dice:

—Mira, mira, mira, ya viene muy trabajador; es muy trabajador el cabrón éste.

Le digo:

—Pinche güey, tú nomás como andas aplanando calles, crees que uno también na'más anda de culero.

—Qué, ¿dónde estás chambiando, mano?

Le digo:

—Pos estoy en los vidrios, y tú, Domingo, ¿cómo te ha ido?

—Pues bien, mano.

—Bendito sea Dios —tercia Santiago.

—¿Vamos a jugar, mano, un pokarito?

—No, pos yo no sé con qué se come esa chingadera, mano.

Dice:

—Yo te enseño, yo te digo cuando ganes.

Dije yo:

—Pos... ¿de a cómo vamos a jugar?

—Di'a 5 centavos, porque pos no sabes, vas a perder tus centavos, todo, ¿no?

Entonces le digo:

—Mira, sí, ¡qué pendejo lo agarraste! Tú me vas a decir cuando gane, ¿no?... pos nunca la voy a ganar, pos mira qué chiste.

Dice:

—No, ándale, siéntate.

Entonces nos arrodillamos ahí atrás del tinaco a jugar. Se veía con la luz del patio, ¿no? Bueno, ese día —como es lógico— perdí, ¿verdad? Total que pasó ese día. Y me hizo pasar un coraje, ¿no?, y dije yo: «Ay, cabrón, pero ora verás. Voy a aprender a jugar». Yo nomás pa' sacarme de eso, ¿no? Entonces ya empecé a indagar con los amigos. Compré una baraja, ¿verdad?, una baraja usada a uno de los muchachos, y luego les andaba yo preguntando:

—Oye, aquí por ejemplo, cómo son los pares, y cómo son los Pules, y cómo son los pókares.

Y ya entonces me empezaron a decir.

He tenido la gran ventaja —y desventaja también—, de captar rápido, ¿verdad? Entonces no pasaron ocho días, cuando yo ya sabía los mates de una cosa a otra. Y siempre tuve una suerte desmedida para el juego.

Poco a poco, sin darme cuenta, me fui metiendo, me fui metiendo en ese torbellino del juego y después noté que yo no podía estar sin jugar. El día que no jugaba estaba yo desesperado, ¿no? Yo buscaba a cualquiera de los muchachos que jugáramos aunque sea de a... pos de a pellizcos, o de a cachetadas, ¿no?, pero teníamos que jugar. Las apuestas empezaron por 5 centavos... Ya después me jugaba yo hasta la raya.

Yo siempre tengo la seguridad de que yo me sugestiono a una carta y me llega esa carta. Por ejemplo, si yo llevaba seis, siete, sota y caballo... seguro estaba yo que me entraba el rey.

Ya una vez que iba yo perdiendo y que del montón de 70 pesos ya na'más me dejaban 5, luego pensaba yo: «Ya me dieron en la madre... bueno, pos ni modo... a ver si con estos 5 pesos Dios quiere que me levante».

Bueno, como cosa de magia, siempre, bueno, en nueve de cada diez ocasiones, con los últimos 5 pesos que me dejaban, ¡arriba! Si los 5 pesos ésos ya no me los ganaban en esa mano, ya no me los ganaban en toda la noche. Bueno, pero es que... luego me decían:

—Quihubo, quihubo, cabrón, no te estés dando de abajo.

—No, si aquí está la baraja.

—No, pon la baraja sobre la mesa, a mí no me andes con mamadas. Nada que tienes la barajita aquí en la mano. Encímalas bien.

—Ay, cabrón, si no hay ratero que no sea desconfiado.

—No, no, no, hermano, si es que tras la desconfianza vive la seguridad, pon las cartas ahí sobre la mesa.

Un sábado había yo acabado de rayar. Y estaba Delfino, un señor que tiene mucho dinero, vive en Guerrero... tiene carros que acarrean cosas para acá, tiene ganado y hartas tierras allá. Y yo iba llegando y me dice:

—Quihubo, Chino.

—Quihubo, Delfino, qué, qué, pues, qué dice.

—Nada, manito, qué... ¿echamos una manita?

—Pos ándale, vamos a ponerle ¡qué chingados!, ya sabes que yo nunca digo no.

—Pos ándale.

Nos sentamos a jugar.

—Bueno, ¿qué vamos a jugar?

—Conquianes.

—De a cómo.

—Pos ¿de a cómo te dieron tu domingo, cabrón?

—De a como quieran, hermano, si yo nunca ando con la bendición de mi madre.

—Andale, pues, cabrón, vamos a jugar de a cinco diez.

—Pos hasta de a diez veinte, si quieres, pendejo... ¿pos qué te crees?

—Ándale... ¿qué, le entras, Domingo?

—Oh, pues aquí estoy esperando nada más que se arreglen.

—Bueno, pos cartas... cartas...

—Bueno, pos, ¡pum, pum, pum!

Entonces me ganan uno doble, 10 pesos. Me ganan otro doble, 10 pesos, y me ganan otro doble. 30 pesos. Me ganan un sencillo, y yo sin ganar un solo juego. Y me ganan otro sencillo y me meten cinco juegos. Me cuesta 40 pesos. Y luego se levanta Delfino y dice:

—Ya me voy, tengo un asunto que hacer... se me olvidaba, hombre, este pinche compromiso.

«¡Ay!... —yo pensé por dentro— ¿pero este cabrón se va a levantar ganando?... ¡ni pedo!... más merezco por pendejo.»

—Ah, ¿ya te vas?

—Sí, sí, ya me voy, mano. Mira, es que tengo un compromiso, se me olvidaba, mano, se me olvidaba. Chingao, yo no sé cómo se me fue a olvidar... yo les iba a anticipar...

—Bueno, bueno... ¿pa' qué tanto pedo si ya te vas?... ándale pues... vete.

Pos me dejaron temblando, ¿no?, porque yo no gané ni un juego.

—¡Huy —dije yo— cabrón... bueno, ni hablar!

Entonces, ya se pasó la noche del sábado comoquiera, ¿verdad? Amanece el domingo y en ese tiempo siempre jugamos partidos de futbol ahí. Entre los muchachos de Bella Vista yo tenía fama de ser el mejor portero, jugando ahí en los patios, ¿verdad? Y todos los muchachos en los partidos se peleaban por mí. Bueno, pos ese día me levanté con la intención de jugar un partidito contra los de Magnolia, que en ese tiempo traíamos pique con ellos. Salí al patio y me fui a bañar a los baños de Bella Vista. Me di mi duchazo y todo, ¿verdad?, y entonces salgo ya cambiado, traía mi maleta de ropa así, debajo del sobaco, venía yo entrando así por el jardincito, cuando me encuentro a Delfino.

—Quihubo Chino, qué, ¿quieres la revancha, cabrón?

—Pos sí, ¡no le pegaste a Obregón, desgraciado!, pos qué. Ya, ya vas.

—Pos ándale, nomás déjame hablarle a Domingo y deja hablarle al Perico.

—Bueno, pos ándale, háblale.

Pos ahí vienen el Perico y Domingo; los tres son paisanos, de la misma tierra. Entonces nos sentamos a jugar. Les gané tres conquianes al hilo; gané 45 pesos. Y entonces dice Delfino:

—No, vete a la chingada, yo ya no te voy a dar dinero, vamos a jugar pókar.

—Pos ándale, vamos a jugar pókar. ¡Pos qué!

—¡Pos descártalo!

—No, ¡descarta madre! ... Así entera, si quieres. Si no, no jugamos.

—No, hombre, hay que dejar comodín, el comodín es pa' todos.

—Bueno, a mí no me gusta con comodín.

—No, ¡pa' mí es igual! A mí —dice— cualquier culo me raspa el chile.

—Bueno, pos ya sabes.

—Y tú, Perico... —le digo—. No, pos este cabrón, que es el orgullo de Chilapa y quesque es muy jodón y que quién sabe qué... ¡pos a mí se me hace que es pura mula!

—Ay —dice— ora verás qué chinga te voy a poner y verás con tus centavitos.

—Pos éntrale, cabrón... ¿al cabo qué tanto puedes traer?

—Pos no, pos unos centavitos. Pero ahí nomás vas a chingarte, vas a sudar para quitármelos.

—¿Tú, Perico?

—No, yo ni madre... —dice—, yo qué voy a pagar, ¿estoy loco, o qué?

—Bueno, ¡qué me importa!... ¿vas o no vas?... Ultimadamente, aquí se juega con güevos. Dinero y güevos se necesitan.

—Bueno, no va, no va... ¿Tú?

—Cabrón —dice— me vas a agarrar, pero yo no te corro. ¡Puta madre! Ahí están los 30 pesos. Me dan otra carta y me entra otro rey. Éste llevaba par de sietes; aunque le entrara otro siete, no me importaba ya, ¿no?

—Par de reyes habla... Bueno... ¿quieren ver lo que me entró? Ora te va a costar 50 pesos, cabrón.

—¡No seas cargado!... dame chance.

—A la mejor me entró el otro siete, ¿verdad?

Y calentando acá la baraja, y soplándole, luego se la embarraba así por los testículos. Dice:

—Hay que embarrársela en los güevos pa' que llegue. A ver, ¡que cuaje, que cuaje!

—Quihubo, quihubo, no tiembles, chaparrito... Prenda bien el cigarro. ¿Pos qué es eso de que le hace a usted el chingao cerillo así?

—¡No, si no le tiemblo al dinero!

—No, si el dinero no es el que le tiembla, si el que le tiembla es el fundillo —le digo.

Entonces agarran cartas, ¡pras!, y hago un ful. Éste agarra otra carta y no hace más que tres sietes.

—Bueno, tú qué llevas, a ver de una vez.

—Pues carajo, hermano, un peso.

—Bueno, pues un peso cualquiera paga, pero 'pérame, déjame ver si te doy vuelta... 'pérate, más güevos.

Y otra vez la baraja aquí por los testículos, ¿verdad?, se la tallaba y dice:

—San Sisifato, si no me llega la que espero no te desato. A ver, échate un pedo aquí, tú, Perico. No estés ahí de pendejo que ni hablas, ni nada.

—Espérate —dice— que está bonita la jugada ahorita, ¡chingada madre!, ¿quién va a ganar aquí?, ¿qué va a pasar?

—No, pos tú eres un cabrón... ¡Yo nomás te pago el peso! Tú estás esperando que te revire para chingarme, ¿no?... No, ahí está pagado tu peso.

—¡Bueno, pos con permiso!

Agarro y jalo todos los centavos, ¿no?

—¡Bueno, cabrón!... ¿pos con qué muero?

—¡Destápala, yo quiero que mueras por tus manos!

Y destapa el otro rey y dice:

—¡Puta madre!, ful —dice— cómo vo' a creer eso. ¡No! ¡No! ¡Ésas ya son chingaderas, ya no es suerte!

Para no hacerle largo el cuento, ese día le levanto como 1.000 y pico de pesos. Entonces, ya que llevaba yo esa cantidad de dinero ganada en el transcurso de unas dos, tres horas, le dije:

—¡Ya me voy!... no me acordaba que tenía un compromiso, ¡hombre!... ¡qué la chingada!

—¡No, oye!, ¿cómo te vas a ir, si nos 'tas dando en la madre?, ¿cómo te vas a ir con el dinero?

—Ah, bueno, lo estoy ganando, ¿no? O qué, ¿te lo robé?

—No, no. No seas...

—Ah, ¿te acuerdas lo que me hiciste ayer, cabrón? ¿No te levantaste ganando?

—Ah, bueno, pero yo te gané conquianes. ¿Cuánto perdiste? 40 pesos. Y orita con cuánto me das en la madre. ¡No, no te vayas!

—Hablaba muy fuerte, ¿verdad?, pero no hasta el extremo de pelear.

—No, no seas cabrón, oye, pinche Manuel. ¡Danos chance, vamos a echarnos tres manos! ¡Tres manos y ya te paras! ¿O ya te estás culiando?

—No, si no me culeo, hermano.

De las tres manos, todavía les gané dos. Dice:

—Son madres, éstas. ¡Esto no es suerte, es culo! ¡Son chingaderas, en mi puta vida vuelvo a jugar contigo, nunca me habían dado en la madre en esta forma! Cabrón, tú te la apartaste.

—Bueno, pos si yo no estoy dando, mano. Na'más que tengo mi culito. Pos Dios socorre a los pendejos, ¿no? Si no hubiera Dios de los pendejos, ¡pos hermano del alma...!

—¡No!, yo ya no vuelvo a jugar en mi chingada vida contigo.

Yo tenía una fama de ser poco menos que brujo para jugar, ahí en Bella Vista. Cuando yo estaba dando, siempre todos me cuidaban las manos y le juro que nunca hice una trampa. Es que era una suerte desmedida la mía, desmedida, así. Y me decían:

—No cabe duda que tienes una suerte, ¡carajo! ¿Por qué no te vas a un casino elegante a jugar?

—¡No, ahí me dan en la madre! Ahí ya todas las barajas están capadas, pos cómo voy a ir a jugar con talladores profesionales, ¡no! Si aquí a la suertecita, así, me conformo con llevarme mi gastito.

A pesar de haber ganado todo este dinero en toda mi vida de juego, nunca lo aproveché en algo útil, nunca, porque después me iba yo con los amigos y ellos andaban con sus chicas y pos yo me juntaba con ellos y entonces me soltaba disparándole a uno, disparándole a otro y nunca hice algo práctico para la casa.

Cuando mi papá se enteró de que jugaba le dio mucho coraje, por supuesto. Pero nadie en mi familia supo cuánto ganaba o cómo lo gastaba.

Todas las noches iba al café a ver a Graciela. Como ella tenía que andar sirviendo las mesas, con la que más platicaba era con Paula, amiga de Graciela, que también trabajaba allí. Pero, cosa curiosa, aunque yo quería locamente a mi novia, Graciela, prefería platicar con la Chaparra, es decir, Paula. Encontraba más comprensión en ella y yo le decía:

—No sea mala gente, Chaparrita, encandíleme a Graciela.

Y ella me decía:

—Sí, yo le voy a hacer la lucha.

Cuando me veía que estaba yo celoso de alguno o deprimido por algún disgusto con Graciela, me decía:

—No se aflija, Manuel. No haga caso, porque en el fondo ella lo quiere mucho. Ella me lo ha dicho.

—Siempre me hablaba así y me hacía sentirme mejor.

Yo quería asegurar mis relaciones con Graciela para que no me dejara, porque yo tenía miedo de que me dejara. Siempre tenía pesadillas y veía que ella me engañaba de un modo horrible y yo me desesperaba por causa de ella. Ella era muy guapa y los hombres la buscaban; tenía mucha suerte. Algunos de los clientes le dejaban propinas hasta de 50 pesos. Pero ella parecía que me quería únicamente a mí y también ella se ponía celosa de mí, más de una vez. Total, que nos disgustamos porque yo insistí en ir a Chalma con la Chaparra.

Paula me dijo que iba a ir a Chalma con su mamá y su hermana Dalila. Yo también iba a ir, así que le dije:

—¿Nada más las tres solas de mujeres? ¡Ah, qué caray! Pues a ver si nos vamos por ahí.

Cuando se lo dije a Graciela, dice:

—Ah, ¿sí? ¡Pues no vas!

Siempre en las pláticas que teníamos Graciela y yo, le recalcaba mucho:

—Mira, no sé cómo hay hombres tan tontos que son capaces de pelearse por una mujer. El día que tú llegaras a engañarme, pues yo no te peleaba. Ni por ti que te quiero tanto sería capaz de pelearme.

Como unos dos meses atrás había llegado al café Andrés, uno de Puebla, y yo veía que veía a Graciela así en una forma muy especial, ¿no? Pues yo tenía celos de él, y serían los mismos celos que me hacían ver que Graciela también lo miraba en una forma demasiado insistente. El caso es que el día que me tenía que ir a Chalma le hablé a Andrés.

—Mira, Andrés, he notado pues... ciertas cosas entre tú y Graciela. Si eres mi amigo debes ser leal conmigo. Mira, yo ya me pasié con Graciela, ya la he besado, ya la he abrazado. A otra cosa más no aspiro, porque sé que no puedo ahorita. Así que créeme, yo no iba a disgustarme mucho contigo, ni iba a pasar nada entre tú y yo si me dijeras que Graciela tiene que ver contigo. Pero que no nos vea la cara de tontos. Desengáñame, yo te prometo que no levanto la mano, que no te hago nada.

—No, Manuel, cómo quieres que Graciela vaya a tener nada conmigo si es novia tuya. A quien quiere es a ti. Además yo no sería capaz de hacerte una cosa así.

—¿De veras, Andrés?

—De veras, Manuel, ¡palabra de hombre!

Mientras, la Chaparra y su mamá se habían quedado haciendo tortillas y huevos cocidos para llevar el itacate para el camino, como se dice aquí. Ya cargamos las maletas, nos las echamos en la espalda y nos fuimos a tomar el camión para Santiago Tianguistengo. Por cierto ese año nos acompañó mi amigo Alberto. íbamos muy contentos, la Chaparra, Alberto y yo, reza y reza y cantando por el camino. En el camino hay muchos árboles y a la hora del amanecer es muy bonito aquello. El olor a campo, y a madera; a veces subía uno una loma y desde arriba se veía a lo lejos algún pueblito, y las inditas allí echando tortillas, y cientos de viajeros por el camino, caballos, burros, gente a pie...

Antes de llegar al Santuario, como a la mitad del camino hay un famoso árbol, un ahuehuete. El ahuehuete a mí se me hacía «pa' pronto» el lugar más bonito de Chalma. Ahí dejan las trenzas, los zapatitos de los niños. Es un árbol gigantesco y con un gran tronco; diez hombres agarrados de la mano apenas le dan vuelta. Queda en medio de dos cerros y al pie del tronco nace un riachuelo. Entonces si uno viene cansado del camino, es tanta la fe del corazón que bañándose en esa agua se le quita inmediatamente todo el cansancio, todos los males.

Hay una bajada de caracol y de ahí se ve el atrio de la iglesia, porque el Santuario queda en una hondonada. Siempre me daba una gran satisfacción entrar a la iglesia y ponerme de rodillas ahí en la frescura de la penumbra del templo y ver la figura del Santo Cristo de Chalma. Parecía como si a mí solo me estuviera recibiendo y eso me hacía sentir algo muy bonito, porque yo tenía mucha fe en ese tiempo. Le pedía yo al Señor, al Santo Cristo de Chalma, que me diera fuerzas, que me abriera algún camino para ganar bastante dinero para poderme casar con Graciela, y también que ella no me engañara.

Nada, absolutamente nada pasó entre la Chaparra y yo en ese viaje. Es más, yo quería que Alberto y ella se hicieran novios para poder salir los cuatro juntos. Le platicaba a Paula mis problemas con Graciela durante los ocho días que duró el viaje. Pero yo notaba que la Chaparra me veía en una forma muy especial. Una vez me hice el enfermo, le dije que me había picado un alacrán, ¡y cómo son venenosos! Hice como que me desmayé y estaba reapurada la pobrecita, más de la cuenta, más de lo que se apura uno por un amigo. Dije yo:

—Ah chirrión... pues qué será posible... a lo mejor también me quiere ella.

Pues con mi oración al Señor de Chalma me salió el tiro por la culata. Andrés me dijo llegando que Graciela era su novia. Yo estaba que ardía por dentro, pero trataba de controlarme y cumplir mi palabra de que no le haría nada, pero tenía ganas de comérmelo creo que con todo y zapatos. Le digo:

—Pues bueno, nada más que va a tener que decírmelo ella.

—Pues no, eso es lo que no se va a poder, porque de hoy en adelante no quiero que te metas con ella.

—Ah no —le dije—; entonces ya no es de amigo a amigo. Eso ya es de hombre a hombre y como hombre yo te voy a demostrar que soy más hombre que tú, tal por cual.

Y, ¡pum!, que le pongo un tromponzote que allá fue a dar, hasta levantó los pies. Que lo agarro del cuello, lo pongo contra la pared, dos... tres...que le pongo en el estómago.

Yo le traía a Graciela un regalo, una polvera que compré allá en Chalma, pero cuando me dijo eso Andrés, en la calle —porque me dio mucho coraje— que la rompo a patadas.

Que llego con Graciela. Le digo:

—Buenas noches.

Me vio y se sobresaltó. Me acerqué junto de ella y le digo:

—Graciela, ¿es cierto que Andrés es tu novio?

Ella agachó la cara.

—Contéstame —le digo— no tengas miedo. ¿Por qué no me contestas? Contéstame... ¿es cierto que es tu novio?

Entonces alzó ella la cara y se me quedó viendo con unos ojos muy tristes. No me habló, únicamente asintió con la cabeza. Mi primera reacción era haberle dado una cachetada... Pero si yo le dije que nunca me he de pelear por una mujer le voy a demostrar que la quiero mucho, mejor me aguanto. Le digo:

—Ah, pues qué bien... entonces te felicito, Graciela. Mira, yo soy jugador y de buena ley, sé ganar y sé perder. Por esta ocasión perdí, ¿no? No importa, Graciela, mira, aquí está mi mano, quedamos como amigos, sin ningún rencor, sin ningún odio.

Entonces ella se me quedó viendo ya con mucho coraje y se soltó llorando.

—¡Caray! —digo, di la media vuelta y me salí.

Era una tristeza que yo traía insoportable. Me cambié de trabajo con unos españoles. Entré ganando 8 pesos diarios, me pagaban el séptimo día, así que eran 56 pesos a la semana, ¿verdad? Ya me sentía yo con más dinero y ya no le rendía cuentas a mi padre de lo que ganaba.

Volviendo a Graciela, dije yo: «Pos si ella me hizo esto con Andrés que apenas conozco, que apenas saludo, yo se lo voy a hacer con alguien que le pueda, con alguien que de veras le duela». Entonces enfoqué mi mirada inmediatamente hacia Paula y la empecé a cortejar. Ya después seguí yendo diario al café a verla y en una ocasión le hablé para que fuera mi novia.

—No es correcto, usted quiere mucho a Graciela. Siempre me ha confesado que la quiere mucho. Y ahora, ¿cómo es que me habla usted a mí?

—¡No, hombre!, qué se cree usted. ¿Que la quiero? Si yo nomás le decía así pues para que usted le contara y ella creyera que de veras la quería, pero no la quiero. Bueno, ¿con quién platico cada que vengo aquí?

No sé de dónde me salieron tantos argumentos. El caso es que estuve duro y duro, cortejándola —como cosa de un mes— y ella, lo voy a pensar, y nomás me decía lo voy a pensar, pero no me decía cuándo. Hasta que una noche:

—Bueno, pues, sí —asintió ser mi novia.

Graciela y Paula tuvieron un disgusto muy fuerte a causa de esto. Paula le dijo a Graciela:

—Bueno, pues tú de qué te admiras. Tú le hiciste una cochinada con Andrés, y Andrés era su amigo, ¡entonces qué! Además no fue tu marido, ahora es mi novio, y yo lo quiero, y qué.

Dice Graciela:

—Sí, lo malo es que él en realidad es tu novio. Y Andrés y yo nada más lo habíamos hecho para ver si me quería o no me quería Manuel, porque Andrés vino a contarme que Manuel había dicho que no me quería nada, que nada más había tratado de burlarse de mí.

Así es que fue una pantomima lo que ellos me hicieron, y yo me la creí. Ya después, yo no sentía querer a Paula, pero por la eterna vanidad, el pendejo machismo del mexicano, no me podía yo humillar volviendo con Graciela. Yo la quería con toda mi alma y en el fondo le quería decir:

—Vuelve conmigo... ya vamos a andar en serio...

Pero puse mi orgullo y mi vanidad por encima de todo. Mi corazón me decía que le dijera yo la verdad, pero también tenía miedo de que se burlara de mis sentimientos. Era como un juego de tácticas entre los dos, y poco a poco, sin que ninguno de los dos lo deseara, tomamos por rumbos distintos.

Pues continué frecuentando a Paula y empecé a sacarla a pasear. Yo no quería que trabajara más en el café y se fue a tejer capas de niño.

En una ocasión estando en el jardín ella y yo noviando me dice: Fíjate Manuel que tengo que ir a ver a mi hermana a Querétaro. No quiero ir, pero está mala, y mi mamá me manda, está preocupada. Ella me había dicho que se iba a ir a Querétaro.

Resulta que después por boca de Dalila, su hermana, supe —de esas cosas que sin querer se le salió— que no había ido a Querétaro, que se había ido a Veracruz con una amiga de ella y un señor. Me dio mucho coraje y me fui inmediatamente a su casa por ella. Íbamos caminando cuando le dije:

—¿Qué tal te fue en Querétaro?

—Pos muy bien...

—Y tu hermana, ¿qué tal está?

—Pos no estaba tan mala, nada más que ya ves cómo exageran las cosas.

Ya no la dejé seguir hablando, le volteo una cachetada y le dije:

—A mí no me vas a ver la cara de pendejo, ningún Querétaro, ni ningún la fregada. Tú te largastes a Veracruz.

—¿Quién te dijo?

—Ya ves que no falta —le digo—. ¿No te largastes a Veracruz?

Y, ¡pum!, que le pongo otra cachetada. Sí, yo tenía mucho coraje con ella, y le pegué.

Entonces ella, llorando, dice:

—Sí, sí, Manuel, mira... sí me fui a Veracruz. Pero te juro por lo que más quiero en el mundo... ¡que se muera mi madre si yo hice algo malo! Mira, es que mi amiga iba con ese señor y me pidió que la acompañara para protegerse.

No, yo tenía como hecho de que ella también se había ido con un hombre.

—Ah no —le digo—, pos a mí no me andes con esas cosas. Total si eres tan fácil ahorita te vas conmigo, y te vas al hotel.

—No, Manuel.

—No —le digo—, ¿cómo con aquél sí te fuiste? Si eres mujer de la calle entonces te vas conmigo, y dime cuánto me vas a cobrar. Que no puedes valer arriba de 5 centavos, porque para mí no vales más.

Y ella llora, y llora.

—Mira, Manuel, acompáñame, por favor. Por caridad, te lo suplico.

En el fondo yo queriendo pues que no hubiera hecho nada malo. Fuimos a casa de la amiga de ella.

—Dile por favor a Manuel a dónde fuimos y con quién.

—Pues, este... fuimos a Querétaro a ver a su...

—No, no le digas eso, dile la verdad...

—Pues mire, fuimos a Veracruz, yo iba con un señor... y yo la invité a ella pues es mi amiga de confianza, porque yo no podía ir sola con un hombre. Pero le juro que ella no hizo nada malo...

Yo quería creer aquello, pero no estaba convencido del todo, así que queriendo o no queriendo me la llevé al hotel.

Bueno, voy a explicar que cuando uno anda de novio aquí en México —al menos en el caso mío—, pues cree que la mujer lo quiere a uno, pero siempre tiene la desconfianza, el recelo, ¿no?, de que no vaya a ser cierto. A través de cultivar las relaciones de novios digamos cuatro o cinco meses un día decimos:

—Dame la prueba de tu cariño. Si en realidad me quieres ahorita te vas conmigo.

Nunca pude comprometerme a casarme por el civil, o por la Iglesia, nunca se me ocurrió, y esto pasa con casi todos los hombres y mujeres que conozco. Siempre he pensado que si una mujer me quiere y yo la quiero y queremos vivir el uno para el otro, los trámites legales qué importan. Y si la mujer me dice que le ponga casa y después nos casemos por la ley me hago el ofendido y digo:

—No es verdad que tú me quieres. Dónde está el amor que me tenías si me has de poner condiciones para quererme.

Y en la clase pobre también hay la circunstancia de los centavos. Porque se pone uno a analizar lo que sale un casamiento, pos na'más no tiene uno para casarse. Entonces opta uno por vivir así nada más, ¿verdad? Se lleva uno a la mujer como pasó con Paula. Además el pobre no tiene nada que dejarle a sus hijos, así que no hay necesidad de protegerlos legalmente. Si yo tuviera un millón de pesos, o una casa, una cuenta en el banco, bienes materiales, me casaría por el civil enseguida para legalizar a mis hijos como mis legítimos herederos. Pero las gentes de mi clase no tenemos nada. Por eso digo:

—Mientras yo sepa que éstos son mis hijos, que el mundo piense lo que quiera.

Un casamiento por lo civil cuesta menos que el de la Iglesia, pero es más bien que uno rehuye las responsabilidades legales. Tenemos muy pegado el dicho aquel: «La ilusión del matrimonio se termina en la cama». Yo no podía aceptar todas las responsabilidades legales a riesgo de sufrir un fracaso más adelante. No nos conocíamos a fondo, no sabíamos cómo íbamos a reaccionar ya en la intimidad. Y las mujeres no buscan casarse porque todas las mujeres tienen la firme creencia, aquí en México, de que la amante lleva más buena vida que la esposa. El fenómeno más común es que una vez que la mujer se ha ido con uno, pues al cabo de los seis meses, ya que pasa la Luna de miel, la mujer empieza a protestar y a querer que se case uno con ella. Pero esto es lo convenenciero de las mujeres, lo quieren tener a uno amarrado con cadenas.

Tenemos la firme creencia de que una cosa es ser amantes y otra marido y mujer. Si yo le pido a una mujer que sea mi mujer, siento tanta responsabilidad hacia ella como si estuviéramos casados. El casamiento no cambia nada. Y así fue con Paula y yo.

Seguimos yendo a hoteles por unos meses pero ya me estaba cansando. Creo que en el fondo buscaba huir de mi padre, buscaba la manera de irme de la casa de una vez por todas y hacerme hombre. Una noche le dije a Paula:

—Escoge, Paula, mira, yo voy por este lado; tu casa está por el lado contrario. Para mí hoy ya no regresas a tu casa. ¿Qué dices a eso?

—No, Manuel —dice—, ¿pero mi mamá y mis hermanos?

—Ah, entonces es que tú no me quieres. Escoge cualquiera de los dos caminos, nada más que si te vas para tu casa, no nos volvemos a ver nunca. Si te vas conmigo, vas a ser mi mujer, vas a vivir conmigo.

Entonces ella optó por irse conmigo. Así fue como nos casamos. Quince años tenía yo y ella diecinueve.

## Roberto

Empecé a robar cosas de mi propia casa cuando niño. Algo que veía y me gustara lo tomaba sin permiso de nadie. Empecé por robar un huevo, no porque estuviera yo necesitado o hambriento, no, sino nada más por aquello de hurtar, de comer y salir al patio a repartir con mis amigos y hacerme sentir el importante. Recuerdo yo una vez que hurté 20 centavos, y en aquel entonces 20 centavos eran como 10 pesos de ahora. Estaban 20 centavos en el trastero, de esos veintes de plata que había entonces, y yo tenía ganas de un dulce. Dinero, diario me daba mi padre; nos dejaba a mis hermanos y a mí abajo de la almohada, pero pues, ¡siempre el querer más toda la vida! Y esa vez vi esos 20 centavos y pues no había nadie, y yo dije, pues esos 20 centavos yo creo que no le hacen falta a nadie, pues yo los voy a agarrar. Pero a la vez yo comprendía que estaba haciendo mal porque los agarré a modo de que nadie me viera. Salí a la calle y compré dulces, como 4 o 5 centavos, y con eso tuve para darles a todos mis amiguitos de la vecindad, y hasta a unos cuantos de la calle; y por suerte, por desgracia, me dieron de cambio puros centavitos, así que traía en la bolsa mucho dinero, para mí y para cualquier niño de aquel tiempo.

Ya en la tarde, que llego a la casa y que empiezan a preguntar, que el veinte.

—Manuel, ¿qué no viste 20 centavos que estaban sobre el trastero?

—No, mamá, no los vi.

—Tú, Roberto, ¿no los viste?

—No, mamá, no los vi, de veras, de veras.

Entonces, luego luego me delaté, pero no me dijeron nada de momento. Y dije: «¡Híjole!, donde se les ocurra esculcarme me van a encontrar aquí con el dinero, y entonces sí, una zurra que no me la voy a quitar en diez años». Y que me voy al baño.

—¿Dónde vas?

—Ahorita vengo, mamá, voy al guáter.

—Ven para acá.

—No, mamá, espérame, voy al guáter que ya me anda.

Y que me meto al guáter. Y mentira, yo no tenía ninguna necesidad, era nada más para tirar los centavos para que no me los encontraran. ¡Fíjese nada más! Si le dije que es uno calavera desde la cuna. Y los tiré. Pero se dieron cuenta a la hora de estarlos vaciando pues era un ruidero de los diablos, y aunque le eché agua y se fueron los centavitos, siempre se dieron cuenta. Así es que me dieron una tunda ese día que... mi mamá, mi papá y mi abuela, que en paz descanse, también. Tendría yo como cinco o seis años, más o menos.

Mi madre siempre nos cuidó mucho. Y mucho me quiso a mí, pero quería más a Manuel. Rara vez me pegó, sabía que me quería a mí porque siempre me jalaba con ella. Antes, mi mamá compraba recorte de pastel para vender, y me llevaba de preferencia a mí. Me decía:

—Roberto, vamos por el pastel.

—Sí, mamacita, cómo no, vamos.

Mi papá una vez se disgustó con mi mamá. No sé por qué causa, pero salieron a disgusto, por cierto un disgusto muy fuerte. No sé qué le haya dicho mi madre, que en paz descanse, a mi papá, pero se disgustó bastante, porque mi papá es un hombre muy temperamental, y entonces sacó su llavero. En aquel llavero mi padre siempre ha usado navaja, porque su trabajo así lo requiere. No sé si haya sido su intención pegarle a mi madre con aquella navaja. Entonces se metió mi tía Guadalupe y mi abuelita Pachita y una sirvienta —porque siempre hemos tenido sirvienta en la casa— y no puedo decir que lo desarmaron, no, pero sí le hicieron caer de sus manos aquel llavero y la navaja; su llavero se cayó al suelo durante el pleito y yo lo levanté y salí corriendo. Cuando regresé el pleito había pasado. Mi papá me llevó con él a la Villa y allí le rezó a la Virgen. Lo vi llorar a él y yo también lloré. Luego él se calmó y me compró un taco. Y pues siempre yo me sentí un poquitín molesto. Es el disgusto que recuerdo que mi padre y mi madre tuvieron, quizá hayan tenido otros, pero nunca nos dimos cuenta, o al menos yo nunca me di cuenta.

De las memorias que mejor están grabadas en mi mente está aquel 6 de enero que los Santos Reyes no pudieron llegar a nuestra pobre casa. Entonces yo me sentí el niño más desdichado del mundo. Claro, era la primera vez que aquellos Santos Reyes no llegaban a esa casa. Todos los años que yo recuerdo llegaron y nos dejaron los juguetes en el macetero donde mi madre tenía sus macetas preferidas, sus flores. Y ese 6 de enero nos paramos, mis hermanos y yo, muy temprano —como todos los 6 de enero todos los pequeños— a buscar nuestros juguetes. Y ahí andamos buscando, para arriba y para abajo, y no encontramos nada. Entonces nos fuimos a la cocina a buscar en el brasero, a ver si entre la ceniza y el carbón nos habían dejado algo; pero por desgracia no habían llegado los Reyes. Así es que yo salí triste y compungido al patio a ver a mis amiguitos qué les habían traído los Reyes. Y a cual más le habían traído que un tanque, que un carrito, que un boliche, que unas canicas, que unos soldaditos de plomo. Por cierto que siempre me gustaron los soldaditos de plomo.

Pues no nos quedó —a mis hermanos y a mí— más que concretarnos a ver. Y nos preguntaban:

—¿Qué te trajeron los Reyes?

—No, pues a mí no me trajeron nada.

Por desgracia fue el último 6 de enero que mi madre pasó en vida con nosotros. Después de eso chillé por años.

Teníamos un solo cuarto en las calles de Sol, un solo cuarto y dos camas. En una cama dormían mi papá y mi mamá, y en otra dormíamos mi hermano Manuel, mi hermana Consuelo y yo —ya después Marta también—, los cuatro, atravesados en la cama, nunca a lo largo.

Una debilidad, muy fuerte por cierto, la tenía yo; siempre me orinaba en la cama, hasta los nueve o diez años. Y me costó varias tundas que me dieron mi padre y mi madre. Siempre me amenazaban con que me iban a bañar en la mañana con agua fría. Y una vez, sí, mi madre lo llevó a cabo. Claro que esto no es ningún reproche, no.

Sucedió que un día nos paramos temprano todos, y yo no me quería parar porque me sentía mojado y quería que se fueran todos y así poderle echar la culpa a alguno de mis hermanos.

Pero no sucedió así, pues como ya sabían que yo era el mión de la casa, luego luego se fueron directamente a mí, y ni más ni menos, encueradito, mi madre me llevó hasta el lavadero, y con agua fría, ¡purrum!, a bañarme. Lo hacía a fin de que a ver si se me quitaba la costumbre, pero no se me quitaba. Mi hermana Consuelo y mi hermano Manuel, pues rara vez, pero también se llegaron a orinar en la cama. Así que yo no era el único mión de la casa.

Tenía como seis o siete años cuando recuerdo que mi mamá falleció en los brazos de mi papá, una madrugada. Por cierto que me culpo yo de su muerte todavía porque el día anterior al que ella murió habíamos ido a la Villa. Comimos allí aguacate, chicharrón y carne de puerco —todo eso que uno sabe hace daño con un coraje— y mi mamá hizo un coraje por mi culpa.

En realidad, sucedió que mi mamá me mandó bajar los pájaros —porque mi mamá era muy amante de los animalitos, tenía las paredes tapizadas con jaulas—. Y me mandó bajarlos; y me subí a la azotea. Entonces a nuestra casa la dividía de la siguiente del vecino una barda del ancho de un tabique. Me subí, y no sé qué hice que cayó tierra al otro lado. Y la señora me echó agua.

—¡Muchacho menso, fíjate!

—Señora, yo no tengo la culpa. ¿Qué no ve que no se puede caminar aquí?

Yo andaba a gatas en la barda.

—¿Quién está echando agua?

—Pues aquí esta señora.

Si yo no le hubiera dicho a mi mamá que esa señora me estaba echando agua, mi mamá no se hubiera disgustado con ella, y no hubiera fallecido. Sin embargo, así pasó la cosa, y ahora, aunque me sienta culpable, o no, ella ya falleció.

Nos pararon como a las dos de la mañana. Yo no quería pararme porque había mojado la cama y temía que me castigaran. Pero vimos a mi papá llorando y nos levantamos asustados. Sabía que algo malo pasaba porque mi papá tenía a mi mamá en brazos. Estábamos todos llorando al pie de la cama cuando el doctor llegó. Nuestros parientes querían sacarnos de la casa pero yo pelié y me quedé.

Cuando murió mi mamá yo me acosté al lado de ella. Me andaban buscando y yo estaba, ella ya tendida y yo abajo de la sábana con la que la habían cubierto. Yo ya, a esa edad, pensaba que morir significaba que una persona se iba de este mundo para siempre. Aunque yo a mis hermanos les decía cuando lloraban (yo también lloraba):

—No lloren, manitos, que mi mamá nada más está dormida.

Y me acercaba junto a su cabecera y decía:

—Mamá, mamá, ¿verdad que estás dormida?

Y le tocaba su cara. Pero yo sabía que ya mi mamá no iba a despertar nunca.

Me hizo falta mucho mi madre; no me hizo, me está haciendo falta. Contando uno sus penas descansa la conciencia, pero en realidad hay cosas que me han pasado desde pequeño y las he contado a mucha gente y no he descansado. Me calmo cuando huyo, cuando vago, cuando estoy solo en el campo o arriba de un cerro. Yo digo que si mi madre viviese yo sería muy diferente; o quizá sería más perdido.

Cuando mi madre murió, mi abuela fue una segunda madre para mí. La seguía a todas partes. La llamaba abuelita con el mismo cariño con el que le decía a mi madre, mamá. Siempre fue muy buena con nosotros, pero era muy estricta y seria. Después de todo ya era grande y había sido criada a la antigua. Eran más rectos en todo.

De mi abuelita, la mamá de mi mamá, tengo unos gratos recuerdos. Ella siempre miraba mucho por mi hermana Consuelo y por mi hermana Marta. Vendía en la plaza sus recortes de pastel y yo iba seguido a visitarla porque sentía necesidad de estar con mi abuela a mi lado, y yo al lado de ella, porque me entendía y me daba muchos consejos.

De mis tías la que más cercana a nosotros estaba era mi tía Guadalupe, pero no recuerdo muchos cariños de ella. Ella también —como toda la familia— me decía «negro cambujo» y «cara de diablo». Nunca supe lo que quería decir «negro cambujo», pero siempre me lastimó mucho. Así que siempre me le pegaba a mi abuelita.

Me acuerdo una vez que mi hermano Manuel la hizo enojar muchísimo. Él nunca quería acompañarla a comprar el pastel y el pan. En cambio, a mí, algo había que me gustaba mucho, acompañar a mi abuelita a horas de la madrugada. Era yo solo un chamaco, claro, pero creía que yendo yo, a mi abuelita no le pasaba absolutamente nada. Y, ¡bendito sea Dios!, nunca nos hicieron ningún daño. Bueno, pues ese día, pasó un vendedor de tejocotes cubiertos de dulce de piloncillo, y gritaba:

—¡A centavo varita!

Y Manuel, que siempre hacía repelar a mi abuelita, comenzó a gritar:

—¡A centavo abuelitas!

Pues él estaba bromeando, pero mi abuelita lloró, y a mí me dolió mucho que mi hermano la haya hecho llorar. Si mal no recuerdo, vivíamos en la calle de Cuba, y nada más conoció mi papá a Elena, mi abuelita se fue a casa de mi tía Guadalupe. Esa partida de mi abuelita me dolió muchísimo y me sentí más solo todavía; más sentí la pérdida de mi madre. Entendía yo, hasta donde yo podía, que mi mamá ya no iba a estar con nosotros, y estando mi abuelita era menos la pena.

Yo me quejaba con ella de que Elena me trataba mal, de que Elena esto, de que Elena l'otro; aunque a veces exageraba yo, ¿verdad? Al fin y al cabo mi abuela era en aquel entonces mi paño de lágrimas y tenía yo cómo desahogarme.

Desde que mi madre murió, mi abuelita sabía la vida de todos nosotros. Siempre la seguí mucho, hasta me robaba las macetas —bueno, no me las robaba, eran de mi mamá, y no quería que Elena las tocara— y se las llevaba a mi abuelita, o a mi tía Guadalupe. Pero también perdí a mi pobre abuelita, porque poco después murió.

Elena y yo desde un principio no nos llevamos bien. No precisamente no la quise, sino que no nos llevamos bien como debería haber sido. Es que para mí, madre nada más hay una en todo el mundo; y aunque vengan otras cien, o doscientas, que se quieran hacer pasar por madres, no es lo mismo. Además había aprendido de mis amigos que las madrastras son malas. Elena tenía como dieciocho años —creo— o menos. Bueno, era muy joven y le faltaba experiencia para cuidar a un viudo con cuatro hijos. No sabía cómo hacerse obedecer, especialmente de mí que era el más calavera de todos. Nunca pudo Elena hacerme a su voluntad; bueno, en realidad, nunca supo hacerlo, porque si lo hubiera hecho por la buena a mí me hubiera hecho como un papelote. Pero siempre quiso alzarme la voz, ordenarme las cosas en un tono muy altanero. Por eso ella nunca pudo lograr de mí lo que deseaba. Ella siempre quiso doblegarme, mandar en mi vida, y por desgracia, desde pequeño no me ha gustado que nadie me mande —a excepción de mi padre, y de mi madre, que en paz descanse—. Desde que ella falleció, el único que me puede gobernar, y me ha gobernado, ha sido mi padre, hasta donde le ha sido posible. Si Elena me ponía la mano encima, yo le contestaba. De por sí nunca me he sabido defender por la boca, por eso me gustan los razonamientos de los puños.

Peleábamos tanto con Elena porque por ella tuvimos Manuel y yo que dormir en el suelo. Una vez oí que le decía Elena a mi papá que ya estaba bien que nosotros estuviéramos en una cama aparte, porque las niñas ya estaban grandes. Y mi papá estuvo de acuerdo... Entonces nos mandaron al suelo a mi hermano Manuel y a mí. Bueno, no precisamente al suelo, mi papa nos compró unos petates, pues yo creo que en ese tiempo no podía mi papá comprarnos cama.

Llegué a llorar algunas veces, pero nunca le dije nada a mi papá. Me dolió, me sentía muy triste. Sentía una angustia en mi corazón. Me sentía como un perro, estar durmiendo en el suelo. Entonces sentía mucho la falta de mi mamá. Cuando ella vivía dormíamos en la cama y estábamos mejor. Todavía después, si mal no recuerdo, llegamos a dormir con mi papá. Pero una vez que llegó Elena, ya no, ya nosotros dormimos aparte, y mi papá con su mujer.

Muchísimo me gustó dormir en la cama con mi papá. ¡Qué pleitos le echaba yo a mi hermano Manuel cuando se acostaba en mi lugar, cerca de mi papá! ¡Uy! Yo le decía que no, que era mi lugar. Y nos tenía discutiendo hasta que decía mi papá:

—A dormir todo el mundo y a callarse.

¡Zas! Apagaba la luz, se quitaba sus zapatos, sus pantalones los ponía en una silla, y todo mundo muy calladito.

Desde un principio, una de las cosas que no me parecieron bien fue que Elena había vivido con otro hombre. Temía mucho por mi papá, porque su otro esposo pudiera tomar represalias y esas cosas.

Hubo muchos regaños y castigos que mi padre me imponía por las ideas que mi madrastra Elena le metía a mi papá en la cabeza. Algo había de cierto, pero siempre exageraba ella la cosa. Mi padre llegaba cansado del trabajo, y como decirle «buenas tardes» le decía:

—Roberto me hizo esto, y lo otro, más aquello. Y mi papá, pues cansado, aburrido con lo que Elena le metía en la cabeza, se exasperaba en tal forma que ya ni escuchaba, sino que me castigaba.

Y yo al otro día la agarraba con Elena de nuevo.

Y muchas veces me provocaba para que fuera malo. Si saltaba encima de la cama, y la ponía sucia, decía:

—¡Bájate, negro cambujo!

Eso me dolía mucho; y entonces le contestaba:

—Vieja pinche, ¿por qué me dice negro? Si soy negro es porque así me hizo Dios.

Entonces me pegaba, y yo le pegaba y la hacía llorar.

¡Pobre de mi padre! ¡Cuánto dinero no le costaron mis disgustos con esa mujer! Que los 50, que los 100, 300 pesos.

Que el abrigo, que los zapatos, que el vestido, para contentar a la señora. ¡Qué coraje me daba! Ella guardaba el dinero y yo a veces se lo robaba por la forma en que se lo sacaba a mi papá.

Mi padre, aunque me reprenda muy enérgicamente, siempre me ha querido, y me sigue queriendo, aunque ya no lo demuestra como cuando yo era niño. Yo aunque no he sabido demostrarlo, a mi padre no lo quiero, lo idolatro. Era yo su orgullo y su alegría cuando era niño. Me quería más que a mi hermano, porque cuando iba a alguna parte siempre me llevaba a mí primero. Muchas veces los dos solos íbamos a la Basílica, o al cine, o a caminar por las noches. Todavía me quiere, con el mismo cariño profundo, pero no me lo demuestra porque no lo merezco.

Mi padre fue siempre muy seco con nosotros; no hablaba mucho y nunca pudimos discutir nuestros problemas con él. Siempre traté de acercarme mucho a mi papá. Yo quería que él nos tratara en una forma especial, bueno, no especial. Quería que fuera como otros papás; que nos hablara, que nos mimara. ¡Cuánto me gustaba la forma de portarme antes con él! Cuando llegaba a casa le besábamos la mano, o lo abrazábamos. Entonces yo sentía un poco más de comprensión de mi padre hacia mí, aunque siempre deseando un cariño, una palabra de aliento.

Solo dos veces me ha hablado íntimamente. Me preguntó:

—Hijo, ¿qué te aflige? ¿Qué te pasa? Cuéntame tus penas.

Me sentí la persona más importante y feliz del mundo oír que me llamaba «hijo» con tanto cariño... Generalmente me llamaba Roberto, o tú, y me regañaba con malas palabras.

Aquellos hijos que se atreven a alzarle la voz a sus padres tengo de ellos muy mala opinión. Siempre que nos ha hablado mi papá, ni mirarlo a la cara, porque tiene una mirada muy severa. Aparte de que, ¡con qué cara iba a verle si me estaba regañando! Cuando quería exponer mis razones, o por lo menos decir un poco más la verdad, no me dejaba mi papá hablar:

—Usted, cállese la boca; nada más sirve para esto y para lo otro.

Y me decía muchas cosas. Nunca le contesté cuando me regañaba. Al contrario, siempre me reprochaba yo. Le decía a mi hermano y a mis hermanas que si mi papá no era bueno con nosotros, era nuestra culpa. Un padre es sagrado, especialmente el mío. Es una buena persona, una persona decente. No hay otro como él.

Mi papá nos pegaba con un cinturón muy ancho que usa él, hasta la fecha, de doble ojillo; especialmente a mí. Pero porque le dábamos motivo para ello. Nunca nos ha pegado ni regañado sin motivo. Tanto nos golpeó, que nos curtimos; ya no sentíamos los golpes. Y mi padre daba duro, y no importaba dónde cayeran los cinturonazos... en las posaderas, en la espalda... Y no escarmentábamos. Además, por desgracia, yo tenía la maldita costumbre de que mientras me golpeaba mi padre, yo me daba de cabezazos en la pared, en el ropero, en la mesa, en el buró, en la cómoda; donde fuera. No sé por qué, creo que por coraje.

Pues como nos curtimos, mi padre cambió a un alambre de luz, un cable —por cierto muy grueso— como de 2 metros de largo que él dobló en cuatro partes y le hizo un nudo. ¡Ay chirrión!... entonces sí sentimos el castigo; y nos dejaba unos verdugones... Y a veces nos daba a todos por parejo; a uno porque lo hizo, y a otro porque no lo hizo.

Mi padre siempre me hizo la lucha para que fuera al colegio. ¡Qué tonto fui por no haberle escuchado! Nunca me he podido explicar por qué nunca me gustó la escuela. Sería que veía a mis compañeros cuando los pasaban al pizarrón; lo hacían con mucha velocidad y muy dueños de sí mismos.

Y cuando me pasaban a mí sentía mi espalda pesada porque sabía que todas las miradas estaban en mí. Pensaba que estaban murmurando de mí. Yo tenía que quedar bien delante de ellos y por esa preocupación no me concentraba; y tardaba más, o no desarrollaba el problema completo.

Me llevaban al colegio la sirvienta, o mi tía, mi abuela y a veces mi mamá; y no fueron pocas las que me llevaron a rastras. Sentía desesperación de que me dejaran solo con tantos muchachos y muchachas. Me sentía chico al lado de tanta gente. Estuve cuatro años en primer año, porque me iba de pinta con los muchachos. Hice segundo año en un solo año, pero cuando pasé a tercero asistí solo unos dos o tres meses, y ya no regresé. Por mis amigos, o quizá por haber tenido tan poca libertad en mi casa, me gustaba irme de pinta y muy seguido nos íbamos a Chapultepec. Le mandaban avisar a mi papá cuando no iba a la escuela y cuando llegaba a la casa ya estaba mi papá con el cuero.

Antes, estábamos más unidos mi hermano y yo. Juntos fuimos a la escuela, y siempre andábamos juntos. Yo era muy llorón, muy rajón —como decimos los mexicanos—. Nada más por el simple hecho de que alguien me gritara yo lloraba. Alguien me hablaba golpeado, y yo lloraba. Alguien me ponía la mano encima, y ya no lloraba, sino gritaba. Inmediatamente me iba a quejar con mi hermano Manuel. Pobrecito de mi hermano, tuvo muchas peleas por mi culpa.

Estaba yo en tercer año cuando Manuel terminó la primaria. No tuve el valor de enfrentarme a todos esos muchachos sin él, y por eso dejé la escuela.

Yo quería ser alguien en la vida; porque siempre, aún a la fecha, me he sentido menos que nadie, que nunca me han tomado en cuenta. Siempre me he sentido despreciado. Quería ser grande para mandarme yo solo. Quería hacer de mi vida un papelote y volarlo en cualquier llano.

Papá nos llevaba al cine, a galería porque no podía pagar luneta. Siempre me han gustado las películas de guerra, y las de aviación me entusiasmaban mucho. Después de una que trató de aviones, mi papá me llevó a la Lagunilla y me dijo:

—¿Qué cachucha quieres?

Y luego luego le pedí una que tenía lentes como los que usan los aviadores, gogles.

Cuando jugaba con mis amigos, jugaba de aviación. Para hacer más real el juego me bajaba los lentes, me subía a la azotea, y andaba allá arriba en mi avión, o corría en el patio. Ponía reatas en los tubos y hacía columpios —eran mi avión—y me sentía volar. Aún a la fecha, siempre que pasa algún avión me le quedo viendo, con ganas de alguna vez manejar uno de ellos. También me dio mucho por llegar a ser un gran chofer y competir en carreras de automóviles, o ser motociclista.

Esta cicatriz que tengo en la frente me la causé dando vueltas «de avioncito». Mi primo Salvador, que en paz descanse, era muy jocoso y le gustaba mucho llevarse con nosotros. Una vez le dije que me hiciera vueltas de avioncito, y él, siempre complaciente, me agarró con una mano el tobillo, y con la otra la muñeca, y empezó a girar, dándome vueltas y vueltas. En una de ésas, quién sabe cómo perdió el control, y ¡zas!, que me estrella contra la pared. Se me hizo una abierta tremenda, creo que hasta perdí el sentido. Cuando desperté, estaban mi papá y mi mamá, todos muy alarmados y yo bañado en sangre. Yo no me asusté, y hasta me dio gusto que me haya salido sangre.

Tengo otras cicatrices, pero las peores, visibles, son las descalabradas por caídas de las azoteas, o pedradas, cuando jugaba con mis amigos a las guerras. Una vez, por ir corriendo a la tienda, me caí, y con tan mala suerte que me enterré un palito que traía en la mano en el ojo izquierdo. Esa vez sí me asusté porque creí que ya no tenía mi ojo. Uno de los mayores sustos de mi vida, y también me dejó una cicatriz visible, fue cuando me mordió un perro.

Todavía estaba en la escuela cuando aprendí a nadar. Me iba yo de pinta para ir a nadar a una alberca cerca de mi casa. Luego iba con mi hermano. Había allí un hombre, José, el bañero, a quien admiraba yo mucho. Sabía muchas cosas, aparte de nadar. Era alto, fuerte, muy buen tipo, y yo quería ser como él, y llegar a figurar. Él nos había platicado que había andado por muchas partes de la República.

Una vez, cuando tenía ocho años, no tenía para entrar en la alberca. Pasó un señor muy borrachito y nos vio discutiendo a mi hermano Manuel, Alberto la Chencha, y yo, de que no ajustábamos para las entradas. Entonces el señor aquél se dignó darle a Manuel y a la Chencha lo que les faltaba para la entrada. Yo dije: «pues a mí también me va a dar»; pero no, se fue. Yo le dije:

—Oiga, señor, ¿no quiere acompletarme para mi entrada? Dice:

—Tú, ¿quién eres?

—Soy hermano de uno de ellos, a los que les acaba de dar. Mire, me faltan unos centavos para entrar.

Pero él dice:

—No, escuintle cabrón, vete de aquí, estás muy negro.

Esto me dolió mucho. Mi hermano y Alberto se metieron; eso fue lo que más me desesperó y humilló aquella vez.

Cuando me iba yo de pinta, o cuando mi papá me mandaba al mercado de la Lagunilla a que le cargara las cosas que había comprado, agarré la costumbre de llevarme a mi hermanita Marta. Siempre he demostrado preferencia por ella. Será porque se quedó de pecho y no conoció a nuestra madre. O porque siempre me ha seguido a dondequiera que he ido, más bien dicho, me seguía, cuando pequeños, adolescentes.

Le enseñé a Marta a irnos de aventón brincando a la defensa de los tranvías y de ahí agarrarse muy fuerte. Me llevaba a un perrillo blanco de Bella Vista también, porque me seguía a todos lados. Y ahí andábamos, cómodos y contentos, de «moscas» en el tranvía, y el perro corriendo atrás de nosotros. Todo el mundo se paraba y nos miraba; la gente sacaba la cabeza de los coches y los camiones para ver el espectáculo. Yo creía que nos estaban admirando y me gustaba.

Me encantaba brincar cuando el tranvía iba a gran velocidad. Marta era muy valiente y aprendió también a hacerlo. Yo arriesgaba ya no mi vida, sino la de ella también, pero ella me acompañaba con el mismo gusto que yo sentía. Esto me impresionó mucho. Creo que por eso la prefería yo a Consuelo o a Manuel.

Me la llevaba conmigo a Chapultepec y a la Villa, donde trepábamos los más empinados cerros. Trenzaba tres hilos de ixtle para hacer una reata resistente y amarraba una punta alrededor de mi cintura y la otra alrededor de la de ella. Escogía los picos más peligrosos y trepaba primero, luego la jalaba a ella. Le gustaba y nunca se quejó.

Debo hacer la aclaración de que siempre la he respetado como hermana. Ya dije que el contacto de una mujer siempre ha exasperado mi naturaleza, pero con mis hermanas todo es muy diferente. Me dolía que mi papá sospechara cuando sabía que habíamos ido aquí y allá. Preguntaba:

—¿Dónde fueron?, y ¿qué hicieron?

Y le preguntaba a Marta para ver si habíamos hecho algo malo. Una vez había trabajado en una panadería del Hospital Militar, y me pagaban con pan, con bolillos. Pues se me ocurrió llevarme a Marta para ver si nos daban pan. El hospital estaba muy lejos, y cuando mi papá supo que la había llevado hasta allá, me dio una buena tunda.

Había una gran diferencia entre Marta y Consuelo. Consuelo es más inteligente y aplicada, y le gustaba el estudio. Cuando se decidía a hacer algo, pues lo hacía. Nunca jugaba con muchachos, como Marta, y con las mujeres era muy reservada. Era buena y callada, delgadita y con su carita de asustada.

De pequeño me llevaba bien con mi hermana Consuelo. Después, de grandes, me extrañó que cambiara. Es muy temperamental, y por una cosa insignificante se exasperaba en tal forma que por solo una mirada se disgustaba. Tenía un temperamento muy disparejo y poco sociable, retraída y biliosa. Era muy seca y no tenía casi que ver con la gente. Pero en ella todo lo demás es bueno, todo.

Empezaron las dificultades entre Consuelo y yo después que mi madrastra Elena se unió a mi padre. Siempre, desde chiquillo, me ha dado vergüenza sentarme a la mesa sin hacer antes un quehacer, prender la lumbre, poner el café, lavar los pájaros, darles de comer, y solo después iba yo a desayunar. Bueno, pues iba yo a desayunar, y ya sea mi hermana Consuelo o Elena echaban el pan a las gallinas o tiraban el café al lavadero; la cuestión era no darme de desayunar.

Yo les decía:

—¡Ja, ja, qué risa me da! Ni que tuviera tanta hambre orita.

Y agarraba un plátano macho de los que les dábamos a los pájaros, y me salía. Las mandaba al diablo, no de coraje, sino porque me dolía mucho. La verdad, cuando tiraban mi desayuno así, sentía una angustia en mi corazón y un nudo en la garganta. Y lloraba, pero no enfrente de ellas; en uno de los baños del patio. No me quejé con mi papá, pues he tratado de que las cosas que me pasan, callármelas. Yo sabía que si le decía a mi papá, las reprendería, y quizás hasta las castigaría. Muchas veces sí le dije, y castigaba a Consuelo, pero no entendía.

Pero siempre he sido un hermano para mis hermanas. Nunca las he castigado sin motivo; si no me obedecían, o si le rezongaban a mi papá, o si me decían «pinche negro». Me duele acordarme de cuántas veces les he pegado. Y les quiero pedir perdón, pero cuando las veo pierdo el valor. Sufro, porque un hombre no le debe pegar a las mujeres. Pero solo les pegaba con la mano, abierta o de revés, y únicamente en el brazo, o en el hombro, o la cabeza.

Pero cuando mi papá regresaba a la casa, Consuelo le decía que yo le había dado de patadas o pegado en el pulmón. ¡Ay, Dios! Y no eran cariños lo que mi papá me daba por esas mentiras.

¡Palabra! De corazón nunca le pegué así. Era una mentirosilla, y la culpa era de Elena —santa mujer que ya esté en paz, Dios la tenga en el cielo—, pero cuando las dos me acusaban y exageraban, mi papá me zumbaba con ese cable de la luz que tenía alambre adentro y nudos en la punta.

¡Cómo me hacían la vida pesada Elena y Consuelo, de veras! Sentía que estaban contra mí y que tenía que estar siempre en guardia. Y mi papá prefería a las mujeres. Siempre las ha cuidado mejor, y me parece que quería más a mis hermanas. Más bien, a todos nos quiere igual, pero ellas han tenido la suerte, el privilegio de que se los demuestren. Nunca me he fijado en eso, no lo he tomado en cuenta, y nunca me ha molestado. Al contrario, porque así estoy más seguro de mis hermanas, bueno, yo así lo veo, así no pueden decir, mañana o pasado, que no han tenido cariño de su padre.

Le voy a decir el porqué les he pegado a mis hermanas. No ha sido nada más así porque así. Ha habido motivo. Es porque a mí nunca me ha gustado que las mujeres jueguen con hombres, mas ellas no entendían, y es lógico, ¿no?, porque de pequeñas tenían forzosamente que jugar con niñas y niños. Tengo este pensamiento, quizás porque yo desde pequeño he sido un calavera, en toda la extensión de la palabra. Varias veces me llevaba a una niña al baño, o a mi casa, pero siempre y cuando no hubiera nadie; y si lo había, buscaba la manera de que no nos viesen. Empezaba a manosearla, con el consentimiento de la niña, por supuesto. Eso era desde muy pequeño —tenía cinco o seis años— y aún después de que falleció mi madre —a los ocho o nueve años— hacía todavía eso. Así que yo no quería que mis hermanas jugaran con niños porque yo me imaginaba que podían hacer lo mismo que yo hacía con las otras niñas.

Ya más grande empezamos a jugar mi hermano Manuel, mi prima Matilde, mi prima Julia y yo. Matilde era hijastra de mi tío Alfredo, así que de mí no viene siendo nada. Sucedió pues que Manuel se fue por un lado con Julia y yo por otro con Matilde. A mí, el roce simple de una mujer me despierta mi naturaleza en tal forma que me es imposible controlarla. Como a todos los hombres, creo yo.

Yo ya iba con la intención de ir con Matilde al baño. Para esto, los excusados no estaban dentro de la casa donde Matilde vivía, sino en el patio, dentro de la misma vecindad, así que se prestaba para mis intenciones.

La convencí y fuimos al baño. Y le dije:

—Vamos a jugar al papá y a la mamá y aquí nos acostamos en este rincón.

Entonces le alcé el vestido, le bajé las pantaletas y le puse el miembro —bueno, era apenas un retoño— entre las piernas. Nada le podía yo hacer, sinceramente, ni sabía por dónde debía de ser la cosa; pero con el consentimiento de ella estuvimos los dos dizque jugando al papá y a la mamá.

¡Hombre, hasta vergüenza da! Entonces por eso es que siempre estaba yo cuidando a mis hermanas.

Cuando nos cambiamos a Bella Vista todavía era yo muy pequeño. Nuestro cuarto era muy chico, muy mal cuidado. Tenía el piso de madera con muchos hoyos dondequiera. Salían ratas por ellos, y por ahí se me iban las canicas, los quintos y a las mujeres los peines. No había luz eléctrica. Mi papá la costeó para que la conectaran. A mí me gustaba mucho la oscuridad, o que alumbraran con quinqués, con velas, pero a mi padre nunca le gustó eso; siempre nos ha tenido las comodidades necesarias. A él siempre le ha gustado la amplitud, la limpieza; así es que por eso hizo arreglos y le dieron un cuarto de los grandes.

Cuando vivía Elena el cuarto estaba muy bien arreglado. Le gustaba tener esto, le gustaba tener l'otro; hacía y deshacía el cuarto. Disponía los muebles —aunque siempre los mismos— de una manera ahora, mañana de otra y constantemente estaba haciendo cambios. A mí nunca me gustaban estos cambios, pero lo que sea de cada quién, esta casa era un orgullo y un ejemplo para muchos vecinos, porque siempre la veían limpia y ordenada. Pero ahora, tan tirada y tan dejada está esta casa, que la señalan como la oveja negra. Ha cambiado mucho, ya no se le respeta. Antes, las personas que pasaban por allí se quitaban el sombrero al pasar por delante. Cuando mi papá vivía allí al lado de nosotros nunca se atrasó con la renta; al contrario, iba un mes adelante y en premio el dueño le daba un boleto para entrar gratis al baño.

La ley en Bella Vista era: nuevo inquilino, nueva pelea. Para entrar a la palomilla se tenía que pasar por varias pruebas. Se acostumbraba que cuando alguien llegaba le echaban al más gallo. Antes, las familias se cambiaban al por mayor, y no fueron pocas las peleas campales que sostuvimos aquí. Cada que me veían en el patio me pegaban, me pellizcaban, me aventaban piedras; si llevaba el mandado me lo tiraban, y al llegar a casa me zumbaban. Así como el dolor del cuerpo humano tiene su límite, así la paciencia; y así se ve uno obligado a pelear.

Uno de tantos días iba yo pasando y ahí en el patio estaban mi hermano y los cuatro Ramírez. Me estaban esperando para ese encuentro que iba a ser decisivo para mí, porque yo era nuevo, y no iba a ser su puerco. Mi hermano me dijo:

—Ven y pelea.

Daniel tenía que probarme. A mi hermano le daba coraje que yo fuera tan cobarde.

—No seas rajón. Defiéndete, no toda la vida voy a estar peleando por ti.

Y me aventaron a Jorge Ramírez, y me decían:

—Suénate con él o te damos pamba.

Y quieran o no, ¡maldito el miedo que les tenía a estos individuos! ¡Para lo que me duró el tal Ramírez!: dos, tres golpes y que se va chillando. Le saqué sangre. Después me pelié con Hermilo, con Daniel —muy buenos amigos— porque eran encuentros amistosos, aunque parecían de veras. Después tuve que ir peleando con cada uno hasta llegar con el mero gallo; y le gané. Y dije:

—Creo que ya.

Pero como venían llegando nuevos vecinos, me tocó, como a mi hermano, probar a los nuevos y hacerlos entrar a nuestro círculo. Si no, era muy pesada la vida que se les hacía.

Desde entonces me empezó a gustar pelear. Cuando me pegaban ya no iba a quejarme, sino que al momento me prendía a golpes. Así le empecé a quitar la carga a mi hermano que se andaba pegando por mí. En realidad nunca quería pleitos con nadie, pero me han buscado. Yo ya he tenido que defenderme, y así ha pasado toda mi vida. El que le ganaba al principal venía a formar parte de los cabecillas. Era como en el ejército, Wilfrido era capitán; Ignacio, teniente; Hermilo, subteniente; Manuel, sargento; yo, sargento segundo. Después de que medíamos nuestras fuerzas con el capitán, ya éramos los que decidíamos lo que se hacía cuando jugábamos. Después fueron dominando de uno en uno.

Hay un juego que dice: «lo que hace la mano, hace la tras», esto es, lo que hace el primero lo hacen los demás. Se junta la palomilla de diez o quince, y el jefe de ellos es la mano, el que va hasta adelante. Así, si brinca una coladera, todos los demás tienen que hacerlo, y si no lo hacen, ¡es una pamba que les dan!

Cuando a mí me tocó ser la cabeza, no fueron pocas las quejas que le trajeron a mi papá. Por eso me regañaron y me pegaron mucho. Había empezado a hacer el «salto del tigre». Yo saltaba muy bien la bardita, pero había muchachos que no alcanzaban a librar, y maltrataban los prados. Y así comenzaron a destruir. Aparte de mis escapadas, los tubos del desagüe, los tubos por donde corría el agua, bajaban desde arriba, y allá me trepaba a la azotea y así los tiré o los aflojé.

Me gustaba mucho andar en las azoteas, y no fueron pocas las veces que me caí. La mayoría de las veces caía parado, por eso me decían el Orangután. Cuando jugábamos futbol se nos iba la pelota a la azotea, y el Orangután, por quedar bien, a las azoteas. Y venían con la queja con mi papá, o con Elena. Siempre ha sido muy delicado mi padre, y salía él, o mandaba a alguno de mis hermanos a hablarme. Al llegar a la casa, se me aflojaba todo el cuerpo y ¡a recibir los cuerazos!

Cuando Elena pidió permiso a mi papá para ir a visitar a su mamá —que vivía en un pueblito de Jalisco— le pedí que me llevara. Consuelo —a quien Elena quería más— creyó que ella iría, pero mi papá me mandó a mí a cuidar a Elena, o a espiarla. Bueno, pues los dos nos fuimos en el tren. Era mi primer viaje largo y mis recuerdos de él son agradables. Para mí, ¡recordar es vivir! Me gustó cómo vivían allí. El pueblo era pintoresco, con calles sin asfaltar y casas de adobe. Lo que más me gustó fue la iglesita. Conocí a la familia de Elena, su mamá Santitos; sus hermanos, Raimundo y Arturo; y sus dos hermanas, Soledad y Concha —que luego murió—. La señora Santitos era buena persona, muy decente. Como Elena, no había tenido escuela y no sabía leer ni escribir. Me gustaron todos.

Me enseñaron a ordeñar y me tomaba yo la leche de la ubre. Empujaba a los terneros, o a los cabritos, y me tiraba a beber. Pasamos como un mes ahí, un mes muy feliz para mí.

Otra vez que me llevé bien con Elena fue cuando estuve enfermo de espanto, decía ella. Me daba mucho sueño, no comía, estaba delgado, pálido y ojeroso. Nunca supe lo que tuve. Solo Elena, y Santitos, su mamá, decían que era espanto. Y trataron de curarme ellas con sus yerbas y haciéndome menjurje y medio. Mi papá siempre se preocupó por nosotros y me mandó al doctor. Elena me llevaba y me cuidaba, porque esa vez hubo una tregua entre nosotros, porque yo estaba enfermo. Bueno, si ella me hubiera tratado siempre como aquella vez, quizá ella viviera todavía, o nos hubiéramos llevado mejor, por lo menos.

Cuando tenía once años, a lo sumo, huí a Veracruz sin más que lo que tenía puesto. En aquel entonces nunca llegué a tener un peso junto en la bolsa, me limitaba a los quintos que me daba diario mi papá, y al «domingo», cada ocho días, que me daba veinte. De pequeños, mi papá siempre acostumbró dejarnos el dinero debajo de las almohadas. Bueno, yo no tenía dinero, solo lo que me dio uno de los choferes.

Puse de pretexto que mi papá me regañaba, y en realidad, él siempre me regañaba. Sobre todo había oído hablar a los muchachos sobre sus aventuras, y quise conocer, para que no me contaran; y entonces me fui a Veracruz. Escogí a Veracruz porque había oído a mi papá decir que por allá tenía familia —porque mi padre es jarocho— y cuando todavía vivía mi madre nos llevó a la tierra de donde es él. Había ido a Veracruz con mi mamá, mi papá, mi hermano Manuel, y me parece que Consuelo, que iba de pecho. Mi abuelo murió y a mi papá lo metieron a la cárcel unos tíos, y le quitaron la herencia que mi abuelo le dejó. ¡De saberlo me hierve el alma! Fíjese nada más; gente tan material que le da tanta importancia al dinero. Pero mis tíos ya habían fallecido y yo no supe de mis otros parientes hasta más adelante.

Por principio de cuentas, caminé de aquí a Los Reyes —caminar es mi vida—. Siempre me ha gustado el camino. He caminado desde Maltrata a lo largo de la vía del ferrocarril hasta Orizaba —como 70 kilómetros— solo para ver la vegetación y la vista fantástica. El tren pasaba y yo podía haberme trepado —no tengo la anticuada mala costumbre de pagar pasaje— pero prefería caminar y admirar el paisaje. Me gusta caminar de día y de noche, y hasta que no me rinde el cansancio, dormirme dondequiera. Dormía a un lado de la carretera. Encontraba hierbas, cortaba un montón, y hacía mi cama.

En la carretera yo me sentía feliz y campante. El problema de la comida no me preocupaba. Se me hacía fácil acercarme a un jacalito y ocuparme en algo a cambio de un taco. Todos me ocupaban; me ponía a sacar agua del pozo, partir leña, cualquier cosa sencilla, y me daban de comer o cenar. Muchas personas me decían:

—Primero siéntate a comer.

Y después ya no me dejaban hacer nada. Me preparaban mi itacate, tortillas con sal, y ¡vámonos!

Me había trazado un plan, y me fui por donde quería. Me fui, caminé, y ningún condenado carro me levantaba... ¡como me veían escuintle! Llegué hasta la Y donde corta la carretera a Texcoco, Puebla y Veracruz. Luego me levantó un camión, y me preguntaron:

—¿De dónde eres?

Y dije yo:

—De México.

Si hubiera sabido que al decir «de México» se cierra uno las puertas... hubiera dicho que de otro lado. Porque los de México tienen muy mala fama. En las fiestas de Carnaval, o en Semana Santa, va mucha gente de toda la República, y a todos los que van a hacer sus travesuras, a robar, cuando los sorprenden, resulta que son de México, de la capital. Allá, por desgracia, tienen la tendencia que durante estas fiestas se visten como mujeres, tienen marcadas preferencias por el homosexualismo. ¡Es un asco!

Iba solo, porque siempre me ha gustado andar solo; me es más fácil moverme solo que acompañado. Pedía a las personas que me informaran el camino, porque preguntando se llega a Roma.

Al irme de aquí sentía que me quitaban un gran peso de encima; como si me desatara de una liga. Así que no quería ir y volverme a atar al vivir con otras personas, pues me hubiera tenido que regir por su carácter y sus costumbres. Pedía posada por una noche, y a veces me quedaba varios días. Pero no me hallaba muy bien, porque lo que yo buscaba era andar libre. Y así me fui, como el aire, solo, sin dificultad, sin dirección, libre...

Me empezaban a hacer preguntas:

—¿Por qué te saliste?

—Pues porque mi papá me regañó. Y tengo una madrastra...

¡Cómo puse de pretexto a Elena! Por eso creo que a cada rato nos andábamos disgustando, porque aunque ella no lo sabía, me sirvió de excusa para mis mentiras. ¡La suerte de los canallas! Aunque solo por el momento logran su propósito. Y me digo canalla, porque lo es poner de pretexto a otra persona para cubrir las mentiras de uno. En realidad, por lo que he pasado no ha sido nada para lo que en verdad merezco.

Llegué a Veracruz, y como todos los aventureros, primero al mar. En uno de los muelles de la Armada estuve sentado casi todo el día, viendo esa inmensidad que es el mar. El mar es bello, pero su belleza impone. Allí estuve sentado, viendo a los veladores, que no tienen otra cosa que hacer que estar pescando y vigilando que no les roben sus cargas. Ya casi de noche, me dije: «¿dónde voy a dormir?». Lo de dormir es lo de menos, porque hace mucho calor. Entonces opté por irme a quedar a una playa; yo buscaba lo mejor, lo más blandito. En la noche, la marea sube, así que me quedé un poco retirado del mar.

Al día siguiente vi cómo me procuraba algo de comer. Porque se me había olvidado el hambre, extasiado estaba yo viendo el mar y cómo sacaban los pescados. Me acerqué a los muelles —donde antes anclaban los pailebotes— lugar preferido de los aventureros, hombres rudos, morenos, ¡más fornidos que un toro, los condenados! Vi mucha gente que andaba para arriba y para abajo. Me acerqué al cocinero del pailebote y le dije que si no tenía en qué emplearme a cambio de un taco, porque el día anterior no había comido nada y ese día no había desayunado. Se movió a compasión y fue por él que trabajé por primera vez en mi vida como estibador. Cargaba cualquier cosa pequeña y me daban comida en cambio. Ésa fue mi manera de adquirir comida, y también alojamiento, porque me daban permiso de dormir en el pailebote.

Luego me las vi negras. Llegaba un pailebote, y como solo podía trabajar en uno, me pegaba a él como sanguijuela. Al otro día salía, y me quedaba sin casa y sin qué comer. Y a buscar dónde comer y dónde dormir. Ya sabía que el que se muere de hambre es porque es muy flojo. Ayudándoles a los pescadores a jalar la red no le daban a uno dinero, sino pescados, según lo que sacaran. En un lance se puede sacar de todo, desde un tiburón hasta una tortuga. Vendía los pescados, la mayor parte, porque me quedaba con unos para que me los hicieran las mujeres de los pescadores.

Nunca gané un cobre por trabajar, pero estaba dispuesto a trabajar en lo que fuera necesario para comer. La mayor parte del tiempo no comía sino fruta. Hasta copra llegué a comer, y había veces que no probaba pan en toda una semana, o dos. Cuando no tenía qué comer, les pedía a los veladores que me dejaran agarrar unos pedazos de coco. Cuando llegaban barcos de Tabasco, de partes donde traían fruta, ¡entonces eran para mí días de fiesta!

Después de varios días me empecé a preocupar. Oí decir a los pescadores que una camioneta de la policía andaba de arriba para abajo, especialmente en las playas, donde se juntan los maleantes de Veracruz.

Cuando encontraban a alguien acostado se lo llevaban a la cárcel. Aunque nunca me pasó nada, dormía con menos tranquilidad. Entonces me orillé, me salí más de la carretera para irme más al monte. No me atrevía a separarme del muelle, porque era mi fuente de vida.

Así pasaron como tres meses. Llegó el tiempo en que me dieron ganas de regresar a la casa. No me acordaba sino de vez en cuando de la familia, pero cuando me acordaba quería estar rápido en casa. Había veces en que me animaba, me hacía el valiente; y quería regresarme en esos momentos, pero me desanimaba porque no sabía el camino de regreso. Nunca le escribí a mi familia, porque nunca supe escribir una carta, y no quería que supieran de mí. Me imaginaba que si sabían, mi papá iría y me mataría de una paliza. Éstos eran mis pensamientos, pero al fin, regresé.

El regreso fue lo más duro. Tuve que caminar desde Veracruz hasta Puebla. Hice ocho o nueve días. Caminé día y noche, porque no me levantaba ningún condenado camión. Agarré la carretera de Córdoba y llegué a la caseta de policía que está a la entrada de Puebla. Veía que paraban muchos camiones de carga y pensé que cualquiera me haría el favor de levantarme, pero me decían que no. Mis zapatos estaban todos gastados, zapatos mineros que siempre nos compraba mi papá. Les pedía a los choferes de los camiones un aventón, pero no querían. Algunos hasta se burlaron de mí. No les hice caso, pero me sentí solo por la primera vez, solo como una pluma volando en el aire. Me senté al lado de la carretera y lloré.

Hasta que los policías dijeron al primer carro que llegó:

—Le encargamos a este escuintle aventurero, va para México.

Me subí y llegamos en la madrugada a La Merced. No conocía ni el Zócalo, pero ya entonces me orienté. Cuando iba atravesando frente al Palacio Nacional, vi en el reloj tan grande que está en la Catedral, que estaban sonando las tres. Me sentí solo en esa plaza tan grande. Y llegué hasta la casa; toqué y me abrió la portera.

Me senté afuera de la casa, como queriendo entrar y no, pensando que me esperaba una gran tunda. Hacía por tocar, y me sentaba de nuevo. Entonces algo raro pasó. Yo no soy supersticioso, ¡porque si viera usted lo que he visto y pasado, me creería un ser superior! A esas horas vi bajar algo del tinaco; un charro. Exactamente, un charro, porque solo estas personas usan esa indumentaria. Y prendió algo, un puro, creo yo, porque la luz era muy grande. Me lo quedé viendo y me dije:

—¿Qué buscará este señor?

Pues este hombre, al llegar abajo, después de haber encendido su puro, desapareció, sin más ni más. Y dije:

—Este hombre está vacilando, y ¿por dónde se fue?

Lo extraño, y las emociones fuertes siempre han sido de mi gusto. Lo extraño, para que lo descifre y quede satisfecho. Y fui a averiguar. Me subí al tinaco, hasta mero arriba, al jardincito y a los baños. Aquí siempre han circulado rumores de que espantan. Si fuera supersticioso, ya estaría muerto. Al pasar por los baños, se oyó un ruido tremendo, como si se rompiera algo. Y me empezó a entrar miedo, así que, entré volando a la casa. Toqué, y desde dentro me dijeron:

—¿Quién?

Y dije:

—Yo, papá.

Mi papá inmediatamente me abrió y me dijo:

—Ya llegaste, hijo; ándale, pásale.

Muy solícito. ¡Y yo, imaginándome que me iba a recibir con un cuero en la mano y darme una que hiciera época! Me dijo:

—¿Ya cenaste?

Le dije que no. Entonces no teníamos estufa, teníamos brasero. Todavía no lo tapaban, y él mismo agarró y prendió la lumbre, calentó el café y me dio frijoles. Y me dijo:

—Come, y cuando acabes, apaga.

Y se metió a acostar. Como sé que se va temprano, y que tiene un sueño muy ligero, apagué la luz, y a oscuras estuve cenando. Luego me metí y me acosté... Y no me dijo nada, ni me pegó, ni nada.

Al día siguiente, antes de irse, me puso una regañada buena. ¡Bien merecida la tenía! Luego encontré a Señor San Antonio de cabeza y enredado con mi camisa. Elena lo sacó, lo puso de pie, y dijo:

—Bueno, Señor San Antonio, ya nos lo devolviste; tú vuélvete a tu lugar.

En realidad no sé si soy católico, o no, pues no me gusta hablar mucho de religión. Esa vez me dio risa que hubieran hecho eso, y a la vez me dije: «Tendrá un significado muy grande...».

Esa tarde se soltó la tormenta que había esperado en la madrugada. ¡Ese día me la dieron buena! Y de allí siguieron los días comunes y corrientes, ordinarios, aquí en la vecindad. Me atormentaban mis amigos con que les platicara mi aventura, me sentía muy ancho porque ellos solo conocían Chapultepec. Me sentía muy ufano de platicarles de eso de no tener dinero, ni dónde dormir ni comer.

También les había contado a mis amigos que había tenido mujeres por allá, esto y l'otro, pero mentiras... Ellos decían —unos más chicos que yo— que «qué buena estaba fulana de tal», y que le había hecho esto, y l'otro... Y me quitaban. Entonces por no quedarme atrás les decía que yo también en Veracruz tenía «buenos forros», como decíamos.

Una vez, estando trabajando en el baño, llegó por ahí la esposa de un sastre que yo conocía, con un señor que se dedicaba a hacer el juego de la bolita —un estafador— y pidió una tina individual. Allí mismo le habló él sobre... bueno, sobre lo que le habló. Y ella dijo:

—No, cómo es posible, si se entera mi marido, me mata.

Y él dice:

—Bueno, pero usted no se lo va a decir.

Todo este diálogo lo oímos yo y otros bañeros. Total, que la convenció, y se metieron a la tina número uno. Por arriba se subió uno de los bañeros, una persona mayor. Luego, después de un rato, bajó y dice:

—¡Hijo, qué bárbaro, la ha puesto de varias posturas!

Entonces yo me subí también, y vi cuando estaban haciendo la cosa sexual, y eso me excitó mucho. Y pasé todo el día con este pensamiento: «¿cómo se le hará, qué se sentirá, o qué?».

Pues les platiqué de esto a los muchachos, y decidimos ir a la calle de Tintero esa noche. Lo deseaba yo, pero no me gustaba mucho la idea de meterme con una mujer, y menos de ahí, donde podía uno enfermarse.

—Sí, hombre, vente —dicen—. Total un palito que te eches, para que sientas y te vuelvas hombre.

Dije:

—¡Ah!, entonces hay que hacer eso para ser hombre. Pues entonces tengo que hacerlo.

La mujer que me tocó dice:

—Vente p'acá, chavalito, no tengas miedo.

Yo tenía ganas de salirme del cuarto, pero ella dice:

—Ándale, súbete, ¿o es la primera vez que vienes?

—Sí, señora, yo ya mejor me voy.

—No tengas miedo, vas a ver qué bonito se siente...

Y que me agarra de la mano, y empezamos a hacer... lo que hicimos. Sí me gustó. Después seguí yendo por mi propia voluntad —pocas veces— pero seguí yendo.

Trabajaba yo en los baños. Mi trabajo consistía en cuidar los casilleros, atender a los clientes. Y para ganar unos centavos más, les limpiaba el jabón, les secaba sus zacates, les envolvía el rastrillo, y de vez en cuando les ofrecía una enjabonada, o una tallada o masaje. Pero entonces el otro muchacho que trabajaba conmigo empezó a disgustarse porque nos pagaban poco y nos hacían trabajar mucho —2.50 por turno— así que nos sacamos unos 50 pesos de la alcancía, de la caja del patrón. Él me acusó con mi papá, y mi padre me regañó y me pegó.

Luego Miguel, un amigo mío, me preguntó si yo quería trabajar en un taller de vidrio. Pues entré, y me pusieron a hacer lo más fácil, a 2 pesos 50 a la semana. Ya después aprendí el oficio. Entonces salí de ahí para otro taller, el de José Pinto. Ahora este hombre tiene un buen taller, casa propia, dinero en el banco, coche... Él supo aprovechar su trabajo. Pagaban por pieza, así que me salía mi semana en 30, 35 pesos.

Todo ese dinero se lo daba yo a mi papá, entero y con mucho gusto y orgullo. Y mi padre le decía a mi hermano:

—Aprende, Manuel, a Roberto, que es el más chico y les pone el ejemplo. No es que yo necesite el dinero, ni mucho menos, sino que se ve la acción. Él me entrega todo lo que gana, ¿y tú?

Claro que yo al oír eso me sentía halagado. Mi papá me daba para los camiones, y 1 peso diario para mis gastos. No bebía ni fumaba entonces, y me gustaba mucho trabajar. Toda la vida me ha gustado trabajar, y trabajando no me gusta platicar; nada más me encierro, y lo demás no me importa.

Después de seis meses ya no me dieron ganas de trabajar en el vidrio. Mi tío Alfredo me llevó a una panadería para enseñarme de panadero. Pero no sé, nunca me ha gustado eso de la panadería; no ha sido más que por comer pan caliente, saliendo del horno. Mi primo Tomás, el hijo de mi tía Catarina, era yesero, y me llevó a trabajar con él. Me gustó trabajar ahí porque andábamos en las alturas, en los andamios. Siempre me ha gustado eso —andar en los árboles, en las azoteas, en lo más alto que se pueda—. Pero hubo una vez una placa de estaño del maestro fontanero de la obra. Me llamó la atención por grande, brillosa y pesada. Y no sé cómo me las ingenié, y me la saqué. Pero alguien se dio cuenta... Volví al vidrio, pero esa vez no me fue tan bien. Casi nunca nos pagaban los sábados, porque al patrón nunca le alcanzaba para pagarnos. Se lo gastaba todo en bebida, y el sábado teníamos que andarlo siguiendo hasta la cantina; y al fin de cuentas ni nos pagaba.

Para cuando tenía trece años ya había sido estibador, cuidador en los baños, vidriero, panadero, yesero. Luego, barnizador en una mueblería. El maestro me hacía trabajar —el trabajo de él y el mío—. Él descansadamente ganaba su sueldo, y a mí no me pagaba. Tenía que correr detrás de él, buscarlo entre los muebles, aun seguirlo a su casa, y preguntar a su mamá, ¡y la señora decir que no estaba! Y luego ni me pagaban el importe de las tres semanas que me debía.

Me decepcioné mucho y me fui. No volví a buscar trabajo y solo andaba de vago.

Una vez estaba en el jardín con los muchachos, platicándoles. Después de tanto tiempo seguía platicándoles de mis aventuras. Me emocioné, a tal grado —porque les platicaba de Veracruz, y de que en la orilla de la carretera había mucha fruta— que me dieron ganas de volver, y sin más vine a mi casa, agarré una bolsita de papel, un pantalón y una playera; así me fui. El dinero en mi bolsa no llegaba a 20 centavos. Fue así como me puse en camino.

Conocí Veracruz bien a bien. Con la experiencia de la primera vez, ya más o menos sabía el modo de procurarme de comer. No recuerdo muchas cosas en particular, excepto que me tocó ver un huracán. Me gustaba cómo me aventaba el aire, y a la vez me espantaba, más cuando vi las palmeras cargadas de cocos que con el aire besaban el pavimento. Vi el mar enfurecido cómo arrastró gran parte del muro, a la entrada de la bocana, barrerlo como si fuera un papelito.

No conocí a los familiares de mi papá, los que están en Córdoba. Hasta después de un tiempo mi primo David se comunicó con mi papá por medio de una revista, el *Pepín.*

Mi papá siempre acostumbraba comprar revistas de muñequitos para Consuelo y para los demás. ¡Qué de pleitos y carreras cuando lo veíamos llegar con los monitos! Consuelo y Marta siempre tenían preferencia; los leían primero. No sé quién vio el anuncio, pero alguien se lo enseñó a mi papá. Mi papá nunca había hablado de su familia, pero esta vez se sentó y escribió una carta. Era una cosa rarísima en él, y para nosotros nueva, verlo escribir una carta.

Recuerdo la llegada de David muy bien, porque yo llevé a mi papá a la terminal de los camiones. Una mañana muy temprano, como a las cinco, mi papá dijo:

—Roberto...

—Mande, papá —contesté.

—Vamos a ver si tú, que has andado por ahí de vago, sabes dónde llegan los camiones que vienen de Córdoba.

Así que lo llevé. Conocimos a nuestro primo por la flor que traía en la solapa. Era grande, un gigante, y cuando daba la mano ¡qué apretones daba! Tomamos un taxi para la casa y pasamos todo el día platicando con él. Nos contó del pueblo donde vivía, y su mamá —Olivia— que se había casado con el hermano de mi papá, que ya había fallecido. Vivía ahora con su segundo esposo, que era un campesino.

David vivía con nosotros y mi papá le consiguió un trabajo de velador en el restorán La Gloria. David siempre se portó bien y todos lo queríamos. Después que Elena murió, él me platicó algo. Me lo dijo en secreto; no creo que Manuel o mis hermanas lo sepan. David estaba un día acostado en la cama, y Elena se le sentó en las piernas. Él saltó como impulsado por un resorte y le dijo:

—No, Elena, yo seré muy pobre y muy indio, pero hasta ahí nomás. Usted es la mujer de mi tío y debemos respetarnos; así que por favor pórtese de otra manera.

Elena estuvo enojada con él después de eso. ¡Ah, qué coraje me dio! Si me lo hubiera contado cuando Elena vivía, quién sabe cómo le hubiera ido. ¡Caray!, las mujeres son las peores calaveras, sin duda.

David se regresó a Córdoba con un pretexto, pero luego volvió con su mamá. Me llevaron a Córdoba con ellos. Me gustó mucho. Me quedé como un mes y ya no me quería ir. No tenía las comodidades que nos daba mi papá, pero me sentía sano y feliz. Prefiero la vida del campo. Es más pacífica y sin ruidos y se puede respirar tranquilamente. Se le ve a la gente la honradez hasta por los codos. Son gente diferente, más honrada y cabal; de diferente modo de ser. Aquí en la ciudad hay que estar alerta contra todo mundo y esperar todo de todos.

Quería ser ranchero y aprendí el trabajo cuando estuve allí. El esposo de Olivia me enseñó de todo, arar, surcar, voltear, terrar, cultivar, sembrar, pizcar, todo. Me daba unas clasecitas en el campo y así aprendí a plantar caña, maíz, frijol y arroz. Me fue útil después, porque cuando estuve viajando trabajé en los campos. Hay lugares de la República donde no hay otro medio de vida. Iba a trabajar en lugares de igual vegetación que Córdoba, o Veracruz, porque me gustaba. La tercera y cuarta vez que me fui de la casa fui derechito para Córdoba.

Como a la cuarta o quinta salida de la casa, las veces siguientes que me fui, me iba, no porque me gustara ir por allá, sino porque mi papá me corría mucho de la casa; con razón, porque no le ayudaba en nada. Ni siquiera me portaba bien para merecer estar en la casa, así que cada rato me mandaba al pueblo. Y como Elena le ayudaba a echarle lumbre al cazo, me regañaba y me pegaba. Siempre me ha dolido más un regaño que una paliza. Prefiero una paliza bien dada a un regaño pequeño; me duele más que me diga una palabra dura mi papá a que me pegue. Físicamente me duele más cada golpe, y moralmente me duele más que me diga que soy un vago, que no sirvo para nada, que soy un puerco, que solo sirvo para darle dolores de cabeza, para ponerlo en vergüenza, que no era una persona decente... prefería que me diera de palos.

Travesura que hacía Roberto, travesura que resentían mis otros hermanos, porque mi papá a todos nos regañaba. A cada rato me sonaba. Se ponía de mal humor y ni las moscas volaban, y ni quien se le acercara. Hasta que Elena falleció no descansé de los regaños y tundas que mi papá me dio por su causa.

Estuve al pie de la cama de Elena cuando murió, y su mirada todavía la traigo en mi mente. No sé si me estaría maldiciendo o me estaría perdonando... nunca jamás lo supe. Ella tenía los ojos ya vidriosos y se me quedó mirando... Yo en el interior de mi pensamiento le estaba pidiendo perdón por lo que le había hecho, por lo que la había ofendido. Pedía que Dios la perdonara, y que la recogiera pronto, o que la aliviara. Siempre he pedido eso cuando alguien está enfermo. Ella se me quedó viendo con una mirada profunda que me impresionó muchísimo. Nunca se me va a olvidar esa mirada. Luego nomás movió los brazos, y murió.

Mi padre sentía morirse en esos momentos. Todo mundo se consternó, todo mundo se puso en movimiento. Parece que me dijeron, o yo por iniciativa propia, saqué unas cobijas y una almohada para el 64, para hacer lugar para tenderla. Ahí por donde está el tinaco, la bomba del agua, casi me desmayé, y los muchachos me sostuvieron para que no me cayera.

No sé por qué, pero algo me asustó esa vez. Vi que mi papá se me quedó mirando, con una mirada acusadora, como diciendo que había tenido la culpa. Siempre dijo que nosotros habíamos sido los culpables de la enfermedad de Elena, especialmente yo, porque la hice desatinar más.

Cuando todavía vivía Elena, pero estaba muy enferma, fue cuando supe de mi media hermana, Antonia. Un día de tantos, llegó mi papá muy temprano, cosa que nos extrañó, porque nunca lo hizo antes. Nos llamó a Manuel y a mí:

—Vengan para acá.

Fuimos, y entonces sacó una foto.

—Ésta es su hermana.

—¡Ay Dios, cómo que es nuestra hermana!

Esto lo dije yo para mis adentros. Y la vi muy bonita, peinada con trenzas. Y dije:

—Cómo va a ser mi hermana, si ya se ve grande.

—Esta muchacha, necesitamos encontrarla.

—Está bien, papá.

—Dondequiera que la vean, tráiganla.

Es la consigna que mi padre nos dio. Bueno, pasó el tiempo, y mi papá solicitó los servicios de agentes confidenciales, los que localizaron a Antonia.

Se había fugado de la casa de su mamá. Por cierto, Antonia es otra alhajita de los mismos quilates que yo. Una noche dice mi papá:

—Roberto, no te acuestes, quédate aquí, ahorita vengo. Voy a traer a tu hermana.

Entonces me dije yo: «¡Ah, voy a conocer a mi hermana!, pero, ¿cómo es posible que nunca haya vivido con nosotros?». Bueno, me hacía cruces, ¿verdad? Consuelo y Marta estaban dormidas, Manuel estaba ausente, así que nada más era yo el que estaba cuidando la casa y a mis hermanas. Yo, con la tentación, ni sueño tenía, por la curiosidad de conocer a aquella hermana.

Llegó a medianoche mi papá con ella. Desde el patio venía llorando la muchacha; llora y llora, muy desconsolada. No le vi bien la cara. Toda la noche me quedé con la tentación de ver cómo era ella y sobre todo oírla hablar; a ver qué voz tenía, si era agradable o no. Toda la noche estuvo llora y llora, acostada en la cama de mis hermanas.

Al otro día se fue mi papá al trabajo e inmediatamente mi hermano Manuel y yo la acosamos a preguntas. Resultó que ella y su mamá, Lupita, vivían en las calles de Rosario, que no dista más que una cuadra de la escuela donde estudiábamos. Recuerdo que alguna vez la vi y me gustó, sin saber que era mi hermana.

Mi papá tuvo otra hija con Lupita, María Elena, que era también mi media hermana. Nunca llegué a conocerla bien, ni sentí mucho cariño por ella, pero tenía un carácter fuerte y noble y era muy religiosa. Y cuidado con insinuarle alguna cosa, ¡no! Y yo siempre la traté con un respeto muy especial.

Lupita tenía otras dos hijas, Élida e Isabel, que eran medio hermanas de Antonia. Las respetaba, pero siempre me parecieron secas y agrias.

Desde entonces me empezó a gustar... para serle franco, fue el gran amor de mi vida. Antes tuve novias, pero de las tres la única que siempre me gustó y me siguió gustando fue Rufelia, que vivía en la misma vecindad, pero en otro patio. Pero Rufelia era de piel clara y superior a mí, y nunca me le declaré. La quería pero desde lejos. Mi primera novia, una chaparrita y guapa, me salió cero, me jugó mal. Me gustaba, pero me daba vergüenza hasta pedirle un beso. Una vez la besé, pero que pego la carrera para mi casa, porque me dio mucha vergüenza. Fuimos novios unos cuantos meses, pero resultó que ya estaba «bolita», se metió con un calavera y ahí fue el fin de nuestro noviazgo.

Mi otra novia estaba de sirvienta con un vecino de nosotros. Yo le gusté mucho a ella; es más, me mandaba citar con mis hermanas y me pidió que si quería ser su novio. Pero eso no se le puede nombrar noviazgos, pues eran cosas de pequeños. El gran amor de mi vida y mi sufrimiento fue mi media hermana, Antonia.

Teníamos más o menos la misma edad, trece o catorce años. Yo no le dije nada; nada más veía, observaba y callaba. Ella hacía las camas, barría, hacía el café, servía el desayuno; y claro, ¡mi hermano y yo con aquel gusto de tener una nueva hermana! Y mis hermanas también. Y era Antonia por aquí, y Tonia por allá. Desde un principio ella se sentaba a la mesa y era mi obligación sentarme al lado de ella a tomar los alimentos, pues ella me daba esta preferencia. Por cierto, varias veces mis hermanas llegaron a sentarse en mi lugar y yo me disgusté con ellas.

Entre más días pasaban más me gustaba ella. Mas en todos los años que vivió al lado de nosotros jamás le hablé ni le insinué nada de mis sentimientos hacia ella no como hermano. Ella, sin querer, creo yo, y estoy convencido de ello, hacía que aquel sentimiento que sentía yo por ella, día a día, creciera más y más.

Me iba a trabajar en un taller de vidrio. Entraba a las nueve de la mañana y salía a las seis, pero el camión hacía una hora, así que llegaba a las siete, o siete y media. Todos cenaban, menos Antonia; siempre me esperaba. Siempre me han gustado los frijoles refritos, y ella lo vio desde un principio, así es que yo llegaba y me decía:

—¿Vas a cenar, Roberto? ¿Quieres frijoles chinitos?

Pues los dos nos sentábamos a comer de un solo plato.

Antonia dormía con Consuelo y Marta, y mi papá en su cama. Mi hermano Manuel y yo en el suelo, fuera, en la azotehuela, aunque también algunas veces dormíamos en la pieza. Por la mañana me levantaba antes que mi papá se fuera y le calentaba su té de naranjo, y le daba su pancito; luego se iba a su trabajo. Luego iba yo al cuarto a prender la veladora para la Virgen. Antonia se despertaba y me decía:

—¡Ay, qué lata estás dando!

—¡Vamos, párense, flojos... ya es tarde! —les decía yo.

Consuelo ni contestaba. Como de costumbre, Manuel estaba perdido de sueño. Antonia y yo éramos los únicos que hablábamos. Muchas veces me decía:

—No te vayas, acuéstate aquí otro ratito y déjame dormir.

Y me hacía un lugar en la cama. Se hacía a un lado, y yo me acostaba en la orilla de la cama, ella tapada con su cobija, y yo con la mía. Se me acercaba y se dormía acurrucada contra mis costillas o mi espalda.

Me molesta hablar de estas cosas... pero bueno, nunca fue mi pensamiento malo para ella, ¡nunca! Me gustaba muchísimo que me dijera que me acostara. Me podía yo haber acostado en cualquier otro lado, pero ella me hacía un lugar. Me sentía como en la gloria... tener a alguien a quien no debía querer tan cerca. Y así pasó y fue por eso por lo que algunas veces pensé quitarme la vida.

Con esas demostraciones de afecto, de cariño de hermanos, fue creciendo día a día mi amor por ella. Tanto como quererla, no, la idolatré, y por muchos años sufrí. Desde que llegó empezó mi calvario. Yo comprendía que no era una cosa lógica, no era una cosa razonable que yo tuviera aquel sentimiento hacia ella; aunque era una cosa involuntaria, sinceramente, y no lo podía evitar. Yo no debía hablarle por la sencilla razón que era mi media hermana y llevaba mi misma sangre. Mi padre y mis hermanos nunca se dieron cuenta de mi sufrimiento; al menos así creo.

Hasta sucedió que traté de evitarle novios y con doble razón. Yo no quería que ella mirase absolutamente a nadie, yo quería que nada más me mirara a mí. Y sufría mucho por esto, porque a ella le gustaban los muchachos.

Así es qué por ella empecé a salir muy seguido de mi casa. Puedo decir que fue una de las causas principales que me obligaron a andar vagando, a andar aventurando. Cuando sentía que ya no me aguantaba, agarraba, sin más dinero y sin más cosas que las que tenía encima —muchas veces con 5 vil centavos en la bolsa y otras tantas sin nada— y me iba.

No hay un solo Estado en la República en que yo no haya puesto el pie. Y me he ido a la frontera dos ocasiones... espalda mojada a los catorce años. Me siento como si hubiera dado la vuelta al mundo. Me iba con la intención de no volver, o por lo menos estar el tiempo suficiente como para olvidar. La cuestión era salir para no decirle nada. No quería tener tan cerca esa tentación.

Cuando Antonia estuvo enferma, desde un principio me di cuenta de que algo andaba mal, mas nunca supe quién fue el canalla que la embarazó. Nunca jamás he sabido y siempre me ha fastidiado eso. Yolanda, nuestra vecina, quiso hacerme pelear con mi mejor amigo, Ruperto, diciéndome que él había sido. Él me dijo que jamás había sido novio de ella, cuando yo le reclamé. Y desde entonces tengo esa duda, porque metieron esa espina en mi corazón.

Fue Luz, la esposa de Fulgencio, el agente secreto, la que la hizo abortar. Hasta este detalle, estuve en la casa en el momento en que pasó. Lo supe porque sacaron unos trapos todos ensangrentados en una bolsa. Después Antonia estuvo enferma, le daban unos ataques muy feos. Empezaba a rascar las sábanas, a rasguñarlas, a tirarse del pelo, y se mordía. La deteníamos —de los pies y de las manos— para que no se mordiera, porque se mordía a conciencia, no nada más así. Entonces tiraba patadas, manazos y mordidas y ¡ay de aquel que la tocara, porque le bajaba las correas! Es más, hasta le puso la mano encima a mi papá. A mí también me puso, no la mano, sino los pies; me dio un par de patadas en el pecho que me mandó para allá. Pero es que tenía aquel acceso de locura en que no conocía absolutamente a nadie.

Luego la mandaron a un sanatorio para su tratamiento. Y ya no la vi. Sufría mucho en esos días, y más adelante también; porque veía a otros muchachos que tenían sus novias, y las abrazaban, y las besaban, y platicaban con ellas. Y yo... a veces me pregunto por qué tuve que irme a enamorar de mi hermana.

Luego me fui al ejército, primero porque quería ser soldado, pero sobre todo porque ya era imposible mi casa para mí.

# Consuelo

Durante toda mi infancia solo tuve amargura y una sensación de aislamiento. Perdimos a nuestra madre cuando todos estábamos pequeños. Manuel apenas contaba ocho años, Roberto seis, yo cuatro y mi hermana Marta dos. De ese tiempo casi no recuerdo nada. Cuando murió mi mamá solo recuerdo verla tendida, su cuerpo cubierto con una sábana y su cara descubierta, muy seria. Alguien nos subió para que la besáramos. Después volvieron a cubrirla. Y... eso fue todo.

Me sentía sola, en parte por haber perdido a mi madre y en parte por la hostilidad de mis hermanos para conmigo. Nunca estuve cerca de ninguno de ellos como ellos tres estaban uno del otro. Ellos siempre se convidaban el dulce o los juguetes, en cambio yo tenía que pedirles las cosas. Manuel defendía a Roberto de los otros chiquillos en la escuela. Cuando Roberto no sabía algo preguntaba a Manuel y éste, aunque le daba sus cocos, le decía.

Tan solo por alzarle la voz a Marta era golpeada por mis hermanos, sobre todo por Roberto. Me dolía el cuerpo al recibir estos golpes tan despiadados, sí, pero este dolor no era comparable al dolor tan intenso, tan agudo que experimentaba al ver el odio que me tenían. Cuando vivía mi madrastra Elena, ella me defendía, aunque también a ella la hacían llorar. La queja era dada a mi padre por ella o por mí y mi padre los castigaba duro. Pero al otro día era yo la castigada por mis hermanos.

Cuando era hostilizada por mis hermanos no les tenía miedo en verdad, sino un sentimiento muy hondo que desahogaba llorando, cuando no me veían, en el rincón que formaban la cama y el ropero. Ahí me sentaba a llorar, llorar hasta cansarme, o hasta que la Chata —que nos servía en la casa— llegaba de la plaza. Ella me consolaba y me decía «hija». Esto me disgustaba, pero no me atrevía a protestar.

En muy pocas ocasiones me sentí feliz porque mis hermanos me contaban un cuento, o me describían un Nacimiento, o me regalaban algo. Por lo general Roberto, porque Manuel nunca nos daba nada, por eso se distinguió. De vez en cuando nos compraba tepache, que es como una limonada hecha con cáscaras de piña, un poco de vinagre, azúcar, agua y hielo, para beber durante la comida. Manuel era el encargado de corregirnos en la mesa, de cuidar el orden cuando nos servían la comida, lo que resultaba molesto para nosotros porque él siempre trataba de demostrar que era el hermano mayor.

Manuel llegaba a la hora de la comida. Entraba y empezaba a darnos órdenes con su voz de sargento:

—¡Flaca, ve a llamar a la Gorda!

Pero Marta obedecía raras veces, otras era necesario llevarla a la fuerza jalándola de los brazos o los cabellos. Entonces se dirigía a la mesa de mal humor y se dejaba caer en el cajón que le servía de silla. Yo le decía:

—¡Lávate las manos...! ¡Vete a lavar, cochina!

—Oh, ¡qué te importa! Maldita Flaca, siempre te estás metiendo en lo que no te importa.

—Cállese. No sea hocicona. Váyase a lavar —le decía Manuel.

—¡Ay, sí, mucho miedo! No me callo y cállame si puedes. ¡Maldito Chino!

Manuel entonces empezaba a desabrocharse el cinturón para pegarle. Marta se levantaba y rápidamente iba al lavadero, metía las manos en la bandeja de peltre blanco, las sacaba rápido, se limpiaba en el vestido y volvía a dejarse caer sobre la silla haciéndole gestos a Manuel.

Entonces Manuel me mandaba a comprar tepache.

—Yo no, ¡qué! ¡Siempre he de ser yo! ¡Chihuahua, qué bien has de estar molestando! Parece que no puedes ir tú. Necesitas criados. ¡A poco eres un rey! No lo dejan a uno ni comer —pero tenía que ir.

Roberto por lo general llegaba corriendo cuando ya estábamos comiendo. Si alguien lo venía correteando —el portero, los vecinos— entraba por la azotea gritándole insultos al que lo venía persiguiendo. Luego decía:

—¿Ya comieron... ya comieron? ¿Qué hay para mí?

Y la Chata, o Santitos, o quien nos estuviera sirviendo, le daba su plato. Empezaba a comer. Luego tomaba el tepache llevándose el jarro a la boca y daba un largo trago sin molestarse en servirse en su vaso. Esto enfurecía a Manuel.

—¡Cabrón, tan cochino! No puede tragar como la gente... siempre ha de estar con sus cochinadas. Roberto sonríe.

—¡Qué! ¡Vaya! Cada quien traga como puede, ¿no?

Luego empieza a comer sus tostadas, pero no puede realmente saborearlas. Al primer pedazo que se echa a la boca, empieza a sonar. Manuel, al escuchar el primer sonido de boca de Roberto, le arrojaba la tortilla o la cuchara y empezaba el pleito. Así era a la hora de la comida... Manuel regañando y pegando y nosotros defendiéndonos. Por lo general las comidas terminaban con Roberto que se paraba y se iba a acabar de comer a la cocina, Marta que se salía llorando sin acabar, yo me quedaba sentada y callaba por miedo de que me pegara y solo nuestro hermano mayor gozaba de la comida.

Esto era cuando estábamos solos, porque los miércoles que descansaba mi padre no había quien hablara una palabra durante la comida. Al primero que oía alegar lo mandaba a comer a la cocina. Casi siempre fueron los dos hombres. A Marta y a mí solo nos decía:

—Cállate la boca.

—Enséñate a comer.

—¿Qué es eso? ¿Está comiendo un animal, o qué?

Al mismo tiempo que volteaba a vernos con una mirada fría, que al menos a mí, me hacía sentir temor.

Los miércoles era cuando yo me desquitaba de todo lo que me hacían en la semana. Sabía que a mis hermanos les molestaba en sumo grado salir a hacer mandados. Le decía a mi padre:

—Tengo ganas de chocolate, o de un huevo frito, o de una torta para llevar a la escuela.

Inmediatamente mi padre mandaba a Manuel o a Roberto a la tienda a comprar lo que yo quería: la tablilla para hacer el chocolate y, si era blanquillo, después de haberlo traído, ellos lo tenían que freír para yo comerlo. Por las noches era lo mismo. Esperaba que mis hermanos estuvieran en casa para molestar.

—Papá, quiero unos taquitos.

—Papá, ¿me compras unas quesadillas?

—Papá, quiero una limonada.

En mi interior me sentía feliz al ver las caras de Manuel o Roberto, rojas de coraje. Era cuando aprovechaba para acusarlos.

—Míralo, papá, dice que no va... Te está alzando los hombros... Me está viendo feo.

Éstas eran mis palabras mentirosas para hacer castigar a mis hermanos.

Al otro día, recordando lo que había sucedido la noche anterior, empezaban los golpes de mis hermanos. Yo no me dejaba y empezaba la pelea. Terminaba yo morada del cuerpo y sangrando de la nariz o de la boca. Mi hermano yo creo en esos momentos se figuraba pelear contra otro hombre, porque ya una vez en el suelo me daba de patadas, o me obligaba a meterme bajo la cama. Casi siempre pedía auxilio a la señora Yolanda, una vecina, o acudía llorando al señor Fulgencio, un agente de la policía que vivía en el número 68 con su esposa, y pedirle que castigara a Roberto.

Siempre he sido la enfermiza de la familia y el sobrenombre de Flaca por eso lo detesto. Mi padre se preocupaba mucho por mi salud, porque continuamente tenía yo catarro o me daba infección intestinal. Una ocasión perdí todo un año en la escuela por enfermedad. Mi padre me llevaba con un doctor homeópata que me recetaba chochitos para tomar cada media hora. Su remedio favorito era lavados de hoja sen y mi papá me los aplicaba. Pasaba mucho tiempo en cama, sola, porque nadie me visitaba. Sabían mis amiguitos que a mi papá no le gustaba ver a nadie en su casa y mis hermanos jugaban afuera todo el día.

Mi padre nos había enseñado a callar la boca. Nunca debíamos contestar a nadie ni una sola palabra si éramos regañados o nos hacían observaciones sobre nuestra conducta. Siempre, siempre lo que hacían los mayores estaba bien hecho. «A la gente grande se le respeta», eran las palabras que recibía yo al intentar contestar a la Chata o quejarme de mi escuela.

A mi padre sí que le tenía respeto, pero también temor y mucho cariño. Recuerdo que como niña me decían:

—Ahí viene tu papá —y era suficiente para ponerme a temblar y sentir cómo latía mi corazón con fuerza.

En Bella Vista casi nunca nos dejaba salir al patio y ésas eran las órdenes que daba a la Chata. Así que cuando salíamos Marta y yo, sentía yo miedo, se me figuraba que no podría regresar a mi casa antes que llegara mi papá. Nuestros compañeritos de juego ya sabían las órdenes de mi papá y en cuanto veían aparecer a mi padre en el zaguán nos gritaban advirtiéndonos:

—Ahí viene tu papá.

Los metros que estaba yo alejada de la casa se me figuraban kilómetros interminables.

Si nos sorprendía mi padre en el patio, nos daba un empujón en la nuca y nos decía:

—¿Dónde las dejé? ¡Zas! Vamos, para la casa. No tienen a qué salir, tienen todo en la casa.

Este regaño también alcanzaba a la persona bajo quien estábamos en cuidado. Cuando la regañaba con:

—¿Por qué andan las niñas afuera, señora? ¿Para qué está usted? La dejo para que cuide. Si algo les pasa, ¿quién es la responsable?

La Chata solo decía:

—Ay, señor... pues se salen, no me obedecen.

Entonces mi padre se arreglaba con nosotros.

Pero no recuerdo que nos haya pegado al igual que a mis hermanos cuando alguno daba queja de ellos. Les pegaba —y esto me asustaba mucho— con el cable de la luz o con una especie de fuete de correa suelta en la punta. Al otro día veía yo cómo se les alzaba la carne y se les ponía morada. Gracias a Dios nunca recibí una golpiza igual a las de mis hermanos.

Cuando mi padre llegaba de su trabajo en el restorán se lavaba sus pies, se cambiaba los calcetines y se sentaba a leer su periódico. Yo observaba lo que él leía pero no me atrevía a preguntarle. A mi padre no le gustaba que le interrumpiéramos su lectura. Si hacíamos ruido, con un movimiento nervioso de la mano y un fuerte «¡Ssshhh! ¡A callar!» era suficiente para que no se oyera ya ni el ruido de una mosca. La única que interrumpía a mi papá era Marta, a quien cargaba en sus rodillas o sentaba en la mesa para dejarla jugar con su cigarro que siempre acostumbraba tener en los labios sin encender, darle su quinto y bajarla para que saliera a jugar.

Cuando llegaba de buen humor mi papá, se sentaba en la cocina en una silla chiquita y nos espulgaba, nos peinaba o nos abrochaba los zapatos. Cuando mi papá me atendía en esta forma era un gusto inmenso el que sentía yo, pues lo más usual era que estuviera con un gesto duro en la cara, el cigarro en la boca sin encender, la mano en la frente y moviendo los pies por debajo de la mesa a un ritmo acelerado. Esto me retenía de ir a buscar sus caricias, sus mimos, máxime cuando trataba de hablarle y antes de terminar la palabra «papá» era yo callada:

—Vete, vete a jugar por allá. No estés molestando. Qué latita, hombre, no lo dejan a uno leer en paz.

Pocas veces me acercaba a mi papá. Casi siempre prefería yo estar haciendo mis costuras, mi tarea, o jugar con mis trastecitos al pie de la puerta de la cocina. A mi hermana yo le aconsejaba:

—Pídele a mi papá para comprar dulces —o—: Dile que si no te da leche.

En ocasiones lograba mi hermana ser escuchada y ocasiones que también era callada. Entonces me dirigía a Elena o a la Chata para pedirles azúcar y comida para poder jugar.

Una de las cosas que recuerdo claramente es que cuando era chica nos cambiamos muchas veces de casa. Esto me disgustaba mucho porque mi papá no nos avisaba. Llegaba a la casa de su trabajo, ordenaba a mis hermanos que enro llaran los colchones con lo que hubiera encima de las camas, echábamos la ropa y los trastes en cajones y empezábamos a llevar las cosas y los muebles a la nueva casa. Si había algo en el brasero la persona que nos estaba sirviendo tenía que cargar las ollas calientes, los carbones encendidos, todo. Yo pensaba:

—Qué lata. Ir de aquí para allá, cambiarse de un lugar a otro.

Pero nunca protesté en voz alta. Tiempo después que mi mamá murió nos cambiamos a una vecindad en las calles de Cuba donde conocimos a Elena, la que después fue mi madrastra. Ella vivía con su esposo en una vivienda cerca de la nuestra. No tenía niños pero Marta y yo íbamos ahí porque nos dejaba jugar con unos patitos amarillos que tenía y que nos gustaban mucho. Un día mi padre invitó a Elena a cenar con nosotros. Esto era muy raro porque a mi papá no le gustaba recibir a gente extraña en la casa. Mis hermanos y yo solo observamos pero no preguntamos nada, únicamente nos sentamos a comer muy callados. Mi papá se portó muy amable con ella. Después ella se quedó a vivir con nosotros y ya.

De allí nos cambiamos a otra vecindad en las calles de Paraguay. Recuerdo que había muchos ratones en esa casa. Por las mañanas Roberto y Manuel los correteaban y los mataban con una escoba. Allí duramos poco tiempo porque a Elena le empezaron a dar vahídos y se sentaba con su espalda al Sol para recibir el calor. Mi papá pensó que nuestro cuarto era muy oscuro y húmedo para ella y entonces nos cambiamos a una vecindad de altos en las calles de Orlando. Esta casa es la única que me ha gustado. Hemos vivido en varias, pero ninguna me gustó tanto como ésta. Yo veía mi casa muy bonita. Me encantaba que tuviera ventanas. Teníamos muchas plantas y en el pequeño comedorcito había dos que mi papá cuidaba con esmero, dos Carolinas. Cuando él llegaba se sentaba en el comedor a leer, luego se paraba y con un trapo, a veces con su pañuelo, limpiaba las hojas y le decía a Elena que debía regarlas con agua de jabón. Me gustaba mucho el olor a tierra húmeda. Cuando mi padre, sobre unos periódicos en el suelo, vaciaba la tierra de los macetones y la limpiaba de lombrices, me gustaba meter la mano entre la tierra y sentir la humedad. Tan solo por un momento, porque mi papá me retiraba:

—Vete, vete de aquí. No te ensucies. Quítate.

Siempre estuvo Elena cuidando que no nos pasara nada, pero a pesar de su cuidado no fue posible evitar los incidentes que ocasionaron que cambiáramos de casa. Mi hermano Roberto iba a ser atropellado por un automóvil. Un camión de redilas me iba a aplastar a mí. Luego mi hermana Marta al andar jugando en la azotea trató de hacer equilibrio en la orilla, resbaló y cayó. Afortunadamente quedó atorada entre los mecates de la ropa y los cables de la luz. Cuando mi papá llegó y lo supo tuvo un fuerte disgusto con Elena y con mis hermanos y les pegó por no tener precaución y cuidar a la niña. Inmediatamente al otro día nos cambiamos a la famosa Bella Vista.

Esta nueva vecindad no me gustaba ni tantito. Extrañaba las escaleras y las ventanas. Los patios eran largos y angostos. Vivíamos en un solo cuarto, oscuro y casi siempre estaba encendida la luz. En Bella Vista nos cambiamos tres veces hasta que mi papá encontró un cuarto que lo dejó satisfecho. Era muy delicado y le preocupaba mucho la limpieza. Siempre que nos cambiábamos a un nuevo cuarto ponía a los muchachos a raspar las paredes y a lavar con escobeta, agua y jabón el piso. El cuarto número 64 —donde hasta la fecha vivimos— excuso el decir lo sucio, lo terriblemente sucio que estaba. Mi papá mandó pintar las paredes color de rosa, las puertas azules y el piso de madera amarillo congo. Luego mi padre se entusiasmó con la idea y mandó hacer un macetero que colocó entre el lavadero y la pared del water closet. Ahí se pusieron las plantas que tanto gustaban a Elena.

Cuando Elena vivió con nosotros nunca sentí que fuéramos pobres porque nuestro cuarto siempre se veía mejor que el de los vecinos. Estaba muy orgullosa de mi casa. Estaba limpia y tenía cortinas en la entrada. Las camas de latón lucían colchas amarillas y el ropero se veía brilloso. La mesa grande donde comíamos estaba cubierta con un mantel a cuadros formados por rayas verdes y amarillas y que también tenía sus servilletas que por cierto no sabíamos usar y las agarrábamos como pañuelo a pesar de los corajes de Elena y de mi padre. Para comer usábamos platos de barro y cazuelas y cucharas de madera, pero Elena tenía unos pocillos y platos blancos muy bonitos que guardaba para cuando había visita.

Nuestras cuatro sillas se colocaban pegadas a los pies de las camas. Había otra silla más chica, muy bajita, con el asiento de ixtle de colores que era la preferida de mi papá. En las tardes se sentaba en ella a leer su periódico. Desde que tengo memoria me acuerdo que teníamos un radio, RCA Victor, chiquito, y estaba sobre una repisa que mi papá mandó hacer especialmente. Bajo el ropero y a veces bajo la cama se guardaba la caja de herramientas de mi papá; cajones y huacales con revistas, zapatos, ropa vieja; el lavamanos grandote donde nos bañaban a Marta y a mí, la «cama» de los muchachos —costales— y cosas así por el estilo. Cuando mi papá acabó de pagar la mesa y el ropero, y hubo dinero, compró el chiffonier. Era de color vino, muy brilloso y tenía tres cajones grandes y dos chicos. La tarde que llegó mi padre acompañando al cargador que traía el mueble, qué contento estaba. Agarró un trapo y empezó a repasar su superficie para que brillara más. Elena observaba complacida y ella señaló el espacio en que quería que este mueble se colocara. Él la dejó que lo escogiera y al otro día llevó un jarrón para las flores que puso encima del mueble. Mi padre empezó a mandar flores del mercado, unas veces gladiolas, otras dalias y casi siempre rosas, y qué rosas tan lindas, tan guindas. Había un cuadro con la Virgen de Guadalupe y mi papá mandó hacer una repisa para ponerla debajo con su veladora. Después vino el tocador que le compró a Elena. Teníamos el cuarto lleno de muebles en ese tiempo. La cocina estaba en una azotehuela, como un patio chiquito sin techo. Cuando venía el tiempo de lluvias era muy molesto cocinar ahí. Mi padre no quería negar la entrada a la luz del Sol y al aire y mandó hacer un tejado cubriendo la mitad pero luego empezó a criar pájaros y entonces para que no se mojaran cubrió la otra mitad. La última cosa que hizo mi papá para mejorar la casa fue comprar cucharas de metal y unas pantallas de vidrio para los focos de la pieza y la cocina. Después Elena enfermó y ya mi padre no cuidó de la casa.

Mi papá llevó entonces a la Chata para que ayudara a Elena con el quehacer porque Elena estaba muy débil y no podía hacer trabajos pesados. La Chata hizo esta clase de trabajo en nuestra casa durante cinco años. Ella llegaba a la hora en que mi padre salía a trabajar, a las siete de la mañana, iba por la leche y encendía la lumbre de carbón. Mientras hervía la leche y el agua para el café, barría la cocina y lavaba los trastes del día anterior. Manuel y Roberto pedían su café y salían para la escuela. Marta y yo nos quedábamos acostadas hasta que el cuarto se calentaba o nos parábamos corriendo al guáter, temblando, sin zapatos y en fondo. Después de desayunar Elena agarraba su canasta y se iba a la plaza mientras la Chata tendía las camas y subía las sillas y la mesa volteada patas arriba sobre las camas mientras lavaba el piso. Si estaba de buenas me dejaba subir a la cama y ahí estaba yo entre sillas y mesa, bancos y papeles mirándola, pero por lo general corría a todos de la casa mientras hacía el aseo.

Comíamos a las tres de la tarde apretados alrededor de la mesa chiquita de la cocina. Después de comer nos íbamos al cine con Elena, nos gustara o no nos gustara. A ella le gustaba mucho el cine y casi iba todos los días. Le dejaba recado a mi papá a cuál cine íbamos y algunas veces él nos alcanzaba ahí. Cuando regresábamos ya estaba oscuro y mis hermanos y yo tomábamos café y pan y a dormir. Marta y yo dormíamos en una cama y mi papá y Elena en otra. Los muchachos sobre unos costales en el suelo. A las nueve la puerta se cerraba y la luz se apagaba.

Los sábados y domingos uno a uno nos íbamos levantando mucho después que mi padre se había ido a su trabajo. Manuel siempre fue el más flojo y era el último en levantarse. Su costumbre de dormir hasta muy tarde atrasaba el quehacer porque no se podía barrer con él acostado en el suelo y envuelto en la cobija de la cabeza a los pies. Cuando por fin se levantaba lo hacía con una pereza que desesperaba. Se enderezaba como si le costara mucho trabajo, con todas las greñas en la cara, los ojos llenos de chinguiñas y tallándose los ojos y bostezando con aquella pereza. Poco gustaba de la peluquería y pocas veces se lavaba las manos y menos la cara.

Una mañana Elena y Roberto idearon encenderle un cuete entre las cobijas. Todos desde la puerta mirábamos y esperábamos. Cuando explotó, Manuel se paró violentamente envuelto en la cobija. Todos reíamos pero él estaba muy asustado y enojado.

Los domingos Elena nos llevaba a Chapultepec o a Xochimilco o algún otro lugar. En otras ocasiones también nos llevaba a ver a mi abuelita y a mi tía Guadalupe. Roberto y Manuel nos echaban a Marta y a mí sobre sus hombros y así caminaban hasta la casa de mi abuelita. Mi abuelita hacía dulces que vendía en la calle y cuando íbamos nos daba eso o recortes de pastel, migajitas. Después que ella murió seguíamos yendo a ver a mi tía.

Pero estas visitas eran un secreto porque mi papá nos tenía prohibido visitar a los familiares por parte de mi madre y castigaba al que nos llevara allí. Él no quería a la familia de mi mamá porque tomaban mucho y lo habían criticado por casarse con Elena. Pero mi madrastra era muy buena y nunca le dijo que íbamos allí. Siempre estaba pendiente de que nada nos pasara.

No sé por qué pero siempre he preferido la compañía de mujeres ya grandes. Mientras mis hermanos y Marta jugaban afuera con sus palomillas yo me sentaba en el quicio de la puerta cosiendo y platicando con la Chata. Ella me decía que la señora Chucha que vivía en el 27 le había quitado a su marido. Que ella había sido muy feliz con él, que él había sido muy bueno con ella pero que se había metido con él la señora ésa hasta que se lo quitó. Yo casi nunca quería hacer amistad con nadie pero la Chata me animó a hacer migas con Candelaria, la hija de Chucha, para que yo le sirviera más o menos de «alcanfor». Siempre que iba a su casa cuando llegaba la Chata me hacía preguntas. Candelaria era muy fea pero me gustaba ir a su casa porque tenía una cuna azul en la que yo me acostaba y jugábamos que yo era la hija y ella la mamá. La Chata odiaba a la señora Chucha y se quejaba con mi padre de que cada que ella pasaba la señora del 27 la insultaba, sobre todo ya estando borracha.

Un día la Chata había salido por la leche cuando regresó violentamente y volvió a salir. Casi siempre le daba trabajo pasar por lo angosto de la puerta pero en esa ocasión entró y salió con mucha facilidad. Mi padre leía el periódico y Elena estaba sentada a su lado, yo estaba jugando con unos muebles de juguete que Elena me había comprado, Marta jugaba a las canicas en el suelo. De pronto empezamos a oír gritos.

Se asomó mi papá a la puerta y Marta y yo tratamos de hacer lo mismo pero nos lo impidió mi papá. Elena trepó a la escalera y desde ahí vio el pleito. Chucha y la Chata peleaban. Nosotros solo oíamos el rumor de la gente. Después de un rato mi papá entró con la Chata. Venía toda despeinada y respiraba muy agitada y le daba explicaciones a mi papá.

Por la noche, cuando ella se fue a su casa, Elena y mi padre reían comentando el pleito y decían lo chistosas que se veían las dos mujeres rodando por el suelo. Al otro día llegó la Chata como si nada. Candelaria dejó de hablarme y yo ya no me metí a su casa.

También hice muy buenas migas con la señora Amparo, una mujer de aspecto maternal y grandes senos que vivía en el número 28. Era muy buena ama de casa y me enseñaba a coser. Yo le ayudaba a cuidar a sus niños. Me pasaba días enteros en su casa y a veces me tenían que ir a llamar Marta o Roberto. Mi amistad con ella se terminó cuando me dijo que de su casa se le había perdido una navaja de rasurar y que Roberto había sido quien la había tomado. Mi papá le pegó muy fuerte a Roberto y tuvo que comprar una navaja nueva para el esposo de Amparo.

Roberto en esta época se mostraba muy reacio, muy rebelde con todo mundo. Nunca se había podido llevar bien con Elena y le daba mucho coraje que me acercara mucho a ella. Me decía:

—Escuincla mensa, ella no es nuestra mamá, es nomás una vieja. Déjela, barbera.

Insultaba a Elena en su cara y ella lo jalaba del pelo y le daba sus nalgadas. Cuando llegaba mi papá lo castigaba; recibía una golpiza diario. Con Manuel también se peleaba pero siempre salía llorando.

Roberto se escapaba de la casa. Desaparecía uno o dos días y nadie se preocupaba. Pero en una ocasión pasaron cinco días y no aparecía. Mi papá estaba muy preocupado. Alguien le aconsejó envolver a San Antonio con ropa de mi hermano y ponerlo de cabeza dentro del ropero bajo llave, y así decían que Roberto volvería antes de una semana. Mi papá lo hizo y Roberto regresó al séptimo día. Se había ido a Veracruz a buscar a la familia de mi papá. Se había ido sin dinero y sin otra ropa más que la puesta y lo único que sabía era que vivían cerca de una hacienda. Después, sus escapadas se hicieron costumbre. Recuerdo que la primera vez que fui a la escuela mi madrastra me llevó: Me dijo:

—Aquí te quedas. Luego vengo a traerte tu café.

Yo esperaba que regresara en poco tiempo. Pasado un rato vi que no llegaba y debí haber estado haciendo gestos, porque el maestro me acarició la barba y me dijo:

—No llores, nena. Mira, aquí tienes muchos amiguitos. Tu mamá al ratito viene.

La mañana cuando entré a segundo año de primaria hacía friecito y habíamos ido a formar cola para alcanzar inscripción. Casi todas las mamás esperaban y ya estaba yo alarmada de que Elena no estuviera ahí. Veía pasar a las niñas una por una y a las mamás acercarse para decir sus nombres. Elena llegó precisamente en el momento en que me preguntaban mi segundo apellido. Cuando vio que no sabía me dijo:

—Mira, te voy a poner como yo. ¿No te enojas?

Yo le contesté que no y así fue como quedé inscrita como Consuelo Sánchez Martínez. Cuando mis hermanos y mi tía lo supieron no fue regañada la que me dieron. Me dijeron que Elena no era mi mamá, que era yo una tonta, que me fuera con ella si tanto la quería...

En este grado sufrí el primer robo, motivo de burla para mis hermanos y de fastidio para mí. Una señora me engañó para que le dejara mi abrigo nuevo y mi mochila y luego desapareció con ellos. Desde ese día, bajo pena de recibir una paliza, uno de mis hermanos tenía la obligación de llevarme hasta la reja del colegio, donde me despedían con estas palabras:

—Si te habla una vieja y te dice «oyes, niña, ven», no le hagas caso, manita.

Nada más le decía a mi padre que Manuel o Roberto no me habían llevado al colegio y era suficiente para que los maltratara.

Qué importancia tan grande sentí yo cuando a mediados del año la señorita nos dijo que teníamos que ir aprendiendo a usar la tinta. Me llenaba todas las manos y manchaba el uniforme y recuerdo que entraba al zaguán con mis libros bajo el brazo y mis manos desocupadas para que me vieran los dedos manchados. Cada vez que nos ordenaban usar tinta pedía a mi padre nuevo manguillo. Y siempre obtenía todo lo que yo quería. Solo tenía que pasarle la lista de los útiles a mi padre para que al otro día tuviera todo lo necesario. Lo mismo ropa, si era para la escuela, antes que la pidiéramos ya la teníamos.

Elena empezó a enseñarnos a rezar. Por las noches nos hacía hincar a los cuatro y repetir las palabras que ella decía. Los más reacios fueron Roberto y Manuel, que durante los minutos que durábamos rezando se daban de codazos y se reían uno con otro hasta que los sacaban a la cocina. A mí, la verdad, tampoco me gustaba estar hincada con los brazos cruzados y casi sin pestañear. Apenas si recuerdo, tendría yo unos cuatro o cinco años, que por las noches mi papá nos agarraba la mano a mi hermana y a mí y nos persignaba. Mi papá y Roberto se persignaban todas las mañanas antes de salir; siempre han sido más estrictos ellos en esto que los demás.

Cuando tuve seis o siete años Elena nos contaba los Ejemplos que a ella le había contado el sacerdote en su tierra. En estos Ejemplos siempre sucedía un milagro. Él se aparecía a la persona que se había portado bien. Uno de los Ejemplos que hasta la fecha guardo bien grabado era en el que una hija le había faltado al respeto a su mamá y entonces Él la castigaba. Fue a confesarse y el sacerdote le dijo que si nacía una flor de un clavo, estaría perdonada.

Cuando oí esto pensé:

—Qué divino sería si llegara para mí ese día.

A veces, amparada bajo la cobija negra del cuarto, lloraba yo desesperada porque ese día me había portado mal y hasta me alegraba del castigo que hubiera yo sufrido. Pedía perdón y prometía firmemente no enojarme ni gritarle a mi hermano. Los Ejemplos que Elena nos contaba fueron mis primeras instrucciones en cuanto a religión. Mientras ella vivió con nosotros, íbamos a oír misa —mi padre nunca nos llevaba— y aprendimos a celebrar las fiestas religiosas, como el Día de los Muertos y la Semana Santa. La primera vez que asistí a la Doctrina fue cuando llegamos a Bella Vista. Una tarde que tomábamos café y Elena veía unos muñequitos, oí una campanita. Me asomé a la puerta y vi a unos niños corriendo y cada uno llevaba un banquito. No pregunté nada. De pronto mis ojos descubrieron una figura vestida de negro, pelo cano peinado de chongo y un rosario en el pecho. La señorita de cuerpo grueso pasó junto a mí sonando la campanita.

—¿No vas a la Doctrina?

Sonreí y moví la cabeza afirmando.

Pedí permiso a mi papá y nos mandó a los cuatro. Con qué gusto fui. Me hallé corriendo en el patio con una sillita en mis manos, mis tres hermanos también. La señorita estaba frente a los niños sentados y daba explicaciones. Nunca había oído lo que ella decía. Elena nos había enseñado el Padrenuestro y el Ave, además una oración al Ángel, pero no era igual.

Acostumbraban darnos dulces a la salida. Ese primer día pegamos la carrera todos a enseñarle a mi papá lo que nos habían regalado. Yo en verdad me sentía dichosa. Yo sola empecé a formarme la obligación de ir a la Doctrina. ¡Qué coraje me daba que Roberto y Manuel se fueran por otro lado! Los acusaba con mi papá.

En una ocasión llegué a la Doctrina y vi a la señorita. Un grupo de niñas más grandes la rodeaba. Ella les preguntaba y las niñas contestaban en coro. Cuando vi que la señorita terminó le pregunté a una niña:

—¿Qué es eso?

Contestó:

—¡Ay!, ¿qué no sabes? Son los Mandamientos de Dios.

Me dio pena y ya no contesté; además me dio miedo que esa niña me fuera a pegar.

Cuando terminó la Doctrina le dije a la señorita que yo quería aprender los Mandamientos. Con dulzura me contestó:

—Ellas se están preparando para la Primera Comunión.

Un rayo de luz me dio de golpe en la cabeza. Ya no dije nada, pero desde entonces solo quería hacer mi Primera Comunión y morir. No sé por qué tuve este deseo, no sabía lo que era la Primera Comunión y no pregunté.

Un día ya no fueron las señoritas a instruirnos.

En vano esperamos con nuestro banquito fuera del cuarto. Regresé a la casa enojada. Mi papá me preguntó:

—¿Qué tienes, hija?

—Nada, no tengo nada —pero sentía como si ya nadie se acordara de mí.

Duramos bastante tiempo sin Doctrina, pero yo sola memorizaba lo que había aprendido.

La mamá de Elena, Santitos, y sus tres hijos más chicos vinieron a vivir con nosotros. Todos dormían en el suelo. Santitos era muy religiosa. Siempre andaba vestida de negro y rezaba todas las noches, lo que me parecía a mí muy raro en ese tiempo. Cuando veía a Santitos rezar con su rosario en la mano y su cara tan seria pensaba yo que era porque se iba a morir. Una tarde en que ella rezaba con su rosario le pregunté cómo era el Señor Mío Jesucristo. De buena gana se prestó a enseñarme. Qué difícil resultó esto para mí y qué respeto sentí yo hacia Santitos. Ella me enseñó el Señor Mío Jesucristo y el Yo Pecador. Le pedí a mi papá que me comprara el libro para hacer la Primera Comunión. Me lo compró y ahí leí cómo debía uno proceder ante el padre.

De Elena no guardo sino un mal recuerdo, el que me haya desengañado de quiénes eran los Santos Reyes. A la edad de ocho años todavía creía en los Reyes Magos que traen juguetes a los niños que se portan bien. Yo me resistí a creer la verdad. Mis hermanos me habían contado sobre los Reyes. En la temporada de Posadas, cuando empezaba a caer la tarde, Roberto o Manuel y nosotras dos sentadas a la puerta, nos mostraban las tres estrellas más brillantes de la constelación de la Osa Mayor.

—Mira, manita, ¿ves esas estrellitas ahí?... No, ésas no, ésas más abajo... Esas estrellitas son los Reyes Magos.

Recuerdo que cada año antes de quedar dormida veía hacia el cielo y en verdad se me figuraba que se iban acercando las estrellas. En mi imaginación las rodeaba de una luz intensa que me deslumbraba aun cuando ya estaba dormida. Al día siguiente encontraba los juguetes.

Ese año decidí espiar a mi papá y ver si Elena tenía razón. Por la noche Marta y yo nos hicimos las dormidas. Pasó mucho rato y por fin mi papá se convenció que estábamos dormidas y puso los juguetes en los zapatos. Fue cierto. Mi fantasía había terminado.

Sentí dolor. Y al otro día cuando mi papá se levantó para ir a trabajar al igual que todos los años nos dijo:

—Corre, hija, ve a ver qué te trajeron los Santos Reyes. ¡Ándale!

Casi no hice caso. Ya no veía aquella cosa mágica que creía yo envolvía mis juguetes. Éste es el único mal recuerdo de Elena.

La impresión que más guardo de este tiempo fue la que me quedó una noche después que volvimos del cine. Por lo regular mi papá cargaba a Marta, Elena me llevaba a mí. Esa noche todo estaba muy oscuro. Al estar abriendo el candado mi papá le dijo a Elena que me agarrara. Recuerdo mi cabeza pegada a sus faldas. Me dijeron que cerrara los ojos y Elena me cargó. Yo no oía ruido, ni a mi papá hablando, ni la llave del candado, nada. Cuando al fin abrí los ojos ya estaba yo parada sobre la cama. Pregunté por qué me habían hecho cerrar los ojos, pero como siempre mi padre no dio ninguna explicación, solo dijo: ¡A dormir! Ya es tarde.

Me acosté con curiosidad, pero ya no insistí. Al día siguiente después de mucho preguntar me dijo Roberto que habían visto espantos, unas monjas caminando por la pared y un padre delante de todas. No sé si fue cierto o no. Mi padre nunca me dijo nada.

Me parece que yo tuve siempre más miedo de las cosas que mis hermanos o Marta. A la edad de ocho o nueve años mi hermano Roberto me dio tremendo susto al echarme en la espalda una bolsa con ratoncillos. Fue tan tremendo el susto que me desmayé. Desde entonces les agarré un horror a los ratones y a las ratas como a nada en la vida y cada que veía yo un animal de éstos, muerto o vivo, gritaba o corría.

Una madrugada en Bella Vista salió un animal de ésos muy feo, viejo, de un hoyo que había en el piso. Estaba muy dormida cuando de pronto empecé a oír ruido bajo la cama, roían la madera. Abrí los ojos grandemente y casi ni respiraba pensando que el animal se iba a subir a la cama. Conforme el ruido avanzaba más y más, empecé a hablarle a mi papá, primero muy quedo, después un poco más alto y cuando oí que el animal estaba por la cabecera pegué un gritote. Mi padre como de rayo se levantó y encendió la luz. El animal corrió. Yo gritaba:

—¡La rata... la rata!

Casi al mismo tiempo mis hermanos estuvieron de pie. Mientras Roberto tapaba el hoyo con la jerga, Manuel y mi papá andaban correteándola con palos. Pero este animal se defendía mucho, se escurría, y no podían matarlo. Cuando por fin lograron darle el primer palo —se me enchina el cuerpo de pensarlo— y el animal chilló, yo también di un grito. Sus chillidos espantosos me penetraban los oídos. Cada vez que le daban un palo también yo saltaba. Después de eso mi padre mandó cambiar el piso.

No imaginaba ni por un segundo, cuando comencé a sentir aversión por Bella Vista, lo que había de sufrir más tarde y cuánto más iba a odiarla. Creí que siempre me iba a vivir Elena, pero no fue así. Ahí en esa casa, en Bella Vista, murió ella y después de su muerte vino la desorganización de la familia, el endurecimiento de mi padre día a día, el crecer de la hostilidad de mis hermanos para conmigo y en fin una serie de sufrimientos creados quizá por mi falta de carácter.

Antes de que muriera Elena mis penas no eran tan grandes. Sentía en verdad que tenía yo todo: el cariño de mi padre y el de Elena. Mis hermanos me pegaban pero no constantemente y además no eran tan fuertes sus golpes. Como no había conocido a mi mamá no sentía que me hiciera falta.

Cuando estuve en tercer año la maestra nos enseñó un himno a la madre y hubo grandes preparativos para divertir a las madres, bailables, declamaciones, costuras, dibujos. Me lastimaba y me hacía poner necia. Para mí en ese entonces no había cosa tan sublime como el padre. Pensaba:

—La madre, la madre... para qué le harán tanta fiesta a la madre si el padre vale más. Mi papá nos compra todo y nunca nos deja solos. Le habían de hacer su fiesta al padre y entonces sí salía yo vestida de indita, o lo que fuera.

Pero pasó el tiempo, Elena empezó a enfermar. Más tarde supimos que tenía tuberculosis. Pasaba horas sentada al Sol para que le diera en la espalda. Su cabello se veía güero rojizo cuando le daba la luz del Sol. Había adelgazado mucho y le seguían dando mareos, vahídos, aunque tomaba muchas medicinas y andaba de un doctor a otro.

Mi papá estaba muy preocupado y la consentía, la mimaba mucho. Siempre le había comprado vestidos muy bonitos, zapatos de tacón alto, hasta un saco de piel, y la llevaba adonde ella quería, pero ahora le traía regalos todos los días.

Elena enfermó más y por consejos de sus doctores fue internada en el hospital. Mi papá estaba muy triste. Todas las tardes ya tardaba un poco más en llegar a la casa porque iba a visitarla. Me acariciaba la cabeza y me decía:

—¿Extrañas a Elena, madre? Ya va a venir, ¿eh?

Y veía cómo se le escapaba una lágrima. Los miércoles, día de descanso de mi papá, también le tocaba descanso a la Chata. Entonces mi papá nos bañaba, nos daba de desayunar, nos lavaba nuestras tobilleras y a los muchachos los ponía a hacer el quehacer.

Pero la casa ya no era la misma; poco a poco empezó a decaer. Lamenté mucho que las plantas que teníamos, una a una, se fueran secando. Mi padre se quejaba de esto. En varias ocasiones oí yo:

—¡Caray! No se puede tener nada. Es una lástima. Parece mentira que no haya quien cuide las cosas.

La Chata guardaba silencio; Santitos, igual.

La Chata seguía esforzándose por mantener la casa arreglada y limpia. Pero nosotros, jugando, movíamos los cuadros de su lugar, nos subíamos a la mesa y el mantel iba a dar al suelo, a la cama y la destendíamos. Nos peleábamos o solo por diversión agarrábamos pedazos de carbón que estaba en un bote debajo del lavadero y nos tirábamos con él; dejábamos las paredes y el piso con manchas negras.

La Chata murmuraba y nos regañaba usando un lenguaje horrible y nos echaba para el patio. Nosotros la acusábamos con mi papá que solo nos daba «papas con huevo y huevo con papas».

Cuando Elena estaba con nosotros comíamos bien, pero la Chata escondía la leche y la fruta y se hacía platillos especiales solo para ella y para mi papá. No era nada buena con nosotros pero cuando se lo decíamos a mi papá nos callaba la boca.

No sé si porque necesitara dinero para cuidar a Elena o porque le entró el amor al comercio, mi padre empezó con la venta de animales. Primero fueron pájaros de todas clases, como cincuenta pájaros que puso en unas jaulas especiales. Aunque mis hermanos limpiaban las jaulas a mañana y tarde la casa olía y se veía sucia, las paredes manchadas de plátano, mosco, pirú, masa, fruta, suciedad de los pájaros. Primero solo fueron animales pequeños como canarios, loritos australianos, clarines, zenzontles, pero luego compró loros, pichones y un tocotucán. Después, de una de las patas de la vitrina se amarraba un correcaminos, un ave muy fea que solo comía carne cruda, más tarde un tejón y así por el estilo. Casi todas las paredes de la pieza y de la cocina estaban colgadas con jaulas. Mi papá quitó el macetero para hacer lugar para gallinas. Puso otro compartimiento arriba para tener ahí unos gallos muy finos y bonitos. Había que estar al pendiente de cuando pusieran los huevos para guardarlos en la vitrina, de eso nos encargábamos nosotros.

Cuando Elena iba a salir del hospital mi papá mandó pintar las paredes de blanco y compró plantas otra vez. Pero Elena continuaba mala y fue preciso que saliera para el cuarto número 103 en el último patio de Bella Vista. Entonces se llevaron el tocador, el taburete, unas colchas bonitas, la pantalla que quedaba, unos cuadros y la mayoría de las cosas bonitas que había en la casa. No nos permitían entrar al cuarto de Elena pero a veces Santitos dejaba abierta la puerta y la veíamos desde el patio. Cuando Elena se sentía bien iba a la azotea y yo hablaba con ella desde abajo y le enseñaba mi costura. Después de que Elena se fue a la otra vivienda, Antonia, mi media hermana mayor, llegó a la casa. Ya estaba yo dormida la noche que mi padre la llevó a la casa. Al otro día me encontré con una cara nueva en casa. Estaba acostada junto a mí en la cama.

—¿Por qué no saludas a tu hermana? —dijo mi papá.

Mis hermanos le hablaron, pero yo no. Me limité a verla de lejos. Estaba yo celosísima. Nunca había visto a mi padre con nadie. ¿Cómo era posible que Antonia existiera? No pregunté una sola palabra y mi padre no me dio explicaciones.

Antes de traerla nos había dicho mi papá:

—Voy a traer a su hermana. Ya es una señorita. Terminó su sexto año.

La palabra señorita entonces significaba para mí una joven vestida con traje sastre de color oscuro, con pelo largo y ondulado y que usaba gafas que le daban una personalidad respetada. En realidad tenía yo tentación de saber cómo era mi hermana. Pero al verla noté que era muy diferente. Su cara era delgada y sus ojos redondos y saltones, su pelo lacio estaba atado con un listón y tenía puesto un vestido corriente. En parte me desilusioné y por otro lado me conformé con mi figura.

Al principio Antonia era muy buena y poco a poco se ganó nuestra confianza. Empezó a arreglar la casa y otra vez empezaron a lucir las cortinas en las puertas y las flores en el altar. Pero más tarde nos hizo sufrir a los cuatro muchísimo. Lo que me hizo empezar a aborrecerla fue la distinción que hacía mi padre de nosotros con ella. Él parecía haber cambiado totalmente.

El primer golpe en este sentido fue el que llevé una tarde que mi padre llegó disgustado. Estaba un banquito a mitad de la cocina y cuando mi papá entró, con el pie lo hizo a un lado al mismo tiempo que me decía:

—¡Bruta, imbécil! Ven las cosas y no se acomiden. ¡Quite ese banco de ahí, pronto!

Al momento me aturdí, no sabía dónde poner el banco. Por fin lo puse bajo el lavadero. Pero ya había recibido esa descarga. Mi padre nunca antes me había dicho esas palabras. Para con mis hermanos, sí, las había oído, pero directamente a mí no.

Esa noche me negué a cenar creyendo que iba a ser como en otras ocasiones. Si me negaba, entonces mi padre con cariño me preguntaba qué era lo que quería y mandaba traer antojitos. Esa noche no fue así. Me acosté sin querer tomar alimento y mi padre no hizo caso de mí. Empezó a leerle el periódico a Antonia. Yo bajo las cobijas contenía el llanto. Pensaba que si lloraba era avergonzarme ante la nueva persona que era mi hermana.

En incontables ocasiones el sabor de las lágrimas se mezclaba con el de mi café.

—No esté usted con payasadas y coma.

Eran las palabras de mi padre. Ya no le importaba que llorara. La primera vez que vi que Antonia le contestaba no podía yo creer la reacción de mi padre que no contestaba nada a las majaderías de ella. En nuestro caso, es decir, entre nosotros cuatro, no alzábamos ni la vista cuando nos regañaba, ni Manuel que era el mayor, en cambio ella podía gritarle libremente. Si compraba un vestido para Antonia tenía que ser mejor que los nuestros. Casi siempre mi padre le daba las cosas a ella para que las repartiera. Todo esto me hacía sentir que yo no era nadie en la casa.

Había una cosa que mi padre nos tenía prohibidísima: tocar el radio. Debía estar en la misma estación donde él lo había dejado la noche anterior. Los muebles de la casa no se podían cambiar de lugar sin consentimiento suyo. Llegaba del trabajo y hacía que volvieran a su lugar.

—¿Quién cambió las cosas de lugar? ¿Estoy pintado o qué? ¡A ver, vamos, a ponerlas en su lugar!

Por eso cuando vi una mañana que Antonia encendía el radio le dije que no lo prendiera porque mi papá se enojaba. Ella no hizo caso y lo puso en otra estación. Esto produjo temor en nosotros cuatro; esperábamos que cuando llegara mi padre la reprendería, pero no fue así.

Antonia le había pedido a mi padre un polvo que había oído anunciado en la estación donde escuchaba sus comedias, de marca Max Factor. Le había dicho que nos trajera uno a cada una. Al otro día mi padre llegó con una caja de polvo y se la dio a Antonia. Me dolió, a mí no me había tomado en cuenta. Tonia la recibió y me dijo:

—Mira, Chelo, de aquí también agarras tú.

En forma muy despectiva le dije:

—No, yo ¿para qué quiero eso? Úsalo tú.

Tonia se ofendió, creo yo también sintió feo y salió.

Estaba de espaldas al brasero sirviéndome café cuando oí cómo se golpeaba la puerta y acto seguido mi padre vino hasta mí con un gesto que me hizo temblar de pies a cabeza.

—¿Qué le hiciste a Antonia?

—Nada, papá. Nada más le dije que yo no quería polvo.

—Imbécil, estúpida, majadera! ¡La próxima vez que vuelvas a hacer algo igual te voy a romper la boca, vas a ir a recoger los dientes hasta la mitad del patio!

Me había dicho cerrando los puños. Solo bajé la cabeza y salí a sentarme en la puerta. Esa noche también me acosté sin cenar y cuando apagó mi papá las luces empecé a llorar y lamentarme que ya no viviera Elena.

Empezó también la mentira continua para con nosotros. Por las tardes cuando llegaba mi padre Tonia ya estaba arreglada y se salían. Nos decían que iban al doctor, pero se iban al cine. Cuando salía los veía caminando por el patio. Tonia lo tomaba del brazo y juntos caminaban alejándose. Cuando salía mi padre con nosotros nunca permitió que lo tomáramos del brazo; nos llevaba agarradas fuertemente, alzándonos el brazo hasta el hombro. Así que cuando llegábamos a la casa ya mi brazo me dolía. A mis hermanos ni les permitía que se acercaran a él; casi siempre iban adelante o atrás, pero nunca junto a él.

Empezaba a formarme mal concepto de Tonia y terminé de formármelo cuando alrededor de la Luna del tocador puso unas tarjetas postales de mujeres semidesnudas; las dichosas bailarinas Kalantán, Tongolele y Sumukey. Todos nos alarmamos, hasta Manuel que ya en ese tiempo llegaba a la casa muy noche y nunca le importaba lo que allí sucedía. Entonces sí me quejé a mi padre exigiendo que le quitara a Tonia las fotografías. No dijo nada, pero a los dos días ya no estaban esas muñecas. En su lugar estaba el retrato de Pedro Infante y otros artistas que Tonia enseñaba a sus amigas.

Esto también trajo inconformidad entre los cuatro. A nosotros nos prohibía la entrada de amiguitos a la casa. A mis amiguitas, cuando las llegó a encontrar dentro de la casa, las corría:

—Anda, niña, ve a jugar con tu mamá. Ya es muy tarde para que hagas visitas.

En cambio cuando se reunían Tonia y sus amigas en la casa, conversaban con mi papá.

No nos hubiésemos fijado cuándo cumplíamos años o era día de nuestro santo de no haber sido porque Tonia insistió en celebrar el santo de mi papá. Fue la primera fiesta para mi padre y por primera vez tuvimos vasos especiales para servir «cubas». Cuando Tonia cumplía años o era día de su onomástico mi padre le compraba todo, vestido, zapatos, medias y hasta el pastel. El pastel solo teníamos el gusto de verlo, pues cuando llegaba mi padre la llevaba para la casa de Lupita su mamá y ahí hacían su fiesta y partían el pastel.

Quizá por orgullo propio, o por temor a ser regañados, o por no llorar, nunca pedimos un pedazo de pastel. Pero sí nos molestaba grandemente. Mi hermana Marta desde la cama veía y muy bajito me decía:

—Sí, nomás a ella le compran y a nosotros no. Que se lleven su porquería de pastel. ¡Ni sirve!

Mucho después me atreví a preguntar a mi padre quién había comprado el pastel de Tonia y me dijo que su mamá. Nunca lo creí. Lupita ya no trabajaba, se había accidentado su mano en el restorán y se había retirado. Entonces, ¿con qué dinero compraba el pastel?

Después de haber observado esto despertó en nosotros el deseo de tener pastel el día de nuestro cumpleaños. Recibirnos solo una contestación:

—Pues, ¿qué creen que barro el dinero con la escoba o qué? Tengo que pagar la renta, la luz, el gasto. ¿De dónde voy a sacar para tanto?

Esto era cada vez que le pedía algo que no fuera para el colegio.

Había algo dentro de mí que gritaba, que lloraba al ser rechazada en mis peticiones y después observar cómo era complacida mi media hermana. Éstos eran mis pensamientos: «¡Cómo hace gastar a mi papacito! Pobrecito, tanto dinero que gasta. ¿Qué no le dolerá?»

Y salía yo a la casa de Yolanda a contarle lo que me sucedía. En ella buscaba yo consuelo. Siempre me daba consejos: que me aguantara, que no dijera nada, que mi papá se tenía que dar cuenta de lo injusta que era Antonia. Pero esperé, esperé mucho tiempo y nunca se dio cuenta de nada. Antes por el contrario, más y más sentía yo el despego de mi padre para con nosotros.

Al principio Marta parecía no darse cuenta del cambio de mi papá. Pero más tarde cuando se volvió muy rebelde y no quería ir a la escuela la regañaba y le pegaba de cinturonazos. Entonces ella también empezó a echarle la culpa a Antonia y a maldecirla. Las palabras de Marta eran gratas a mis oídos y yo la alentaba. Pero la mayoría de las veces sentía mi corazón oprimido y mis mejillas ardían de vergüenza cuando mi padre nos gritaba y nos llamaba vagos estúpidos.

Claro que me hacía yo muchas preguntas. Por las noches mi cabeza daba vueltas y muchas veces en la oscuridad del cuarto me perdía; trataba de encontrar la puerta por donde entrara la luz y no la encontraba. Algunas veces, cuando lloraba, Antonia me trataba de consolar, pero siempre la rechazaba. No aceptaba sus palabras ni sus mimos.

—¿Qué tienes, Chelo, por qué lloras? ¿Te regañó mi papá?

Esta última pregunta se me hacía tan cruel que le hubiera volteado un bofetón. Cuando mi hermana por las noches trataba de leernos algún cuento o el periódico veía yo mal esto. Pensé que solo lo hacía para ganarse más a mi padre. Y así cuando ella empezaba a leer daba yo la espalda y me hacía la dormida.

Entonces no comprendía que Antonia ya era más grande y por eso era tratada de un modo diferente. Yo nada más entendía que mi padre la quería más a ella. Empezaba yo a dudar si sería hija de mi padre, si sería mi padre otro señor. Esto era lo que yo sentía al ver la indiferencia de mi papá, ya no conmigo, sino con Marta que antes era su consentida. Ahora hasta a ella le pegaba cuando recibía alguna queja de Antonia. Yo no recibía golpes, pero las palabras que me dirigía eran peores que latigazos. Nunca contestaba nada. No podía hacerlo. Algo se agrandaba en mi garganta e inundaba todo mi cuerpo pero no salía de mi boca. Solo subía a mi cabeza y me hacía pensar en retirarme de ese lugar para no ver nada.

Fue en ese tiempo cuando tuve una pesadilla que me hizo despertar sudando y llorando. En ella veía yo a mi padre con su ropa de trabajo, la yompa y el pantalón azules, descoloridos, con el sombrero puesto. Con un chicote nos golpeaba y corría a todos los de casa sin compasión. A mí todavía no me había tocado y yo les gritaba a todos:

—¡Sálganse, sálganse! ¡Mi papá se ha vuelto loco! ¡Nos va a matar!

Todos salían corriendo. Ya las sillas estaban volteadas, los trastes rotos. Desde el quicio de la cocina vi cómo tenía amarrada a mi hermana Marta a los pies de la cama con una reata y cómo descargaba los golpes sin fijarse en dónde caían. Bajó su vista y se encontró con su mirada de súplica y aun cuando empezó a sangrar mi padre la seguía golpeando.

De pronto, uno de los golpes pegó contra la escupidera de latón que siempre había en la casa y ésta se volteó y le mojó los pies. Yo le gritaba:

—¡Papá, papá! ¡Te has vuelto loco! ¡Déjala! ¡La vas a matar!

Pero él no me oía, seguía golpeando. En medio de estos gritos desperté. Volví a quedar dormida solo para continuar con esa pesadilla.

Pero esta vez mi padre había cambiado la cama y la repisa de los santos a otra pared. En la pieza estaban Manuel y Roberto, Marta y yo en la cocina. Una de las hojas de la puerta de la pieza estaba semicerrada y yo me asomé. Vi a mi padre inclinado sobre la cama. Tenía entre sus manos un corazón, el corazón que había arrancado a Otón, un joven pintor que vivía en la misma vecindad. Otón estaba sobre la cama, boca arriba. Podía yo ver el hueco que le había quedado cuando le sacó el corazón. Mi papá alzaba el corazón y lo ofrecía no sé a quién. Desperté con el mismo grito que di en sueños. Y desde entonces jamás he podido borrar la visión de mi padre en el momento que alzaba las manos con el corazón ensangrentado.

La tarde que Elena murió había Sol. Entró mi papá y con el llanto contenido en sus ojos nos dijo que fuéramos a despedirnos de ella. Marta, Tonia y yo salimos corriendo. Iba yo corriendo y pensando: «¡Ay, Diosito, no es cierto, no es cierto!». Cuando entramos Santitos estaba con el rosario en la mano junto a Elena, que estaba con su cara pálida, su boca morada, su pelo extendido sobre la almohada. Roberto lloraba mucho; Marta empezaba a llorar y Tonia también. Yo sentía un nudo en la garganta. Santitos tomó la mano de Elena y nos dio su bendición. Después nos ordenaron a Marta y a mí regresar a nuestro cuarto donde lloramos como coyotitos solitarios.

Al otro día fuimos al panteón. Todos lloraban. Mi papá lloraba mucho, mucho. Y yo también lloraba. Mi papá me abrazó y me dijo:

—Se nos fue, hija, se nos fue para siempre.

Elena quedó bajo un árbol de pirú en el panteón de Dolores. Llegamos a la casa y de inmediato se fue mi papá al cuarto donde había vivido Elena. Ordenó que todas las cosas se le dieran a su mamá o se vendieran. Y así se hizo. Tonia siguió a mi papá y le pidió el tocador de Elena y un abrigo muy bonito y muy fino que mi padre le había comprado a Elena. Y sí se los dio. Yo pedí a mi padre que me dejara tener un recuerdo de Elena y consintió en que me quedara con una muñequita de porcelana.

Después que perdí a mi madrastra llegué a sentir horror por mi casa. Mi padre apagaba la luz de la pieza y nos mandaba a acostar inmediatamente después de cenar. Pasaba la noche fuera de la casa con Tonia, o se sentaba en la cocina hasta muy tarde. Roberto y yo nos odiábamos más y más. Trataba de evitar encontrarme con él. Si él estaba en el patio, yo entraba a la casa; si él estaba en casa, salía yo al patio. Al levantarme me encomendaba a todos los santos de mi devoción que mi hermano todavía no se levantara para que no empezara a pegarme. En algunas ocasiones prefería irme sin desayunar al colegio para no tropezarme con él y temía el regreso a la casa.

Desde luego yo no era un ángel. Sabiendo que a Roberto le fastidiaba que la puerta estuviera abierta, la abría de par en par. Si él la cerraba, yo la volvía a abrir y así hasta que nos peleábamos. De haber sido posible me hubiera matado, era tal el odio que me tenía mi hermano Roberto. Una vez trató de asfixiarme golpeando mi cabeza contra la cabecera de la cama.

Otra ocasión que jamás olvidaré mientras viva es aquella en que estando él parado en la puerta de entrada y yo de espaldas a él sentí un pequeño airecito que rozó mi costado izquierdo. Al voltear a ver qué era sentí una especie de nublamiento y amarga mi boca. A escasos centímetros de mí, clavada en la pared, estaba una navaja de regular tamaño y de hoja bien afilada. Solo atiné a voltear a ver a mi hermano y continuar buscando el objeto que necesitaba.

Mi hermano desde la puerta me observaba. Yo no demostré susto o enojo. Él fue hasta donde había arrojado su arma y dándome un aventón que me hizo caer zafó la hoja de donde estaba. En esos momentos sentí como si el tejido fino que rodea el corazón fuera despegándose poco a poco dejando destilar un líquido amargo que me mataba.

Me sobrepuse y me levanté comprendiendo que si lo provocaba podía Roberto cumplir su propósito. Salí para dedicarme a vagar por el rededor de Bella Vista y después de rato volver a la vecindad, pero ya no a mi casa sino a la casa de Yolanda.

A pesar de todo tengo que admitir que después de que nos peleábamos Roberto se acercaba a mí diciendo:

—Manita, manita, ¿te dolió? Perdóname, manita, ¿sí? Perdóname.

A lo que yo echando rayos y truenos decía:

—Vete de aquí, maldito negro. ¡Cómo no te mueres! ¡Lárgate... sácate de aquí! ¡Vas a ver ora que venga mi papá!

Y me restregaba los ojos chillando de dolor y coraje.

Después que llegaba mi padre y Roberto era golpeado brutalmente, se refugiaba a llorar en la oscuridad de la cocina, entre el brasero y la alacena, el pelo sobre la frente, las narices sucias, el pantalón de peto con un tirante caído del hombro. Sollozaba. Ríos de lágrimas resbalaban sobre la oscura piel de sus mejillas. Solo, nadie lo consolaba. Salía sin que nadie se diera cuenta. A los pocos minutos ya venían las vecinas a quejarse del mal trato hacia sus hijos, o las groserías que les hacía.

Sin embargo, a su modo, Roberto continuaba tratando de ganarse el afecto de toda la familia. Recuerdo una ocasión que llegó con su chamarra y bolsas de los pantalones llenos de nueces; hasta en la cachucha traía nueces. Hacía dos días había recibido una golpiza bárbara por parte de mi padre para hacerle pagar su culpa por algo que había hecho. Todos en la casa estábamos disgustados con él. Recuerdo bien cómo lo vi entrar... su pantalón de peto de mezclilla color gris, con los tirantes fuera de lugar, como siempre, el pelo cenizo de tierra, los zapatos mineros muy raspados, la camisa rota de una manga. Su cara oscura antes me parecía odiosa. Ahora pienso:

—¡Qué hermoso mi hermano cuando entró y extendió la chamarra para entregar a Marta, Tonia y a mí las nueces!

Nos dio de a montón a cada una y se prestó solícitamente a ayudarme a pelar las mías. Pero esto no me convencía. Sabía que por una u otra causa me volvería a pegar.

Recuerdo perfectamente una noche. Roberto aún era muy joven, catorce, quince años. El cuarto estaba a oscuras, ni siquiera la veladora estaba encendida. Yo estaba acostada con las manos en la nuca pensando por qué mi padre había cambiado con nosotros. Llegó Roberto, tendió su costal y su almohada a los pies de la cama de mi padre y se acostó.

En el patio había baile y llegaban hasta nuestra pieza las notas y la letra de una canción que andaba de moda y decía más o menos así: «El alma de mi tambor, porque mi tambor tiene alma, dice que perdió la calma por tener negro el color. Y aunque ustedes no quieran los negros tienen alma blanca y son blancos de corazón».

No sé si Roberto estaría soñando o simplemente borracho, pero estas líneas despertaron tal sentimiento en él que empezó a sollozar y subiendo su tono de voz dijo un reproche:

—Sí, papacito, tú no me quieres porque soy negro, porque tengo el cuero negro... Por eso no me quieren. Pero yo tengo mi alma blanca.

Lo escuché y me lastimó mucho. Yo no había reparado seriamente en el color de mi hermano. Yo lo odiaba por tanto que me pegaba, mas no porque fuera de color oscuro. Yo creo que en esos momentos Roberto hubiera deseado que mi padre lo consolara. Mi padre reaccionó a sus palabras. Suavemente le dijo:

—Ssshhht... cállate, cállate. A dormir. Duérmete ya, anda.

Una noche, a la luz amarillenta del foco, mi padre, sentado a la mesa, como siempre, leía. Eran más de las ocho y ya se había quitado su yompa que usaba sobre su pantalón y camisa. Muchas veces traía bastante dinero en las bolsas de su pantalón porque era el encargado de comprar los comestibles para el restorán La Gloria. Usaba la yompa para protegerse de los rateros que abundan en los mercados de la ciudad. Marta jugaba en el piso de la pieza, Antonia y yo estábamos junto al radio escuchando una comedia. Oímos que tocaban a la puerta y Antonia se paró y abrió.

En la puerta estaba Manuel, mi hermano mayor, que, tomando del brazo a una joven de cuerpo grueso, con un vestido morado y suéter azul marino, trataba de hacerla pasar empujándola con suavidad. No era bonita, sus facciones eran irregulares y toscas pero el pelo rizado y negro la hacía agradable. Al fin pasaron Manuel y Paula y mi papá se levantó a recibirlos. Manuel hizo las presentaciones. Después mi papá dijo:

—Pásate, siéntate.

Ella estaba nerviosa, muy seria. En momentos trataba de sonreír. Se ha de haber sentido en el banquillo de los ajusticiados. Manuel permanecía de pie. Mi padre miraba de reojo a Paula.

—Papá, ya te hablé de Paula...

—Sí.

Fue todo lo que mi papá contestó.

Después se dirigió a Paula:

—¿Qué piensas, muchacha? ¿Tú crees que este golfo va a sacarte de apuros?

Paula no contestó. Mi padre continuó:

—Sí, muchacha. Éste no es más que un golfo que no sabe otra cosa que estar en el billar con sus amigotes.

De un momento a otro nos iban a decir que saliéramos de la pieza. Al fin, lo que yo esperaba:

—A ver, ustedes (Marta y Consuelo), váyanse allá al patio a jugar.

Obedecimos como corderitos. Yo, la verdad, me sentía apenada. La actitud de mi papá no era muy amigable para con esa muchacha. Mientras salíamos le oí decir:

—Te vas a arrepentir, muchacha. Éste no es un hombre. Te vas a arrepentir una y mil veces.

Una vez en el patio me recargué en la pared. Compadecí a Paula. Fui a la casa de la señora Yola, mi refugio, y le dije:

—Fíjese que ahí está la novia de mi hermano.

Yola me dijo:

—Así que ya se casó, ¿eh?

¿Casar? No adivinaba yo su significado. Me sentía contenta. Ahora sí podía decir que tenía yo cuñada. Y así fue como mi hermano se casó.

En el colegio me gustaba estar siempre sola. A las compañeras las observaba y veía que eran o muy presumidas o peleoneras. A la hora del recreo me quedaba en el salón para dibujar, coser o simplemente observar el pizarrón y a la señorita sentada en su escritorio. Cuando salía me sentaba junto a uno de los pilares donde no había tantas niñas a morder mi bolillo y sacarle el migajón, o ir a la azotea a ver en el tinaco del agua mi cara reflejada. Nunca pensé que sería bonita. Me sentía inferior porque era muy bajita y extremadamente delgada. Mi piel morena, mis ojos semirasgados muy chicos, pestaña lacia escasa, labios gruesos, boca grande. Buscaba algo mejor en mis facciones. Mi nariz, recta pero ancha, mi pelo castaño pero lacio. Me hubiera gustado tener la piel más clara y ser gordita y tener hoyitos en las mejillas como Marta. Y hasta un milagrito ofrecí porque mi pelo se volviera rubio (¡qué risa!). Al mirar mi cara en el agua pensaba:

«Consuelo... Consuelo... qué raro nombre. Tal parece que ni es de una persona. ¿Qué será? Se oye muy delgado, se me figura que se quiebra.»

Quien siempre me sacaba de mi sueño era el mozo que me tomaba del hombro y me decía:

—¿Qué haces aquí? ¿No sabes que no pueden subir a la azotea? Vete a jugar, si no te llevo a la dirección.

Roja de vergüenza me bajaba de la azotea para irme a sentar al solecito en el pequeño jardín. Cuando daba la primera campanada para formarnos y volver a nuestros salones, esperaba a que se formaran las que estaban en bolita pues casi siempre me aventaban. Permitía que me aventaran sin protestar. Les tenía yo miedo.

Marta no tenía miedo ni de las niñas ni de los niños. Los juegos de mi hermana siempre fueron bruscos. Le gustaba jugar al burro, a los huesitos, a las canicas, a las coleadas, a brincar la reata en alturas, en fin, juegos que decía yo eran de hombre. Me daba una rabia, un coraje verla rodeada de hombres, con las piernas abiertas, en cuclillas, apoyando una mano en el suelo y en la otra la canica, observando la distancia para poder pegar con buen tino. La avergonzaba con sus amigos. Lo mismo era muy desagradable para mí que se fuera de vaga con Roberto. Los dos se iban de pinta y volvían a la casa con la ropa sucia y rota. En ocasiones al volver yo de la escuela, o al salir a buscarla, la veía yo agarrada de la defensa trasera de los camiones echándose moscas.

Nuestros disgustos eran también porque quería yo espulgarla, o ponerla a lavar los trastes, peinarla o hacer que se limpiara la cara con un trapo mojado. Nunca, nunca logré que hiciera una costura. El tratar de ponerla a coser era motivo de disgustos muy grandes en los cuales me aventaba con la plancha, o me arañaba mis manos, para después acusarme de que le había pegado, la había arrastrado de los cabellos y en realidad, por una parte tenía razón, pero no recuerdo haberla arrastrado «por toda la pieza y el patio» como ella le contó a mi papá.

No era tan buena como para quedarse cruzada de brazos permitiendo que yo le pegara. En cuanto sentía el primer golpe, respondía a patadas, mordidas, pellizcos, araños, en fin, como ella podía. El verla así me causaba tanta risa que perdía yo fuerza. Sentía que mi estómago se me estiraba como una liga y ya entonces solo atinaba a retenerle las manos para no recibir los araños. Si ella veía que no me enojaba, o que no me dolía, o cuando lograba yo meterla y ya no dejaba que saliera, se tiraba al suelo y se daba de topes en la tarima o en la pared. Lloraba tanto que su cara se enrojecía y al verla mis hermanos, sin más preguntas, la emprendían en contra mía.

La Chata, tal vez cansada de estas escenas, no se metía. Se ponía a cantar o simplemente seguía haciendo sus tortillas. Me desesperaba, pero no podía hacer nada. Solo dar la queja a mi padre, pero con resultado contrario del que yo pensaba. Creí que si le decía a mi padre lo que hacía Marta, salirse a la calle, echarse moscas, jugar con hombres, iba a ser reprendida prohibiéndole esto. No era así. Yo era la que recibía estas palabras:

—¿Quién eres tú para pegarle? ¡Déjala que juegue con quien ella quiera! El día que vuelva yo a saber que le pegas, te rompo la cara.

A pesar de esto siempre quise corregir a mi hermana, más todavía cuando crecimos.

Por cierto que en realidad no sabía cómo tratar a Marta. La soñé una muñeca vestida de azul sobre un pastel blanco, pero en ella no encuentro azúcar. En vez de dulzura vi en ella conveniencia y egoísmo. Sus enojos y sus berrinches solo pensé que serían caprichos de niña de cinco años que más tarde cuando creciera le pasarían. Pensaba:

«Ahorita no quiere prestar su muñeca, pero al rato lo hará... ahorita no quiere convidar dulces pero más tarde lo hará.»

Recuerdo claramente. Fue en el tiempo que mi padre nos daba un quinto, un diez, para gastar en golosinas. Esa tarde Marta salió y cuando regresó traía la falda de su vestido llena de dulces. Entró directo hasta la pieza. Yo estaba parada en la puerta viendo a los demás jugar. Me olvidé por un rato de ella y cuando la busqué no vi a nadie. Me asomé bajo la cama y ahí estaba ella comiéndose los dulces.

—¡Ya! ¡Cómo serás! ¡Envidiosa! Te venistes a esconder por no convidarnos. ¡Avarienta!

Mientras los engullía —los dulces le estorbaban— contestó a media lengua:

—A ti qué te importa. Son míos.

Me reí y dejé que terminara de comer sus dulces. Se me grabó vivamente esta escena y hubo muchas otras así. Inclusive en sus tareas traté de ayudarla... una tarde me la pasé haciéndole un dibujo que le había dejado su maestro... en otra ocasión tenía que presentar una costura y yo se la presté. Observé cómo todo lo tomaba y sentía orgullo como pensando que ella lo había hecho.

«Bueno, no le hace», pensé. Y dejé pasar este incidente.

Una tarde —yo tenía trece años— estaba yo en cama sufriendo horriblemente de un cólico. En ese tiempo no teníamos a nadie que nos ayudara en los quehaceres de la casa. Entraron Roberto y Marta riendo y jugando. A Marta, como mujer que es, le pedí que me pusiera un té.

—Manita, ¿me pones un té? —Marta me miró airada.

—¡Ah, qué! Yo no, ¡pos qué! Párate y háztelo tú. Nomás estás de güevona. ¡Todo quieres que te den en la mano!

Pensé: «¡Maldita escuincla... Bueno!».

Voltié a ver a Roberto:

—Tú, manito, ¿me haces un té? Me duele mucho mi estómago, ¿sí?

—¿Yo? No, qué. ¡Nada! Te estás haciendo, qué...

Salieron al patio nuevamente y yo me quedé llorando y agarrándome el estómago. Esperé mucho tiempo que le pasara a mi hermana esta edad, este «capricho», pero con el tiempo se agravó.

Mi media hermana Antonia me hacía hacer corajes del mismo modo que Marta por sus juegos bruscos. La observaba correr en compañía de las otras desde el quicio de la puerta de Yola, con mi costura en la mano, o el cuaderno, o parada en el quicio de mi puerta por no querer dejar a mi padre solo. Cuando las veía pasar cerca de mí les decía que parecían caballos desbocados, que eran iguales que marimachos. Tonia solo se reía de mis palabras y esto me hacía poner lívida de coraje y darle la queja a mi padre.

—Mira, papá, Tonia anda corriendo por todos los patios y se le alza mucho el vestido. Háblale.

Entonces salía mi papá y la metía. A veces, porque otras nada más me decía sin alzar la vista del periódico:

—Sí, vete a jugar, orita le hablo.

Tonia y sus amigas me invitaban a jugar pero nunca aceptaba. Yola también me animaba:

—Ándale, Chelo, vete a jugar. Pareces ya una viejita de ochenta años, no una jovencita de trece. Te vas a hacer pronto vieja, ¡hombre!

Pensaba yo cómo se movía su cuerpo de ellas al correr y al pensar en el mío sentía vergüenza tan solo temiendo que se me alzara el vestido. Solo cuando de veras me alegraba por ver las risas de todas ellas salía a jugar al «dieciocho». Cuando empezaba a correr lo hacía demasiado atada, sin soltura, por lo cual casi siempre era alcanzada.

Los pleitos con Roberto eran también porque en mi casa no me gustaba hacer nada.

—Lava los trastes, tú, escuincla —me ordenaba.

Yo siempre le contestaba:

—¡Lávalos tú, menso! ¿Quién eres tú para mandarme?

Pero me gustaba mucho ayudarle a las vecinas a hacer su quehacer, a guisar, a cargar a los niños. Llegaba a mi casa a la hora de la comida o poco antes de que llegara mi padre. Entonces la Chata me decía:

—Farol de la calle y oscuridad de tu casa.

Estaba ya en sexto año y me dejaban mucha tarea. Me fastidiaba sobremanera que cuando quería estudiar pusieran el radio o gritaran. En muchas ocasiones me subía a la azotea, ponía mis cajones para sentarme y un trapo para que me diera sombra. Pero ni así. Ya fuera que la Chata o Antonia iban a tender ropa, o Roberto subía con un ratoncillo amarrado por la cola para andar pasando de una azotea a la otra siguiendo al animal, cosa que me hacía bajarme más que volando.

Poco después, ese mismo año, Roberto huyó de la casa y se fue de soldado y ya tuve más paz. Hasta entonces, le pedía permiso a mi amiga la señora Dolores para estudiar en su casa, o me iba a la biblioteca que estaba fuera de Bella Vista, o a una de las accesorias de la vecindad. Así, estando en casa ajena, no podían molestarme y podía yo estudiar, que en realidad era lo que más me gustaba. Cuando regresaba a casa y me mandaban hacer algo, me negaba y entonces recibía estas palabras: «Farol de la calle y oscuridad de tu casa».

La escuela me gustaba más que la casa también. Siempre llevé buena conducta y mi lugar era el primero —en la primera banca de la primera fila— casi siempre. En ocasiones perdía mi lugar y retrocedía tres o cinco lugares, para después recuperarlo. Qué orgullo tenía en la escuela cuando hacía una pregunta la maestra sobre cualquier tema y yo era una de las que levantábamos el dedo para contestar.

En cuanto a mis maestras, las veía con admiración, pero me consideraba yo tan poco que nunca tuve deseos de imitarlas. Entonces para mí todo era imposible. ¿Cómo llegar a ser tan bonita y tan bien educada? ¿Cómo podría yo llegar a pararme frente a un grupo de niñas y con una palabra hacerlas sentar o pararse? No. Decididamente esto no era para mí.

Mi maestra, la señorita Gloria, nos dijo algo una vez que nunca se me olvidó. En clase de costura una de las muchachas le preguntó que si no pensaba casarse. Ella enrojeció y dejó su tejido por un momento para contestar:

—Sí, claro, todas nos tenemos que casar algún día.

Felipa López se atrevió aún más:

—¿Y usted nunca se ha enamorado, señorita?

La señorita Gloria trató de sonreír y contestó:

—El amor es muy bonito pero yo no me creo. El amor es como una estrella. Primero es como una lucecita que se va encendiendo, va tomando brillo; después sube otro poco y se enciende más, cuando llega a su clímax está más brillosa y más grande; luego se va alejando y poco a poco se va apagando. Ustedes nunca deben creerse de jóvenes que les dicen «te quiero». Deben tener cuidado y no lanzarse a lo desconocido. Muchos hombres son mentirosos y no debe uno creerles.

Eso nunca se me olvidó. Ahora creo yo que tal vez a eso se deba que cuando tuve novios nunca me dejé engañar, pues mientras ellos me decían: «te quiero», yo por dentro repetía y me daba mucha risa: «No te creas, no te creas».

Ese mismo año, a la edad de trece años, tuve mi primera menstruación. Sucedió cuando estaba yo en la escuela y me causó susto y vergüenza. Me dolía mucho la cabeza y el estómago y me sentía rara. María, una de mis compañeras de clase que se sentaba junto a mí, le dijo a la maestra y nos dejó salir a las dos al baño. Allí vi manchas de sangre en mi vestido y en mi ropa interior. María me dijo que no me espantara, que eso a todas las mujeres del mundo nos sucedía y que ya era yo una señorita.

¡Qué decepción! Siempre había pensado que cuando fuera ya una señorita iba a usar zapatos de tacón alto, vestidos muy bonitos, gafas y a pintarme los labios. Pero en esos momentos me veía con tobilleras y uniforme. Y más tarde me di cuenta que todos siguieron tratándome como siempre y no notaban que yo era diferente.

La maestra me dio permiso y me retiré a mi casa y ahí traté de lavar a escondidas las manchas de mi ropa. Era tan fuerte el cólico que lloré y tuve que decirle a Antonia. Me trató con suavidad, con cariño, me puso un té de manzanilla y me dio muchos consejos. A mí lo que me apuraba era que mis hermanos se enteraran pero Antonia me enseñó a cuidarme. Cuando la Chata llegó de la plaza Tonia le contó lo que sucedía y pareció alegrarse con la noticia.

—Ay, ya tenemos una señorita en casa.

Ella fue la encargada de decirle a mi papá pero él nunca me dijo nada al respecto. Cuando me quejaba de que tenía cólico ponía a alguien a que me hiciera un té o me mandaba con el doctor para que me inyectara.

Yo no sé que mi padre se haya presentado en la escuela ni una sola vez durante los años que estuve en la primaria. Nunca supo nada de lo que sucedía en la escuela o si se enteró no me dijo nada. Cuando llevaba mis boletas de calificaciones las firmaba y ya. Cuando le decía que iba a haber junta de padres de familia solo me decía que no podía dejar su trabajo, que me fijara qué era lo que querían; después me daba el dinero o lo que habían pedido. Cuando salí de sexto año sí exigí de mi padre un vestido blanco. Primero no quería comprarlo pero al fin lo hizo. Como siempre él fue solo a comprarlo. A mis compañeras les gustó, pero no a mí. Tenía el cuello redondo y rositas bordadas en puntada de rococó. Me hacía sentirme una chiquilla sin importancia en ese día que significaba tanto para mí.

También le exigí que se presentara en la escuela el día que nos iban a despedir, pero nunca se presentó. Asomaba la cabeza por el balcón para ver si llegaba, todavía cuando estábamos todos los de sexto en el comedor sentados a la mesa, volteaba a la puerta a ver si veía a mi papá. ¡Qué feo sentía yo al mirar a todas mis compañeritas acompañadas de su mamá o papá! Había unos padres que no les había alcanzado el tiempo para cambiarse de ropa; sin embargo, estaban ahí acompañando a sus hijas. Cómo deseaba que mi padre, como por arte de magia, se apareciera y me acompañara.

Al enseñarle mi certificado le echó una ojeada. Solo dijo:

—Déjalo ahí para guardarlo.

Sentí un nudo en la garganta. Yo, que con tanto gusto había ido a enseñarle mi diploma, mi carta de recomendación, mis calificaciones, todo eso que encerraba el esfuerzo que había hecho año con año... en ese momento lo había echado por tierra mi padre. En la vecindad me preguntaban:

—¿Pasaste, Consuelo? ¿Qué vas a estudiar?

Yo solo decía:

—No sé, quién sabe qué quiera mi papá que estudie.

Y ésa era mi vida de niña. Aislada, ignorada, cuando lo hacía bien en la escuela, o cuando hacía preguntas en la casa, me contestaban con brusquedad. Todo esto me hacía sentir mi ignorancia o pensar que no me querían. Pero no sabía por qué. Pasó un año antes de que volviera a la escuela. Este año estuve trabajando, primero cosiendo y después en un taller de calzado en el centro de la ciudad. Una amiguita de Marta me dijo que la señora Federica, una modista, quería una ayudante.

—No sé cuánto paga, ¿ve?, pero es muy buena.

Fue lo que me dijo y fue suficiente para que fuera a buscarla. La señora me dijo que me iba a juntar el dinero semanariamente, pero nunca me pagó.

En realidad el pago no me importaba. Lo que más me interesaba era no estar recibiendo golpes, o regaños o estar mirando el trato de mi padre. Pensaba yo: «Bueno, ¿y para qué estoy en la casa? Si no le gusta a mi papá como le sirvo, pues que le sirva Antonia». Nos turnábamos Tonia y yo para dar de cenar a mi padre. Desgraciadamente —yo no sé si sería mi culpa o no— pero nunca le gustaba a mi padre lo que le daba. Si estaba frío, decía que era comida de perros. Si estaba caliente, nunca me fijaba yo en nada. Si la salsa picaba, era salsa para borrachos. Si el café tenía nata, o no, eran porquerías. En fin, diario encontraba un defecto para dejarme la cena. Y siempre me decía:

—¡Imbécil, no sirves para nada! Pobre inútil. El día que vayas a otra casa te darán con las puertas en la cara. No sabes hacer nada.

Tonia creo también se mortificaba y me decía:

—Espérate, Chelo, yo le doy de cenar.

Pero mi papá no aceptaba eso. Debía ser un día ella y otro día yo. Le decía:

—Déjala que se enseñe la golfa ésta.

Y a mí:

—Aprenda a su hermana lo limpia que es. Ella sí sabe hacer las cosas. En cambio tú, ¿tú qué sabes hacer?

Por eso prefería estar trabajando sin paga.

La señora Federica me dio primeramente el trabajo de voltear los cinturones de tela, era lo más sencillo. Después me enseñó a hacer dobladillos, planchar, pegar botones, hacer ojales. Me decía que me iba a enseñar a coser en máquina y me daba oportunidades cuando ella iba a entregar los vestidos; dejaba la máquina libre pensando que así iba yo a coser. Pero nunca me atreví. Cuando ella no estaba no tocaba la máquina para nada. Me daba miedo. Pensaba que si pisaba el pedal me podía coser los dedos junto con la tela y entonces ya no podría parar la máquina.

Había un joven, sobrino de ella. Desde el primer día se escondió en cuanto me vio entrar. Era muy vergonzoso. Esto para mí salía del reglamento. Había visto que los jóvenes de Bella Vista cuando veían una joven le decían sus flores. Yo me sentía muy fea, pero cuando vi que este joven corría, ya no dudé.

Cuando estaba trabajando con esa señora salía a las ocho o nueve de la noche. Cuando estaban los «apagones» el hermano, Gabriel, o la hermana y las sobrinas me iban a dejar hasta la casa. En varias ocasiones los hice pasar. La primera vez al entrar a la puerta de la casa iba yo rezándole a todos los santos porque mi padre no les fuera a hacer mala cara y creo me valió. Mi padre solo alzó la vista para mirarlos e invitarlos a que pasaran. Serví café y cenamos. Fue la primera vez que llevé visitas a la casa.

Tenía yo catorce años. Las visitas con mi tía ya las hacía yo más frecuentemente, pero no la buscaba tanto como a la señora Yolanda, que era quien sabía de todos mis pesares al igual que yo los de ella. Ella me enseñó a tejer con gancho y agujas, a hacer algún panecillo, a no desperdiciar las tortillas, a hacer los polvorones —que ya se me olvidaron—. Era yo la persona en quien más confianza tenía entonces. Pero esta amistad más tarde quedó en nada, solo en resentimiento de mi parte. Yola había hecho ya muy buena amistad con Tonia. Poco a poco noté que fue cambiando conmigo. Tonia le daba azúcar, café, mosco o plátano, pero Tonia podía agarrar las cosas y nosotros no. Nunca había permitido mi papá que tomáramos por cuenta propia la fruta que diariamente él mandaba. En cambio Tonia sí.

El cambio en mi padre no pasaba desapercibido para Yolanda, que en varias ocasiones me previno:

—No seas tonta, cuida a tu papá, porque de lo contrario Tonia se los va a quitar completamente.

Trataba yo de seguir sus consejos. Pero ¿cómo podía yo hacer para que mi padre se fijara en nosotros? Cuando trataba de platicarle, lo mismo que Tonia le platicaba, recibía estas palabras:

—No me importan las vidas ajenas. Me importa la mía y nada más.

En cuanto a que lo acariciara, tampoco podía —ni Marta ni yo—. Pero Tonia tomó la costumbre de lavarle sus pies cuando volvía de trabajar y cortarle sus callos. Si le dolía porque lo lastimaba, él solo reía. Cuando volvía del baño al que iba cada tercer día insistía en peinarlo y ponerle la brillantina. Cuando encontraba una cana, se la arrancaba y mi padre bromeaba:

—¿Una cana? ¡Y yo tan joven! —y se reían juntos.

A nosotros lo que nos pedía debíamos dárselo corriendo y lo recibía casi con coraje.

Luego mi padre dio instrucciones de que ya no se lavara mi ropa, ni la de mi hermana. Pensaba que empezaba a tratarnos como a desconocidas. La Chata me enseñó a lavar. Luego tuve que lavar la ropa de mezclilla de mi papá. Esto todavía fue más duro porque antes no me dejaba hacer el quehacer.

—No laves el suelo, te hace daño para el pulmón... No cosas, te hace daño al pulmón... No le peguen en el pulmón.

Siempre tuvo miedo mi papá que me diera la misma enfermedad que a Elena.

La primera vez que lavé su ropa lloré en el lavadero, tantito porque sentía mi espalda cómo me ardía, lo mismo que mis manos; parecía que se me quebraban los huesos. Por otra parte temía que no quedara limpia. Cuando ya la estaba exprimiendo sentí que todas mis fuerzas se habían acabado. Terminé mojada hasta de la cabeza.

¡Y el suelo! Cuando lavé el suelo por primera vez tuvo mi padre que llevarme al doctor. Mis piernas, desde las rodillas hasta los tobillos, se me hincharon, y por donde tallaba la tarima con la escobeta me sangró. Esto era para mí el acabóse. Me sentía yo fuera de la familia. Me creía una extraña. Empecé a hacer mala cara a mi padre cuando me regañaba, pero nunca a mirarle de frente. Solo en una ocasión le informé a mi papá de lo que hacía. Después ya no. No me hacía caso.

Una noche, cuando todavía estaba trabajando con la señora Federica, mi papá me dijo:

—Va a venir Élida, la hermana de Antonia, para llevarte con una señora que te va a enseñar a trabajar. Viene por usted a las siete de la mañana. Ya lo sabe. Esté lista.

Élida e Isabel, las medias hermanas de Antonia, venían a la casa a visitarnos y ya las conocía bien. Élida me caía muy bien y me alegré de ir con ella al otro día.

Tomamos el camión y nos bajamos en la Alameda. Era la primera vez que estaba yo ahí. No conocía la Avenida Juárez. Al ir andando casi no escuchaba las palabras de Élida. Veía los árboles, el monumento, los autos, la gente que vestía trajes e iba con prisa. Para mí estaba al otro lado del mundo. Me sentía tan, pero tan delgada, tan mal vestida, a pesar que iba yo limpia, que se me figuraba que todos los ojos me observaban. Los pies se me atoraban. Me sentía molesta.

Cuando llegamos Élida me dijo:

—Mira, métete y subes hasta allá arriba. Preguntas por Sofía, o por la maestra. Cuando la veas le dices que te mando yo.

La señora me recibió bien. Empecé por pintar las orillitas de los zapatos. Ella me enseñó cómo agarrarlos para no ensuciarme el vestido. Tenía años trabajando y sabía muy bien su trabajo, conocer las pieles, y había enseñado a Élida e Isabel. Por eso le decían maestra. Antes maestra para mí era solo la de la escuela.

A la una todos dejaban sus herramientas y salían. La señora me dijo que íbamos a comer a la azotea, que ahí había una señora que daba de comer a los muchachos.

—¿Muchachos? —dije yo—, si ya son hombres, no parecen muchachos.

Empezamos a subir las escaleras. Era la primera vez que subía tan alto, me sentía andando en un columpio. Me daba miedo subir aprisa. Llevaba la vista baja. Creía que si pisaba y veía para arriba, sin remedio rodaría escaleras abajo. Cuando pisé la azotea, suspiré. Me creía salvada.

Había el reglamento de que los hombres no debían molestar a las mujeres. Ellos comían en un lado y nosotras en otro. Cuando la señora y yo aparecimos por la puerta todos los muchachos me miraban, lo cual me hizo bajar la vista y poner un gesto muy serio. Desde luego no faltó quien empezara con sus bromas:

—¿Sofita, qué es eso? No sea mal educada. ¡Preséntenos a su hermanita!

Ella sonrió diciéndoles:

—¡Cómo no, muchachos!, vengan para presentarles a la niña.

Ninguno hizo caso de esta palabra. Todos me decían señorita, y cuando me decían esto me daban ganas de llamarlos idiotas. Me ofendían con esa palabra. Creía que cuando me la decían escondían algo tras de sus palabras. Después me acostumbré. Ahí todos nos respetaban, salvo José, al que le decían Pepe. Iba continuamente al lugar donde estaba Sofía y le preguntaba a ella cualquier cosa. Mientras ella estaba con la vista baja él me hacía señas con la boca lanzándome un beso. Yo aguantaba la risa y ya no volteaba a verlo. No creí que él se fijara en mí, lo veía muy guapo. Un día llegué muy temprano a trabajar y sentí que me agarraban del brazo. Hice un intento brusco por soltarme y vi que era Pepe. Empezó a declararme su amor. Yo lo escuchaba sin creer lo que decía. Solo dejé que hablara y cuando terminó le dije que yo era muy chica para su edad. Me causaba risa oír cómo me decía que quería casarse conmigo. No alcanzaba ni a imaginar qué era esa palabra. Pepe fue el primero en preguntarme si nadie me había besado.

—¿Besado? Y por qué lo habían de hacer. Es una porquería —decía yo.

Pero una vez en la oscuridad de mi casa, cuando todos estaban dormidos, soñaba con los ojos abiertos. Me veía yo con un vestido muy hermoso, un traje de noche, en un salón muy lujoso, con música suave, bailando con Pepe. O él con su traje negro, fumando muy nervioso al esperarme en la calle. «¡Entonces sí que verían todas esas muchachas que formaban palomilla en cada patio lo que era tener novio!»

Pepe seguía insistiendo. Una vez bajaba yo a traerle agua a Sofita cuando Pepe, que estaba escondido en las escaleras, me tomó del brazo.

—Consuelo, quiero hablar con usted.

Los dos hablábamos en voz baja.

—No tengo nada que tratar con usted, Pepe —le dije temblando al notarle su cara con un gesto muy marcado.

Le tenía miedo. Hacía días que me escondía para no verlo. Cuando se convenció de que era verdad lo que le decía ya no volvió a molestarme más. Solo movía la cabeza cuando me veía.

Fermín llegó a vivir a la vecindad seis o siete meses antes de que yo cumpliera mis quince años. Era concuño de la hermana de mi madrastra que ya había muerto. Este joven era acabador de zapatos. Era muy guapo a pesar de que su pelo y su cara casi siempre estaban cubiertas del polvo del taller y usaba overoles viejos sin camisa. Tenía sus ojos de un verde color agua que me gustaban mucho y solo por eso no lo acusaba con mi hermano cuando tenía la costumbre de seguirme en la calle y decirme:

—Consuelo, Consuelito. No sea tan orgullosa. Siquiera voltee a verme. No sea mala. Mire que por usted soy capaz de tirarme debajo de un camión... parado.

Yo no contestaba una sola palabra, sonreía y con el joven detrás de mí caminaba más aprisa. Yo con el miedo de que nos encontrara mi hermano. Sabía que si me descubría mi hermano, me voltearía de bofetadas.

Viendo que yo no le hacía caso trató de ganarse la confianza de Antonia. Una noche mi padre nos mandó a Tonia y a mí a comprar el pan. No sé si ya estarían de acuerdo, lo cierto es que vi a Fermín parado en el zaguán muy limpio y peinado. Antonia se adelantó y me dijo:

—Aquí quédate mientras voy por el pan.

Sentí una cubeta de agua helada en todo mi cuerpo. Empecé a temblar pensando en tantos insultos que le había dicho: «Báñese primero... Pachuco... Me cae mal... Está loco». Al mismo tiempo, ¡qué vergüenza que me vieran con un hombre en la calle!

Él me dijo:

—Consuelito, yo la quiero a usted, ¡verdad de Dios! Quiero casarme con usted. Pero no me diga que soy un pachuco, porque yo trabajo —sentí ganas de soltar una carcajada. Me parecía ridículo hablándome en esta forma, mirándome tristemente. Pero él continuó—. Usted nunca me hace caso. Pero si viera, cuando la veo pasar me dan ganas de gritar... y es que es usted tan chula. Dígame cuándo puedo verla, me hará usted el hombre más feliz de la tierra. Por favor no me tire de a loco. Dígame qué quiere usted que haga. Yo haría hasta lo imposible por usted... Dígame, dígame...

Yo, viéndole la cara, me fijé que tenía sus facciones muy bien delineadas. Al estar hablando en esta forma me parecía muy estúpido, pero al observarle sus ojos y ver qué tiernos eran, la risa desapareció de mis labios. Tonia ya regresaba con el pan y apuradamente le dije:

—Sí, sí, espéreme dentro de un rato en la esquina de mi patio.

Al regreso Tonia me preguntaba:

—¿Qué te dijo, eh?

Muy desanimadamente por fuera pero en mi interior muy emocionada, contesté:

—Nada. Solo quiere que sea su novia.

Tonia me decía:

—Hazle caso. Está muy guapo. Y ya ves cuánto te sigue.

Pero esa noche no pude salir. Era la hora de la cena. Mi padre estaba frente a mí. Cuando oí un silbido que parecía decir mi nombre en diminutivo por poco y echo el café para afuera. Tonia me hizo señas con los ojos. Tomando el café muy deprisa, me levanté y pedí permiso para ir a enseñarle a la señora Yolanda mi costura. Pero no me valió, no me dejaron salir.

A los pocos días encontré a Fermín cuando salía al trabajo.

—¿Qué pasó, Consuelito? Ya ve cómo es usted.

Le di la explicación que mi padre era muy estricto y no me dejaba salir sola por las noches. Él la aceptó con la condición de que saliera esa noche, de lo contrario iba a tocar mi puerta.

¡Virgen Santa! ¡Tocar en la puerta! Sentía que mi casa se me caía encima.

—Sí, ahora sí salgo. De veras, Fermín, espéreme.

Esa noche tenía que salir a como diera lugar. A las ocho en punto oí el primer silbido que me hizo brincar.

—¿Qué tienes tú, payasa? —me gritó de inmediato mi padre—. Nada, papá, creo que me estaba durmiendo.

Esto fue muy bueno, porque ya no permitía que nos acostáramos luego. Aproveché la oportunidad para pedirle que me dejara salir a andar un poco. Mi papá aceptó.

Me encaminé a la casa de Imelda, amiguita de Marta. Recuerdo las palabras de esa niña aconsejándome.

—Pues ve, no seas mensa. Ahorita que te dejaron salir. Total, si te pegan, que te peguen con provecho.

—Bueno, pero tú me avisas si alguien viene, ¿eh, Melda?

Salí cruzando el patio como cohete. Todavía temblando llegué hasta donde estaba él. Fermín me saludó:

—Buenas noches, mi vida. Te estaba esperando. Hasta que al fin...

Me miró y me besó. Yo contuve la respiración. Sentí que me ahogaba. Apreté los labios. Con los ojos muy abiertos veía los de él que estaban cerrados. Fue solo un momento. Fermín al sentir que yo no lo besaba se apartó. Me dijo que sabía que yo no lo quería, pero que más tarde le iba yo a querer. Mientras tanto me daba las gracias por haberle dado aquel beso.

—¿Qué le di un beso?

Suspiré tranquila, ahora ya sabía lo que era un beso.

Pero recordando cómo se veía en días anteriores durante el trabajo me dio asco. Me despedí de él sin decir más y volví a la casa de Imelda. Me recibió riendo:

—¡Qué bárbara eres! —me dijo al ver que me tallaba la boca con la mano y hacía gestos.

Tenía ganas de volver el estómago. Imelda me preguntó:

—¿Y no te gustó?

Le dije que no pensando que le daba mal ejemplo, pero conforme ella continuaba hablando consideré que ella podía enseñarme lo que yo no sabía.

Al otro día a las ocho en punto estaba él silbando. Esa vez no dijo nada; en cuanto me vio me besó. Por mi parte recibió otro beso igual al de la noche anterior, mejor dicho dos, uno al llegar y otro al despedirnos. Mientras, me platicaba:

—Nomás que junte el dinero nos casamos, morenita. Verás cómo te pongo tu casa muy bonita. O te llevo para mi tierra.

Todo esto lo oía yo recargada en su hombro o mirándole a los ojos que era lo que más me gustaba. Cuando lograba estar con él me anotaba una victoria porque casi no podía conseguir el permiso de mi padre. Así lo dejaba yo plantado varios días. Él, muy fiel, se pasaba las horas esperando a que yo saliera, muchas veces con éxito, otras sin él. No importaba si llovía, él estaba en su lugar. Mi padre no sospechaba de mí.

Pero solo estaba contenta cuando estaba en el trabajo. Una vez llegando a casa se me hacía tan pesado observar a mi padre nada más leyendo, y si hacíamos ruido de inmediato se enojaba. Qué rabia sentía cuando le pegaban a Marta o a Roberto de cinturonazos. Qué impotente me sentía yo para decir algo, cuando menos. No quería moverme de mi lugar. Hubiera querido en esos momentos ser de humo y esfumarme.

Durante el día, mientras hacía el quehacer, Tonia encendía el radio y música cubana era lo que oía casi todo el día. Le gustaba la música de ritmo, danzón, guaracha, swing. Ella bailaba cuando estábamos solas. Cuando la vi bailar por primera vez confieso que me avergoncé. Tenía yo doce años aproximadamente y nunca había visto bailar en esa forma. Era yo demasiado severa. Ella escuchó una guaracha y empezó a mover todo el cuerpo, principalmente el vientre. ¡Híjole!, qué feo se veía. Ella seguía bailando moviéndose de un lado para otro. De vez en cuando daba una palmada para sentir mejor la música, yo creo. A pesar de todo, el ritmo me gustaba, pero ni yo misma me atrevía a confesármelo. ¡Cómo critiqué a mi hermana! La juzgaba indecente. Cuando ella saltaba o sumía el vientre me daban ganas de volver la cara hacia otro lado. Pero seguía yo viéndola.

Poco a poco, sin casi darme cuenta, empecé a moverme cuando oía la música en el radio. Mientras barríamos o lavábamos los trastes sucedía esto. Bailaban Tonia y mi hermano Manuel, yo los observaba desde la cocina sentada en una silla o banco, o arriba de las cabeceras de las camas. Un día Tonia bailaba y la vi mover los hombros. Abrí los ojotas, salté de mi banco y le pedí:

—¿Cómo le haces? ¿Cómo le haces? ¡Enséñame, enséñame!

Ella me dio la explicación pero yo por más que traté solo lograba un movimiento ridículo que hizo soltar la carcajada a Tonia. Pasó tiempo, pero aprendí.

En la vecindad, por distintas razones, casi siempre había baile. Pero por supuesto mi papá no nos dejaba salir. Me conformaba bailando en la casa durante el rato que Tonia hacía el quehacer. Entonces todavía no sentía lo que en realidad era el gusto del baile. Me bastaba con soñar despierta. Me veía yo entrando a un baile con un vestido azul, bien arreglada. ¡Qué emoción! Todos voltearían a verme. Sería yo el punto máximo de atracción. Iría a mi lado un joven muy serio y bien presentado. A mi alrededor no se oiría ni una grosería. Todos me iban a respetar. Empezaría yo a bailar al compás de una música suave, lenta, portándome muy seria. No como Tonia que reía con uno y veía a otro. ¡Por Dios! Qué mal hacía, era recoqueta, no le daba vergüenza.

Una noche —recuerdo que días antes mi padre nos había comprado vestido a Tonia y a mí. El mío era amarillo oro con una rama dibujada en canutillo. Era el más elegante que tenía yo y esa noche tenía puesto el vestido. Se oía fuertemente el sonido del baile. Yo empecé a mover los pies. Le hice señas a Tonia para que pidiera permiso. Ella alzó los hombros, no quería. Qué angustia me embargaba. «Se va acabar el baile», pensaba yo.

«Pos si ella no quiere, yo sí.» Me puse rígida cuando pedí permiso a mi padre.

—Papá, ¿me dejas salir al baile?, ¿sí? —la voz seca de mi papá esta vez no me detuvo, seguí insistiendo—. Que vayan los muchachos conmigo, papá... que vayan Roberto y Manuel. Nomás un ratito, ¿sí? —esta vez dio resultado. Obtuve el permiso.

El baile era en el patio por donde está el número 80. Recuerdo que salí con mis dos hermanos, uno de cada lado. No quise ponerme suéter, ni nada, ¡cómo, si tenía que lucir mi vestido! Aquello estaba lleno. Comencé a temblar. Nos paramos en una esquina, mis hermanos y yo. Manuel desde luego buscó su pareja y nos dejó solos. Roberto permanecía cerca de mí. Cruzaba yo los brazos fuertemente impidiendo así que se me viera el pecho y el busto.

Pasó una pieza y no se acercaban a invitarme a bailar. ¡Y yo que estaba que no me soportaba de ganas! «Se va a acabar y no voy a bailar», pensaba mientras más apretaba los brazos. Eso sí, estaba muy seria. De pronto un joven se acercó y le pidió permiso a mi hermano para sacarme a bailar. Roberto accedió y me hallé en los brazos de Sergio, un joven que vivía en el patio de en medio de Bella Vista. El contacto de los brazos de aquel joven me estorbaba, no lograba seguir sus pasos, temblaba todo mi cuerpo. Estaba yo tiesa como un palo. Él hacía lo posible por llevarme, pero mis pies estaban torpes.

Terminó esa pieza y yo pensé: «Qué mensa, no pude mo verme nada. Yo creo ya no me va a sacar». Agarré a mi hermano del brazo. Empezó otra pieza. Era muy movida y andaba muy de moda, «Chinito, chinito, toca la malaca...», etc. Grande fue mi alegría al ver de nuevo a aquel joven que se acercó a sacarme a bailar. Los pasos que él hacía eran nuevos, yo no los sabía, sin embargo empecé a sentir calorcito en mi cuerpo. Mis músculos endurecidos se fueron aflojando y entonces empecé a bailar con ánimo. Ya entonces todos los muchachos se me quedaban mirando. Era yo nueva en ese baile. Yo veía que algunos se acercaban a mi hermano, volvían la cara a mí y se quedaban serios. A la tercera pieza fue mi hermano Manuel a sacarme a bailar *Nereidas*, el danzón. Logré bailarlo ya con toda confianza. Solté el cuerpo y me dejé llevar por la música. Ocho piezas, o nueve, fueron las que bailé con mi hermano y con ese muchacho.

Seguía habiendo bailes y yo luchaba porque me dejaran salir, pero no lograba el permiso. No me daba permiso mi padre.

—¡No señor! ¡A echarse! Qué baile ni qué...

Me enojaba y me negaba a acostarme. Apagaban las luces y en la cocina a oscuras, sentada en el quicio de la puerta, lloraba hasta que las piernas se me entumecían. Y cuando escuchaba una pieza que me gustara, ¡qué berrinches!, hasta la cabeza me dolía. Pero no había remedio, no podía yo salir.

Vino a favorecerme el que mi papá y Tonia iban a casa de su mamá cada ocho días. Espiaba a mi hermano Roberto que casi siempre a esa hora se encontraba en casa y me salía a bailar. Manuel, él casi nunca estaba, por eso de él no me cuidaba. A Roberto le tenía yo verdadero odio. Cuando estaba yo bailando se acercaba y me decía:

—Escuincla, ya métase.

Empecé a obedecerle por temor y vergüenza de hacer un escándalo en la vecindad. Además yo llevaba la de perder si él le decía a mi papá.

Hubo un tiempo en que mi papá ya no salía por las noches y entonces yo me volví mañosa. Primero pedí permiso. Después supliqué, lloré, hice berrinches. Pero no logré que me diera permiso. Una noche me encontraba sentada en el quicio de la puerta de la cocina, a oscuras, los codos en las rodillas y las manos en la cara, desesperada. Tenía tantas ganas de bailar. Decidí escaparme. Con un poco de esfuerzo el cubetero me serviría como escalera. Con solo dar un paso llegaría yo a la azotea.

Al fin oí roncar a mi papá. Arrimé una silla con una precaución exagerada y con los zapatos en la mano, contenida la respiración, me hallé en la azotea. Ya estaba. ¿Ahora quién me prestaría una escalera para bajar? Afortunadamente la señora Yolanda se asomó en esos momentos. Le hice seña que guardara silencio y le pedí la escalera. Yola sonrió cuando bajé las escaleras.

—Pero muchacha, ¿qué hiciste?

—Shh, cállese, nos va a oír mi papá.

Me llevó a su casa, me peiné, me limpié la cara y salía al baile. No corría ningún riesgo. Roberto ya estaba dormido, mi papá también.

Llegué al baile y como siempre estaba lleno de muchachos, un grupo aquí, otro grupo allá. Unas muchachas estaban sentadas, otras paradas recargadas en la pared enlazados los brazos. La expresión de sus caras denotaba a leguas su ánimo para bailar. Los muchachos de la palomilla grande estaban reunidos todos en un círculo deforme; unos movían el pie, otros pegaban una mano con otra, otros veían y seleccionaban a la que iba a ser su próxima pareja. Más acá un grupo de más chicos practicaba los pasos. Un foco de más o menos 100 watts iluminaba el lugar donde se colocaba el tocadiscos.

Se acostumbraba que a los que bailaban mejor se les hacía un círculo y con las palmas de las manos se les animaba a seguir bailando. Era entonces cuando los jóvenes lanzaban miradas maliciosas y las bocas se torcían en una sonrisa burlona, criticando o teniendo pensamientos de maldad. Si la muchacha era buena para bailar, del grupo que hacía la rueda pasaba otro a demostrar sus habilidades de buen bailarín. En realidad había ambiente. Todos se movían tratando de destacar de entre los demás.

Cuando llegué al baile me paré en una esquina procurando que no me diera la luz, por si mi hermano andaba ahí. Ya tendría yo tiempo de escapar. Además no me gustaba irme al centro donde estaban los buenos bailarines. Yo por mi parte tenía mis parejas; Hermilo, el Gorila; Gustavo, el Huele de Noche; Ángel, el Poca Luz, y Tomás, el Pato.

Por la azotea regresé con el mismo sigilo que había salido. Mi padre no se había despertado. Después esto era lo que hacía cuando no me daba permiso. Pero una noche empezaba yo a subir por el cubetero como siempre. De pronto sentí un golpe en las piernas. A ese tablazo siguieron dos más. Sentí que la sangre se me heló y voltié a verlo.

—¡Bájese de ahí, rápido!

Cuando bajé yo esperaba recibir más golpes. Pero ya no, afortunadamente.

Cumplí mis quince años. ¡Con cuántas cosas habíamos soñado Angélica Rivera y yo! En algunas ocasiones, sentadas en el patio, nos contábamos lo que deseábamos para ese día. Ella imaginaba al igual que yo el patio muy adornado, el piso muy limpio, una lona tapándolo por si llovía, una portada que permitiera el paso nada más a los invitados y sillas alrededor. Yo veía a mi padre vistiendo un traje negro, igual que mis hermanos, y sobre todo yo con un vestido azul que llevara lentejuela para que brillara. Mi hermanita con un vestido también largo. Una pequeña orquestita tocando a la mitad del patio, no música como la que oía a diario cuando había bailes, la música de mis quince años debía ser distinta. La bebida no de mala calidad. ¡Qué bonita me iba a ver Fermín!

¡Qué pareja íbamos a formar él y yo bailando el vals, robando las miradas de todos! Mi padre desde la mesa me observaría, cómo yo, su hija, era ya una señorita. Éstos eran los sueños de Angélica y míos. Pero ella siempre decía:

—Si Dios quiere.

Yo decía que tenía que ser. Ese día no podía pasar desapercibido para mi padre.

Desgraciadamente no fue así. El día que cumplí mis quince años ni yo misma me di cuenta del día que era. Me levanté, me fui a trabajar y así lo pasé. Ya muy tarde recordé algo que debía hacer ese día. Qué sabor tan amargo me vino al recordar mi cumpleaños, los quince, el día más importante en la vida de una muchacha. Estaba ahí sentada en mi banquito, con un delantal, manchadas todas mis manos por la tinta de los zapatos, entre el polvo que volaba al rozar la suela con la máquina que los emparejaba. Limpiaba unos zapatos de raso blanco. Los acaricié. Me dieron ganas de llorar pero me contuve. «Algún día tendré para comprarme mis cosas. Algún día mi padre se ha de fijar que no soy tan mala como él dice. Algún día...» Terminé de limpiar los zapatos y al observar el brillo tan blanco del raso y la hechura tan fina, ya no pude resistir; salí al baño a llorar. Me dolía hasta el alma que nadie me tomara en cuenta.

Salí del trabajo muy tarde; iba casi sin ganas de llegar a la casa. Tomé el camión yo sola. Durante el camino pensaba por qué tendría yo esa suerte. Tal vez ni era yo hija de mi padre, tal vez por eso ni en cuenta me tomaba. Bajé del camión, entré al zaguán y encontré a mi hermano Roberto. Me dijo:

—Ándale, te estamos esperando para que partas el pastel.

Yo me alegré e instantáneamente me arrepentí de todo lo que había pensado. Apresuré el paso para entrar más rápido a la casa. Y en efecto, sobre la mesa estaba un pastelito; tenía un elote de crema. Pero lo vi tan pobre que casi me sentí humillada. Tonia, sonriendo, me dijo:

—Ándale, ahí está tu pastel.

No contesté. Mi padre me dijo que lo partiera.

—Ahorita no tengo ganas. Estoy cansada. Guárdalo.

Roberto se me quedó mirando feo. Marta y él me seguían diciendo que lo partiera. Roberto me dio el cuchillo, le puso las velitas al pastel y las encendió. Al ver que Roberto estaba tan contento me conformé y apagué las velas. Mi deseo fue que pudiera estudiar más tarde. Al otro día me fui a trabajar y ya ni quién se acordara de la noche anterior.

Ya era una señorita y no quería ya salir a jugar. Me vería yo mal corriendo por todos los patios y no quería dejar solo a mi papá. Además casi siempre Tonia con sus amigas estaban en el patio y solo se contaban cosas que me daban vergüenza. Los juegos de Antonia eran muy rudos. Le gustaba jugar al «burro» y yo nunca quería aceptar. Pero la noche que lo hice brinqué a Tonia que estaba de burro y llevé la vergüenza de mi vida al quedarme suspendida en el aire con un pie en su hombro al levantarse ella. Quise llorar de coraje, pero me aguanté y solo estuve pensando la forma de desquitarme. Unos días después, Tonia y yo empezamos a alegar, ella me tiró una patada, logré pescarle el pie y levantárselo muy alto haciéndole perder el equilibrio. En el suelo, se agarró la cara; estaba llorando porque le había dolido mucho. Se aguantó también, no dijo nada a mi papá. Y así estuvimos, una y una.

Otra ocasión estábamos comiendo. Iba a sentarme —y no sé si fue intencional o sin intención— Tonia quitó la silla al momento de sentarme yo que ya tenía mi plato de sopa en la mano. Caí y me di un buen sentón, la comida me la eché encima y me quemé el estómago. Tonia reía. Después me pidió de corazón que la perdonara. Desquité mi coraje más adelante cuando le empujé bastante fuerte la taza que en esos momentos se llevaba a la boca. Le despostillé un diente y el borde de la taza le puso morada la nariz. Tenía yo risa, igual a la que ella tuvo. Tonia, en cambio, se enojó:

—Ay, tú eres muy pesada —me dijo.

Fue en este tiempo cuando Tonia escapó de la casa. Yo no sé si ya habría intentado hacerlo antes, lo cierto es que Roberto tenía órdenes de cuidarla a dondequiera que fuera. Esa mañana me dijo Antonia que fuéramos al baño, que ella me pagaba el boleto. Acepté. Vi que echaba mucha ropa a una bolsa, me extrañó y pregunté. Me dijo que la iba a mandar componer. Salimos de la casa y nos encaminamos a los baños Florencia, que estaban muy lejos, y ella me explicó que por allí vivía la señora que le iba a componer sus vestidos.

Había cantidad de gente ahí porque era el día de la semana que bajaban el precio. Tuvimos que hacer cola para que nos dieran nuestros casilleros. Me quité la ropa en los vestidores que eran demasiado pequeños, la colgué en uno de los ganchos, me envolví en una sábana y salí al pasillo a buscar a Antonia. No estaba ahí, tampoco en las regaderas donde mujeres desnudas y niños esperaban su turno. Salía un hedor horrible, a sudor y a mugre, y mejor me fui al cuarto de vapor caminando con todo cuidado por el suelo resbaladizo. Ya me había caído varias veces en los baños... Marta también, y tenía miedo de lastimarme de nuevo. Solo había allí unas mujeres gordas y estaban discutiendo porque una quería abrir más la llave del vapor y la otra quería cerrarla. Tonia tampoco estaba en la alberca así que terminé de bañarme, me vestí y me fui a esperarla al pasillo de la entrada.

Pasó mucho rato y Tonia no venía. Fastidiada le pregunté al bañero y me dijo que ya se había ido. Corrí a la casa. Pensé que me había hecho la maldad de dejarme sola. Cuando llegué y pregunté por Antonia, Roberto se asustó tanto que brincó de la silla.

—No, no ha venido.

De inmediato dejó de desayunar y se lanzó a buscarla, en la casa de su mamá, en la calle, y no la encontró. Yo creo le avisaron a mi papá porque llegó más temprano. A Roberto le costó el haberla descuidado; le pegó mi papá muy fuerte.

Ya era muy noche cuando la encontraron en la estación del ferrocarril con otras mujeres. Mi padre la jaló y se la trajo a la casa. Tonia no parecía estar asustada, pero yo sí lo estaba. Pensaba que la iba a moler a golpes y en efecto así fue. Después de haberle pegado la llevó a encerrar al cuarto donde había vivido Elena. Si anteriormente teníamos prohibido ir a esa casa, ahora con más razón. Mi padre ordenó que ahí se le llevara de comer y que no se le dejara salir para nada. Algunas ocasiones, burlando la vigilancia de mis hermanos y la Chata, fui a verla. Sentí compasión por ella; solo podía asomar la cabeza por la pequeña ventanita de la puerta.

Me explicó qué había sucedido:

—Cuando salí del baño encontré a dos señoras, les dije que necesitaba trabajo y me fui con ellas —lo que no sabíamos ninguna de las dos era que estas mujeres manejaban una casa de prostitución; esto lo supimos hasta más tarde.

Esa noche mi papá lloró mucho cuando creyó que todos estábamos dormidos. Me dolía mucho verle llorar. Yo nunca iba a darle un dolor así. No me importaba que me gritara. Si estaba enojado, con alguien tenía que desquitar su coraje. Que lo desquitara conmigo, no me importaba, con tal de que no se enfermara. Después de todo tenía razón mi padre. Era muy tonta y no podía nunca hacer nada; solo me aturdía y daba de vueltas. Pero estaba muy mal que Antonia hubiera huido, ahora la gente la iba a despreciar. Yo nunca iba a hacer una cosa así. Si las gentes se enteraban me tomarían muy a mal esto y jamás iba a ser estimada por nadie. Pero entonces qué lejos estaba yo de imaginar lo que años más tarde pasaría.

Al fin le permitieron a Antonia que volviera a vivir con nosotros. A pesar de que le hablaba yo y nos decíamos bromas de vez en cuando no podía llegar a quererla. Tonia se pasaba horas con la señora Yolanda que me decía todo lo que ella le iba a contar. Un día Yola me dijo:

—Cuida a tu papá. Antonia ha dicho que lo odia y que los odia a todos ustedes y que les ha de hacer sufrir todo lo que ella sufrió cuando niña.

Quería vengarse y decía que tenía que llevarse a mi papá para donde estaba su mamá.

Yola también me contó que una vez que todos estábamos fuera de la casa —Roberto y Manuel en el trabajo en un taller de cristales y Marta y yo en el colegio— Antonia hacía brujerías con una vecina, la señora Luz. Antonia, sin zapatos, alzaba los muebles sobre las camas y barría con la escoba de popote. Luego se dirigía a la casa de Luz que profesaba otra religión, la Evangelista, o Espiritista. Las dos regresaban luego a la casa; llevaban bajo el babero sus botellas de agua, yerbas y flores. Antonia cerraba la puerta con el pasador para que nadie llegara a importunarlas.

Yola, que vivía enfrente, las espiaba por el agujerito que tenía su puerta. Después simulando tender su ropa subía a la azotea y alcanzaba a ver los movimientos de las dos mujeres. Antonia encendía el brasero de carbón mientras Luz se metía a la pieza a regar el agua de las botellas en las paredes y en el piso diciendo algunas frases. Cuando la lumbre encendía bien, Luz quemaba sus yerbas y flores. Mientras se quemaban Tonia la acompañaba en sus murmuraciones. Cuando se enfriaban las cenizas en el anafre, Luz agarraba un puño y le decía a Antonia que pidiera lo que quisiera: «su magia todo lo puede». Antonia pide algo —no bueno, desde luego— y Luz entre murmuraciones riega el polvo por todos los rincones de la casa.

Luz guardaba todos sus menjurjes y cerciorándose de que nadie la viera salía deprisa. Tonia rápidamente volvía a cerrar la puerta. Cuando el agua se secaba y el humo se dispersaba totalmente, como si nada hubiera pasado, abría las puertas y continuaba haciendo sus tareas. Yo no sé si esto sea cierto pero así me lo contó Yolanda. Después mi hermano Roberto me dijo que Antonia hacía brujerías y sí creo que Antonia las haya hecho porque en realidad nos odiaba y lo hizo queriendo seguirnos algún mal.

No estoy segura qué relación tenga esto con lo que hizo Antonia, pero un tiempo después cada ocho días y por unos tres o cuatro meses mi padre iba a Pachuca y de allá traía unas botellas con un líquido amarillento y yerbas dentro. A veces el agua era de color amarillo, a veces verdioso, a veces blanco o mejor dicho incoloro. Puso las botellas en el rincón izquierdo de la cocina y dio órdenes estrictas de que nadie le tocara esas botellas. Nunca vi que tomara esa agua, o la regara o algo por el estilo; por más que permanecí en casa nunca vi nada. Quién sabe si mi padre haya usado esa agua como medicina para deshacer el mal hecho por Antonia. Solo Dios sabe. Yo nunca pude averiguarlo.

Después de eso nada le parecía bien a mi papá. Día a día nos decía cosas que antes nunca había dicho:

—¡Estoy harto de ustedes, vagos! ¡Estoy cansado, estoy fastidiado de trabajar día con día y ustedes echados como puercos nada más comiendo y durmiendo!

Estas palabras para mí eran como bofetones. Sentía ganas de echar a correr, pero no podía. Solo bajaba la cabeza y esto era llorar. Esto ya era a diario. Roberto muchas veces ya no llegaba a casa a dormir. Solo Marta, Antonia y yo quedábamos en casa.

La primera vez que contesté a mi padre, no con majaderías, únicamente negando el hecho, fue una tarde que me acusó de que yo me sacaba los pollos para dárselos a la «bruja de mi tía». Le contesté:

—No es cierto, papá, yo nunca tomo nada.

Sentí un latigazo en pleno rostro y me arrinconé entre el brasero y la alacena. Antonia estaba presente y qué vergüenza sentí que él tratara así a mis familiares. A los de ella, en cambio, qué distinto. Cuando iban Élida o Isabel decía:

—Tonia, sírvele café a tu hermana... Siéntate, Élida, vamos a platicar un rato... Toma para tu camión.

Más tarde Antonia empezó a estar mala. Había tenido dificultades con su novio, un muchacho de allí de Bella Vista por el que estaba loca. Él la dejó por otra muchacha yo creo porque Tonia le dijo que estaba embarazada. Digo esto porque se puso muy mala con una hemorragia tremenda y alguien me dijo después que había tomado unas yerbas para echar fuera al niño. Tonia se volvió como loca cuando la dejó el novio. El doctor le dijo a mi papá que ella era de la clase de mujeres que siempre tienen que tener un hombre o si no se iba a enfermar. Poco después le empezaron unos ataques verdaderamente fuertes.

Un día llegué de la escuela y encontré la casa muy revuelta. Casi me había acostumbrado a ver mi casa triste, desarreglada, pero ese día la casa estaba... ¡muerta! Todos los trastes sucios en el lavadero, la estufa sin limpiar, la cocina sin barrer... Las puertas de la pieza estaban cerradas y mi padre y los muchachos estaban sentados en la cocina muy desanimados. Todo estaba oscuro. Todas las sillas y las cosas de la pieza estaban amontonadas en la cocina. Iba yo a hablar pero mi padre con enojo e impaciencia me calló:

—¡Sht, idiota... ya la despertaste!

El levísimo ruido que había yo hecho al tocar una silla fue suficiente. Entramos corriendo a la pieza. Tonia tenía el ataque. Daba unos brincos increíbles, se jalaba los cabellos, arrancaba y rompía todo; era horrible aquello. Logramos cazarla y acostarla nuevamente. Vino una enfermera y la inyectó y quedó dormida. Pasaron días así y después Tonia fue internada en un sanatorio donde pasó varios meses.

Más tarde las cosas sucedieron como Yola había dicho. Cuando Tonia salió del sanatorio ella y mi papá se fueron para la casa de Lupita y a nosotros nos dejaron viviendo en Bella Vista. Una tarde mi padre sin más ni más me dijo:

—Me voy para Rosario. Allá voy a estar. Ya vendré todos los días a verlos. ¿Te quieres ir o te quedas?

No quise irme. Mi orgullo me impidió decirle que me iba donde él iba, que quería estar donde él estaba. Cuando vi que cargaba su cajón color azul en el hombro y le pidió a Roberto que le abriera la puerta, me sentí caer y me sostuve de la silla. Cuando salió nos miramos mi hermano y yo sin saber qué decir. Él se metió al guáter a llorar, yo solo sentí un líquido amargo que me corría de la garganta a la boca y me aprisionaba mis ojos, pero de mí no salió ni una palabra ni un sollozo. Al día siguiente mi padre llegó con Antonia y sus hermanas y se llevó el tocador, las colchas, las almohadas, las fundas, los manteles, el jarrón de las flores, las cortinas... hasta la estufa nueva de petróleo. Una vez más la casa quedó pelona. Desde entonces no hubo más cortinas, nunca hubo más fundas, nunca hubo más flores. Si alguna vez a Marta o a mí se nos ocurrió poner cortinas, o arreglar un poco la casa, mi padre quitaba, jalaba todo lo que habíamos puesto y nos mandaba que dejáramos las cosas como estaban.

Sin embargo cumplió con lo que había dicho. Venía a vernos todas las tardes y nos dejaba el gasto. Pero cuando le ofrecíamos de cenar decía:

—No quiero nada —en su tono cortante. Ya no insistía yo.

Cuando mi padre se fue entonces sí supe lo que me hacía falta mi madre. No pudiendo contenerme por más tiempo empecé a llorar, llorar con todo mi corazón, hasta que mis ojos me dolieron y volteando a ver el cuadro de la Virgen preguntar por qué era así mi padre con nosotros.

Nunca antes nos había dejado. Estábamos acostumbrados a vivir con él, a verlo diariamente sentado en su silla leyendo, lavándose los pies o, examinando a los pollos, dar órdenes para que se lavaran o cambiaran de gallinero. La presencia de mi padre era todo. Estando él se llenaba la casa, la veía yo completa. Ahora sentí que no podría sostenerme más tiempo. «¿Es que no soy hija de mi padre? ¿Es que el ser huérfano es pecado, Dios mío?», me preguntaba sin cesar. Gritaba yo «madre» y quedaba esperando, esperando que alguien me contestara. Nunca antes la había yo llamado con tanta desesperación. Esa tarde gritaba, le gritaba a mi mamá y quería yo que desde la nada me contestaran algo.

Pero solo el silencio siguió a mis palabras.

Pasé una niñez muy feliz. Tan feliz, creo, que como ninguna niña, de lo más feliz que puede haber. Me sentía yo libre... No sentía yo ningún amarre. Yo podía hacer todo lo que quería, podía desbaratar y quebrar sin que me pegaran. Mi papá me dejaba hacer todo y a mis hermanos no. Cuando lloraba, mi papá me acariciaba y me daba dinero. Cuando me encerraba pa' que no saliera me escapaba por la azotea. Era grosera y respondona con todos porque veía que mi papá me tomaba a mí una atención que no tenía con mis hermanos; era la consentida. A mis madrastras y a las sirvientas que teníamos en la casa las maltratábamos. Éramos muy léperos con ellas y no duraban nada. Solo Enoé y la Chata fueron las que más duraron con nosotros. Pero las hacía beberse sus lágrimas, y Elena, mi primera madrastra, lloró también.

Mis amigos, mis amiguitas, me veían como jefe. Luego nos poníamos a jugar al beisbol y yo era la que decidía quiénes se iban conmigo, quiénes se iban con el otro. Eso me elevaba porque para jugar me pedían consentimiento a mí. Veían que yo en la casa era muy consentida y mi papá siempre nos traía lo mejor que nos podía dar. Yo les repartía fruta a los muchachos y por eso mismo siempre me andaban buscando y me andaban ahí rogando pa' que saliera a jugar. Nunca me faltó una amistad y entre ese ambiente pos yo me sentía muy grande.

No me gustaba la escuela. Fui a la escuela por mi papá pero no porque me gustara. No aguantaba estar encerrada en un cuarto y no hacía el propósito de aprender nada, escribir, leer o hacer cuentas. Fui muy burra, repetí el primer año tres veces y el segundo lo hice dos veces. Terminé el quinto año cuando tenía catorce años, iba a entrar a sexto pero ya no lo cursé: me fui. Nunca anhelé ser algo, alguien en la vida, como enfermera, o modista, nunca dije voy a ser esto o lo otro. Mi héroe favorito era Tarzán y yo quería ser su compañera.

Era muy machorra, una marimacha, me juntaba con puros hombres y jugaba al burro, a las canicas, al trompo, a los huesitos... según la temporada. Para mí solo éstos eran juguetes y yo le quebraba a Consuelo los suyos, muebles y trastes de muñecas que le gustaba guardar muy cuidadosa en una caja debajo de la cama. No me gustaba jugar con mujeres, pero me encantaban las muñecas, vestirlas, cargarlas.

Mi papá a las mujeres nos trataba a cuerpo de rey, a los hombres casi no les hacía caso. Procuró comprarnos ropa, que no nos faltara de comer, darnos escuela y nunca dejó que mis hermanos nos maltrataran. Nos llegaron a pegar, pero en cuanto venía mi papá les pegaba a ellos. Entonces los agarraba y sin compasión les pegaba.

Consuelo fue más quieta, más reservada y casi no tenía amigas; siempre llevó una vida muy apacible. No podía salir libremente por mi papá que siempre estaba al pendiente. Nos peleábamos mucho. Cuando mi papá me mandaba a traer el pan y yo traía pan surtido, ella agarraba el que a mí me gustaba. Traía mi papá fruta y yo le quitaba la que a ella le gustaba. Me escondía mis botecitos con mis cosas y si yo sabía que le gustaba algo, iba y se lo rompía. Siempre fui muy mala con ella, siempre le busqué la vida. Cuando estaba con sus amigas yo le decía a mi papá que se había ido a la calle y le pegaba. Y ella también me acusaba porque no quería que anduviera de machorra. Su niñez fue triste porque no le gustaba salir a correr, a divertirse. Siempre callada y por eso se le recargaba más. Llegaba Roberto y le jalaba las trenzas y llegaba Manuel y le decía sírveme aquí, tráeme esto, y ella tenía que obedecer pues si no lo hacía le pegaba. Y como estaba aquí metida estaba más a la mano para hacer las cosas.

Es raro, pero he tenido más confianza en mi media hermana Antonia y en mi cuñada Paula que en Consuelo. Porque Consuelo siempre se cree superior y luego luego juzga mal. No sabe meterse en buena forma en la vida de uno. Y yo siempre he pensado que es agarrada y egoísta.

De chica mi preferido era Roberto porque siempre me daba cosas y me llevaba con él. Pero siempre ha sido muy delicado y muy mandón y decía muchas mentiras. Manuel siempre estuvo con su mundo aparte. Yo creo que porque él era más grande siempre fue muy retirado y muy reservado. Se me figura hipócrita, porque yo sé muy bien que no siente lo que dice. Y es muy embustero, sobre todo, siempre anda con la mentira en la boca. Pero ninguno de mis hermanos me pegó de chica, empezaron cuando ya tuve edad de tener novios.

Manuel casi toda su infancia se la pasó en la escuela, como Consuelo... muy persignaditos, muy seriecitos, más quietos, más callados. Vamos por parejas en carácter. Yo era como Roberto, ¡canijo Roberto! No quería ir a la escuela —le encantaba andar de vago como a mí— y se salía de la clase por las ventanas. Dejábamos encargados los útiles en los baños del Consulado y nos íbamos a Chapultepec. Allí nos subíamos por donde está el Castillo y nos metían unas corretizas los soldados de Guardias Presidenciales, porque es un delito subir por allí. Si Roberto traía dinero alquilaba una canoa y nos íbamos a remar al lago. Siempre me compraba algo: chicles, dulces, paletas, chicharrones, algodón, lo que se me antojaba, para que yo no sintiera hambre. Siempre procurábamos regresar a la hora que salíamos de la escuela, para que creyeran que habíamos ido, tomábamos el camión, íbamos a recoger los útiles y nos íbamos a la casa.

Roberto me enseñó a viajar de mosca en los camiones y en los trenes y así andábamos por toda la ciudad. Cuando no tenía centavos en la bolsa agarraba a los estudiantes, a los muchachos que se saltaban la barda y los amenazaba y les sacaba un lapicero, un peso, un tostón, lo que traían. Luego, cuando se metió de conscripto, les mentía diciéndoles que si no le daban algo los llevaba al cuartel. Ya después él traía bolsas de mano de mujer, entonces teníamos más dinero y él me daba que un hilé, que una polvera, carteritas; tenía una colección de todas estas cosas. Yo fui muy feliz de chica. Una vez Roberto y su palomilla cargaron conmigo a Chapultepec. Era una bola de puros muchachos y yo sola de mujer entre todos los hombres. Fuimos a un restorán, uno que está en el lago, y dijeron que íbamos a pedir comida corrida. Nos sentamos y pedimos unas tortas grandes de chorizo con huevo y su limonada cada quién. Y empiezo a ver que se fueron saliendo poco a poco, unos dizque a comprar cigarros, otros al baño. Quedaron como tres muchachos, mi hermano y yo. Y uno de ellos le dijo a mi hermano:

—Ándale, Negro, tú pélate con tu hermana —nos paramos en una forma natural y nos fuimos sin pagar.

Cuando dijeron «comida corrida» no entendí, ¿verdad?, no sabía en primera qué era comida corrida, y ellos le decían comida corrida a sentarse a comer y echar a correr sin pagar. En cuanto salimos del restorancito nos fuimos a la feria y nos subimos a un juego llamado el Pulpo. Nos dimos tres vueltas seguidas porque vimos desde allí cómo los meseros nos andaban buscando. Hasta que vimos que no andaban cerca nos bajamos, tomamos nuestro camión y nos venimos.

Cuando Roberto iba al mercado de la Lagunilla a traer lo que mi papá nos mandaba: fruta, queso, mantequilla, lo que necesitábamos acá, Roberto me llevaba con él. Mi papá le daba dinero a mi hermano para el camión y nosotros por estar de comelones nos lo gastábamos y para poder llegar nos íbamos de moscas en el camión. Cuando echábamos moscas nos seguía mucho un perro que le decíamos el Rata y se enseñó a jalarse el pedazo de carne, una naranja, según. Roberto nos cuidaba a mí y al perro, pero luego alguien lo envenenó.

Tenía yo como ocho años cuando mi papá puso negocio de pájaros. Un día trajo una jaula grande que tenía techo de madera y láminas de cartón. Había comprado zenzontles y estaban chiquitos, todavía no chiflaban. Manuel y Roberto chiflaban y los zenzontles les aprendían. Pero esa vez le avisaron a Elena que se le habían volado los pájaros; habían perforado el carrizo y por allí se fueron saliendo una docena y media. Ella estaba muy apurada pensando que mi papá se iba a enojar.

Cuando llegó mi papá que empieza a contarlos y preguntó:

—¿Dónde están?

Y dice Elena muy apurada:

—Pues... unos se mueren.

A mi papá le ganó la risa, porque cuando llegó ya la portera que era la chismosa de la vecindad le había dicho que se habían volado. Esa vez no se enojó.

De mis tres madrastras yo creo que Elena fue la mejor. Fue mi primer madrastra y la primer mujer que yo conocí, extraña, ¿verdad?, muy buena gente conmigo. Me cargaba, me peinaba, me aseaba, como si hubiera sido una madre. Pero nunca le llegué a decir mamá, como Consuelo. Y más me gustaba Elena porque todas mis travesuras me las tapaba ella y nunca recibí un golpe de ella; aunque fui muy majadera con ella nunca me acusó con mi papá.

Mi tía dice que Elena ha de haber tenido como diecisiete años cuando mi padre se casó con ella. Recuerdo que brincaba a la reata con nosotros antes de que viniera a vivir con mi papá. Ella tuvo antes un marido que le pegaba tanto que por eso estaba enferma del pulmón. Ya estaba enferma cuando fue a vivir al lado de nosotros, por eso trajo una sirvienta mi papá para que la ayudara, porque nunca le ha gustado a mi papá que la mujer se mate tanto.

Consuelo sí quiso mucho a Elena y siempre sacaba la cara por ella. Yo fui muy lépera y le decía de cosas a Elena y Consuelo me pegaba. Y Elena, en lugar de que se me voltiara, le decía a Consuelo:

—Déjala, Flaca, al fin está chica, ella no sabe lo que dice.

Antes que no estaba el techo del patiecito había unas tablas porque cuando llovía había mucha agua. En medio había una viga y de allí colgó Elena una cuerda poniendo una tablita abajo para que nos sirviera de columpio. Una vez me estaba yo meciendo y Consuelo a fuerzas me quería bajar. Y empecé a chillar y a pelear y luego Elena que estaba sentada cerca dijo:

—Ven, Gorda, ven para acá.

Porque así me decían, nunca por mi nombre. Yo le di de patadas y le decía:

—¡Déjame, déjame, no quiero que me toques! —Consuelo me quiso pegar, pero Elena me defendió. Fue muy buena gente conmigo, muy paciente, pero como yo estaba tan chica casi no me acuerdo.

Tenía diez años cuando murió Elena. Mi papá dijo que Roberto y Manuel tenían la culpa, que ellos la habían matado a corajes. Pero a ella le sacaron las costillas y le abrieron un pecho para sacarle un tumor. Era muy gorda y desde esta operación comenzó a adelgazar hasta que se murió. Dicen que murió de tuberculosis pero yo no lo creo porque mi papá siempre ha sido muy delicado para eso de las enfermedades contagiosas. Yo creo más bien que fue del tumor o algo así.

Elena se veía muy bonita cuando la velaron. No sé si mi papá o la mamá de Elena le mandaron hacer un vestido blanco con un manto azul y la vistieron de la Purísima Concepción. Esa noche que se veló ella, mi papá se disgustó porque había un baile. Afuera, a todo dar el baile y nosotros acá con el velorio. Ni siquiera pusieron la música más suave.

Me di cuenta de mi madrastra Lupita mucho antes de que Elena muriera. Mi media hermana Antonia vino a vivir con nosotros y a escondidas me llevó a la calle de Rosario a ver a su mamá y a sus hermanas. Me recibió Lupita muy bien y no me puso cara —que yo me acuerde—; la que sí se enceló fue María Elena, mi otra media hermana. No le pareció desde un principio que fuéramos allá. Pero Lupita siempre fue muy amable conmigo y cada vez que iba me daba mis centavos, 20, 10, o me daba una cazuelita, una ollita, cualquier cosa.

Mi papá llevaba a Antonia a ver a su mamá cada miércoles. No sabía mi papá que nosotros, Antonia y yo, íbamos durante la semana. Un día quería que me llevara con ellos y me puse a chillar. Y mi papá como no quería que chillara me llevó. Como él no supo que yo había conocido a Lupita antes no me dijo absolutamente nada. Nomás lo que me dijo antes de entrar fue:

—Saluda a la señora y pórtate bien —pero no me dijo «ésa es mi señora», nada en lo absoluto.

Antes de que Antonia viniera a vivir al lado de nosotros dormíamos en la misma cama con mi papá Consuelo y yo. La otra cama se la habían llevado al cuarto de Elena y cuando ella murió se la dieron a Santitos, la mamá de Elena. Cuando vino Antonia ella tomó el lugar de mi papá en la cama y mi papá se dormía en el suelo. Después cuando se le puso lo loco y se fue con unos amigos fue mi papá y la encerró en casa de Elena y él volvió a dormir con nosotros. Cuando compró otra cama fue para Antonia. Mi papá durmió con nosotras hasta que estuvimos bastante grandes.

Porque veían que mi papá con Antonia tenía bastantes atenciones en la vecindad se llegó a murmurar. Tanto que decían que no nomás era hija sino era su querida, su amante... bueno, que mi papá y Tonia tenían que ver. Todos veían que mi papá le daba todo, le compraba cosas de lo mejor. A nosotros nos acostaban temprano y cuando ya estábamos durmiendo mi papá y Antonia se salían al cine, al teatro, se iban a cenar.

Mi amiga Angélica, que vivía frente a nosotros en el mismo patio, me contó lo que andaban diciendo los vecinos. Pero yo seguí en la misma, me lo decían y me lo callaba. Na'más estaba como espectador, nomás viendo. Porque a mi papá yo nunca le decía:

—Fíjate que me dijeron esto...

Yo no tenía esa confianza con mi papá. Tenía miedo que mi papá se fuera a enojar y me fuera a pegar. Frente a él siempre he temblado y me he cuidado de lo que digo.

Roberto, como Consuelo, se encelaron bastante de Antonia. Les dio bastante coraje que mi papá a ellos no los tomaba en cuenta. En la casa, así se estuvieran muriendo de berrinche ellos, se hacía lo que Antonia decía. Roberto y Antonia se llevaban como perros y gatos. Yo me ponía del lado de Antonia, y de otro lado Consuelo y Roberto. Cuando llegaba mi papá de trabajar le daba la razón a Antonia.

Un Día de Reyes se pelearon porque a Antonia le trajeron más bonitos regalos. Las dos habían pedido muñecas y a Antonia le trajeron una güera, una rubia muy bonita, y a Consuelo una morena que tenía cara de espantamuertos. A Antonia le trajeron un reloj, creo Haste, muy bonito, y el de Consuelo pues más corriente, más feo el reloj. A Consuelo le dio tanto coraje que lloró y nunca le gustó ese reloj, ni la muñeca. Y por esas cosas siempre andaban peleando. Ya después cambiaron y se empezaron a llevar mejor. Sentí la falta de mi madre ya estando en la escuela, antes no había notado nada de eso. En parvulitos, me acuerdo muy bien, a la hora de entregar los regalos de Día de las Madres, yo me quedé con mi regalo en las manos; yo no tenía a quién dárselo. El Día de las Madres era el día más triste del año para mí. Ya de más grande fue cuando empecé a extrañar más la presencia de mi madre.

Lo que sé de mi mamá es lo que me han dicho personas que la conocieron. A mí me tenían engañada; me habían dicho que se había muerto de congestión cerebral. Entiendo que cuando uno cena mucho y se acuesta le da congestión. Pero Piedad, la segunda esposa de mi tío Alfredo me fue diciendo hace poco que mi mamá estaba embarazada y no murió de congestión, sino que estaba mala del hígado, los riñones y el corazón. El doctor le había dicho que si quería seguir viviendo se sacase el feto antes de los cinco meses y ella no aceptó. El doctor quiso salvar a la criatura pero mi papá dijo:

—Mejor que se la lleve con ella.

Mi tía Guadalupe insiste que mi mamá murió de contagio de marido que le contagió mi papá... que porque había ido con otras mujeres. Pero la Chata, la señora que trabajó en la casa, dice que un coraje que hizo por mi hermano fue la causa de su muerte. Según ella mi abuela murió también de una muina que le hicimos pasar, pero mi tía dice que no, que murió de un tumor. La Chata no dudaba que éramos tan malos que éramos capaces de matar a alguien. Alega también que era mucho lo que sufría en esta casa, que las bilis las sacó de aquí, y que si no hubiera sido por mi papá que es tan bueno, nunca se hubiera quedado a trabajar con nosotros. No la queríamos, la corríamos y se llegó a ir varias veces. Cuando mi papá llegaba en la noche preguntaba por ella —porque era la que le daba de cenar— y cuando se enteraba por qué, les pegaba a mis hermanos y luego iba por ella. Le decía que no nos hiciera caso, le daba para su cine, la convencía y se volvía con nosotros.

La Chata le iba a lavar la ropa a mi mamá y conocía a toda la familia. Era comadre de mi tía Guadalupe pero no se llevaban muy bien. La Chata dice que yo soy como era mi mamá: chaparrita, gordita, muy timboncita y que por eso mi papá me prefería a mí. Según la Chata, mi mamá y mi papá no se llevaban muy bien, tenían sus dificultades porque los dos eran muy celosos. Cuando mi mamá trabajaba en el baratillo de cambiadora con sus tres hermanos, pues tenía que hablar con muchos hombres y aunque ella era seria con ellos mi papá se molestaba. Cuando nació Roberto, tan moreno, mi papá no lo quiso porque pensó que mi hermano no era su hijo. Y mi papá anduvo con tantas mujeres que la Chata decía:

—¡Ah que mi patroncito, llevó a Cupido al empeño y se le olvidó sacarlo!

Dice la Chata que mi mamá nos quería mucho y que muy bien vestiditos que nos traía a todos. Mi mamá salía todo el día, vendía raspaduras de pastel en la mañana y ropa usada por las tardes. Mi tía Piedad me crió porque a mi mamá le dio la fiebre puerperal después que yo nací y me tuvieron que retirar de ella; no mamé del pecho de mi mamá. Pero mi mamá no se desatendía de su familia porque su mamá o su hermana se quedaban con nosotros.

Mi tía Guadalupe que también batalló conmigo para criarme me contó muchas cosas de mi mamá y de su familia. Yo siempre la molestaba a preguntas y ella me contestaba:

—¿Cuando era niña?... me voy a acordar... ¡Madre Santísima!, pos ni que tuviera memoria de qué, tú. ¿A poco me vas a preguntar que dónde nací?... Nací en un cabrón petate en Guanajuato. Yo era la más grande y yo solita, solita como el elote, cuidaba a mis hermanos cuando mi 'ama y mi 'apá se iban a vender fruta de horno. En ese tiempo no jugábamos con otros niños. ¡A poco me dejaban juntar como a ustedes! Desde chica sufrí mucho con mis hermanos. Yo tuve que lidiar con todos... Y tantos que tuvo mi madre, ¡fueron dieciocho! A algunos no los vi, los perdió o se murieron. Solo siete crecimos: Pablo; luego yo; Bernardo; Lucio; Alfredo; Leonor, tu mamá; y José. También hubo una media hermana porque mi 'apá tuvo por ahí su malpaso.

Mi tía Guadalupe siempre tuvo celos de mi mamá que tuvo la suerte de ser la consentida de mi abuelita Pachita. Mi abuelita nunca quiso a los hijos de mi tía, pero cuando a mi mamá le hizo la maldad un ferrocarrilero cuando tenía quince años, mi abuelita se encargó de la niña y de mi mamá. A mi mamá la abandonó el papá de la criatura y la niña murió de pulmonía a los cuantos meses. Fue cuando mi mamá encontró un trabajo de galopina en el restorán La Gloria y conoció a mi papá.

Mi mamá y mi papá pusieron primero casa en la calle de Tintero donde están todas esas mujeres. A mi papá no le gustó y entonces se fueron a vivir a un cuarto con mi abuelita. Después buscaron un cuarto para ellos solos. Al principio no tenían cama y dormían en el suelo. Luego que Manuel y Roberto nacieron, mi papá se sacó la lotería y entonces compró la cama grande de latón que todavía tenemos. Volvió a ganar en la lotería y entonces compró el radio. Mi tía dice que ese radio fue causa de un gran disgusto en la casa porque un día llegó mi papá y mi mamá lo estaba oyendo. Él dijo:

—¿Quién te dijo que pusieras el radio? Eres una india, eres una imbécil, no sabes tener cuidado de nada. Apágalo antes de que lo rompas.

Mi mamá tenía mucho coraje y dijo:

—Mira, Jesús, nunca más voy a tocar tu radio —y así fue, murió sin tocarlo otra vez.

Mi tía todavía está disgustada con mi papá por eso. Ella dice que él solo entendía de dar para comer y para la renta y nunca piensa que una persona necesita otras cosas. Él es muy regañón, muy gritón, le grita a todos, pero en el fondo es un cobarde y no tiene corazón ni para matar una chinche... tiene el corazón de carrizo. Mi tía nunca se ha llevado con mi papá y por eso habla así.

Hay una mujer, Julia, que vive en la vecindad de mi tía. Julia fue la esposa de mi tío Lucio y conoció muy bien a mi mamá. Ella y mi tío y los dos hijos de Julia, Yolanda y Maclovio, vivieron en casa de mi mamá tres años. Julia ayudaba a mi mamá con el quehacer y Yolanda a mí me cargó y me limpió el rabo. Todos dormían en el suelo de la cocina y se fueron cuando se murió mi tío Lucio.

Mi tío no podía ver a los escuincles, sus entenados, y era muy pegalón, les pegaba mucho a los muchachos... a la hora de la comida los hacía que se sentaran debajo de la mesa y así poderlos patear mientras él comía. A mi mamá le daban lástima y les regalaba comida, si no se hubieran muerto de hambre los escuincles. Siempre trabajaron de sirvientes y nunca tuvieron un juguete.

Yolanda me ha dicho que cuando gozó más de su niñez fue cuando vivió con mi mamá. Yolanda agarraba los cincos o los veintes que mi papá nos dejaba debajo de la almohada y cuando llegaba mi mamá de la pastelería se iba al excusado a comerse lo que se cogía. Y cuando la sorprendíamos la acusábamos con mi tío Lucio y le daba una buena pela; le pegaba en la cabeza. Pero todo ese tiempo estuvo más o menos bien porque tenía abrigo, vestido, comida; mi mamá les daba todo. Ella me platica que mi papá era muy feliz con mi mamá, que nunca le pegaba, que la sacaba a dondequiera.

Que mi mamá era alegre y le gustaba ir a fiestas y mi papá, aunque enemigo de ellas, aceptaba ir con tal de tener contenta a mi mamá. Que mi mamá trabajaba no porque no le diera suficiente mi papá, sino porque a ella le gustaba tener sus centavos. Siempre le gustó tener buena ropa y le gustaban mucho los aretes, las arracadas. Cuando salía siempre iba en camión o tomaba un coche. Nunca caminaba, hasta para ir al mercado iba en camión. Ayudaba a su mamá y a su hermana y por eso se ayudaba vendiendo para que no le fuera a pesar a mi papá y pensar que él estaba manteniendo a su suegra y a los parientes de mi mamá.

Empezaron las dificultades entre mi tío Lucio y Julia cuando ella empezó a trabajar, salía a vender. Conoció a un ferrocarrilero, y vivía con mi tío y vivía con el ferrocarrilero. Y dice mi tía que le hizo «daño» Julia a mi tío porque de la noche a la mañana cambió. En lugar de pegarle a ella él aceptó todo y hasta le pedía, le rogaba a ella para que le diera cosas.

Le ha de haber dado agua de coco, porque aquí, cuando vemos que una esposa manda al marido y coquetea con otros delante de él, se dice que ya le dio su agua de coco; dicen que con ésta los tienen amarrados, amansados. Esta agua de coco es agua con la que se lavan las asentaderas y luego se las dan a beber. Otras les dan toloache, es un té.

Yo creo que Julia le ha de haber rezado a San Prieto[1] y midió a mi tío con un listón negro, porque de la noche a la mañana se enfermó y murió de hidropesía. Mi mamá le echó la culpa a Julia y la corrió de la casa.

Todos por aquí saben que Julia también midió a su primer marido, el padre de sus hijos, porque en uno o dos días murió. Ella lo achacó a que le dijeron que no tomara y esa vez tomó. Él le pegaba mucho; a esta señora casi todos le pe-

1   San Benito.

gaban. Ha tenido tres esposos porque después que murió mi tío abandonó a sus hijos por irse con el ferrocarrilero. Los tres tomaban mucho y le pegaban. Así que lleva tres y han muerto casi a su lado. Ahora vive bien con Guillermo Gutiérrez y aunque no le da dinero para el gasto nunca le pega. Dicen que mi mamá sí supo lo de Lupita y mi papá porque no faltó quien le fuera con el chisme. Aquí se acostumbra mucho decirles a las mujeres con quién andan los maridos. Muchas veces no acaban de hacer esto cuando ya se lo avisaron a su mujer. Una vez mi mamá y mi tía Guadalupe fueron a una fiesta en la calle de Rosario y les dijeron dónde vivía Lupita. Mi mamá agarró unas tijeras y la amenazó afuera de su casa, pero Lupita no salió. Si hubiera salido se hubieran agarrado las dos. Mi tía jaló a mi mamá del pelo y se la llevó.

Según sé por mi tía, mi papá anduvo con una sobrina de Lupita que también trabajaba en el restorán. Mi tía dice que mi papá no se tumbó al patrón del café porque era hombre, pero de ahí en fuera barrió con todas. Mi papá tuvo un hijo con la sobrina de Lupita pero nunca la ayudó porque esta señora se casó con otro señor y éste aceptó al niño como hijo propio. A ese hijo no lo conocemos nosotros, al menos yo. Lupita sí sabe quién es el padrastro. Mi abuelita quiso saber quién era porque tenía miedo cuando creciéramos que nos enamorara a Consuelo o a mí. Todo lo que sabemos es que se llama Pedro y que se parece mucho a mi papá.

Lupita era del turno de noche en el restorán y mi papá de la mañana, así es de que allí se conocieron. Ella ya tenía a Élida y a Isabel. Ella me dice que desde que conoció a mi papá ora sí que todos sus hijos fueron los que tienen ahora. La niña que hubo entre Antonia y María Elena murió. Me ha dicho que mi papá en cada hijo que iba a tener se desaparecía, se desobligaba y que no se veían hasta que no había nacido ya la criatura. Una vez la dejó dos años. Y que no le ayudaba nada, que sí le llegaba a dar de vez en cuando un centavo, pero que un gasto verdadero, una casa que le pagara, no. Que no le daba nada y que se fue a arrimar para tener a sus hijas.

Yo digo, pos solamente ella que lo pasó, ¿verdad?, puede saber mejor. Platica que sufrió mucho, trabajó mucho para poder mantener a sus hijas y que dejó de trabajar porque se cortó una mano. Y pos me da coraje, y no coraje, porque yo conociendo a mi papá se me hace a mí dudoso que no le haya dado ni un centavo ni que no la haya atendido como dice ella. Yo no he llegado a una discusión de que le diga yo:

—¡Cómo voy a creer que diga eso de mi padre! —yo la dejo que hable.

Nunca he perdonado a Lupita por andar con mi papá cuando vivía mi mamá; su papel no era bastante limpio. Pero quién soy yo para andar metiéndome en los asuntos de mi papá, así que siempre he tratado de llevarme bien con mi madrastra. Nunca nos ha hecho mala cara, ni cariños. No ha llegado a ese grado de hacernos caricias porque nosotros lo tomaríamos a mal. No nos podemos quejar, pero siempre habrá una barrera entre nosotros.

Según me platican cuando mi mamá murió mi papá lloró mucho y estaba como loco. Y cuando la enterraron nos abrazó a Consuelo y a mí y se tiró a la fosa con nosotras. Desde entonces hasta la fecha fue serio. Nunca lo veo riéndose, alegre. Siempre triste, siempre pensativo, él solo con los problemas, con los gastos.

Por el tiempo que salí de la escuela casi todos de la familia de mi mamá ya habían muerto. Solo quedaban mi tía Guadalupe y su esposo Ignacio: mi tía Piedad, mi tío Alfredo y sus dos hijos; mi tía abuela Catarina, su hijo, su hija y todos sus nietos; y otros cuantos primos. De la familia de mi papá solo conocí a mi primo David y a su mamá Olivia. Mi tío Alfredo se murió hace poco. Agarró una pulmonía porque vino a su casa borracho y sus hijos de coraje lo dejaron tirado en el suelo, en la humedad toda la noche. Al día siguiente fue a casa de mi tía Guadalupe a pedirle prestada su tina y jabón para bañarse. Dijo que le dolía mucho el pecho y que iba a ir al vapor. En unos cuantos días murió. Mi pobre tía sufrió mucho porque ya ella había enterrado a toda su familia, sus padres, sus cinco hermanos, su única hermana, y sus dos hijos.

Era la última que quedaba, quitando a Ignacio y a nosotros. Como a los doce años empecé a tomar sentido de las cosas y me retiré de jugar con los muchachos. Me empezó a gustar arreglarme y me cambiaba de ropa diario. Consuelo era la que me lavaba y me planchaba y esto la molestaba. Así que tuve que aprender a medio lavarme mis cosas. Me gustaba adornarme mucho, me ponía listones y me pegaba lunares en la cara. Tenía un clavel con los pétalos manchados de cacas de moscas, el tallo de alambre forrado ya estaba todo pelado, se veía el alambre, pero me lo ponía yo en la cabeza —según yo, me veía muy guapa. Y a mi papá le daba gracia.

Un día tuve un pleito porque una chamaca me arrancó mi lunar. Me dio tanto coraje que le rasgué el vestido de arriba abajo como si se lo hubieran cortado con tijeras. Siempre me andaba yo peleando porque siempre hay envidias entre las compañeras, chamacas que se encelan, echan habladas, inventan algo y buscan la manera que salga uno de pleito.

Muchos chamacos son muy léperos y me decían algo y yo no me dejaba, les contestaba, y muchas veces pasábamos a los hechos. Un muchacho ya grande que no me podía ver, un día que iba corriendo por el patio me metió el pie. Me caí y me descalabré, pero yo no me asustaba sino que me daba coraje. Después ya casi aliviada le reclamé, quería tomar venganza. Él estaba alto y flaco y yo le pegué. Su mamá me vino a acusar, pero mi papá nunca hacía caso de las quejas. Mis mejores amigas eran Irela y Ema, la hija de Enoé. Chita también era mi amiga, pero no tanto como las otras. Todas habíamos crecido juntas y éramos uña y carne. Si a una la trataba mal su familia, las otras la llevaban a sus casas. Si comía una, comía la otra, porque ahí está la amiga, cuando son de verdad:

—Siéntate a comer aunque sea frijoles —o—: Espérate, voy por tortillas y echamos un taco —en mis amigas deposité toda mi confianza y todo hacíamos juntas.

Todos los días me mandaba la Chata a traerle su pulque, que tomaba con la comida, siempre a escondidas de mi papá, porque no le gustaba que fuéramos a la pulquería. Un día se me ocurrió comprar otra botella para mí y mis amigas y nos subimos a la azotea para que no pudieran ver lo que hacíamos. Después juntábamos nuestros domingos y nos comprábamos una botella chiquita de tequila y nos subíamos allá a la azotea. Allá nos estábamos toda la tarde toma y toma y hubo una vez en que ya no nos pudimos bajar de tan borrachas que estábamos. De no haberme sabido detener sí hubiera agarrado yo la borrachera, como Irela y Ema.

También fumábamos en la azotea y contábamos chistes colorados. Luego comprábamos chicles para no oler. Irela y Ema robaron pequeñas cosas —una vez robaron una alcancía de la escuela—, pero yo no. No estaba deseosa yo de dinero y de eso, quién sabe ellas, ¿verdad? Yo tenía bastante dinero para gastar porque mi papá me daba permiso de irme a trabajar a una paletería cerca de la casa, cuando salía yo de vacaciones de la escuela. Me daban 2, 3 pesos diarios y esto lo gastaba. Mi papá nunca me pidió del dinero que yo ganaba. Me compraba yo tobilleras y otras cosas, pero por lo regular se me iba todo en la bicicleta o en ir a nadar.

Me gustaba tener mis centavos y por eso me gustaba trabajar. Y siempre preferí el trabajo que la escuela. Cuando estaba en tercer año me metí a adornadora de zapatos; de las diez de la mañana hasta las ocho de la noche y entonces ganaba más dinero. Luego Lilia, una amiga que vivía en Soto, me dijo de un trabajo mejor, recortar figuritas de palo. Pero ahí no duré más que dos días, porque pasó una cosa con el dueño.

Lilia, yo y otras dos muchachas trabajábamos en la sierra en el taller, enfrente de la pieza donde él se quedaba. Era un viejo gordo, feo, cacarizo, ¡el malvado viejo! Me caía regordo, me daba mucho asco, bueno, me chocaba un hombre así ya reteviejo y todavía miraba a las muchachas. Desde que llegué me veía a mí con malas intenciones, me veía y se reía.

El segundo día me dijo que me metiera a tender su cama. Y va me metí a tenderla y luego se metió el viejo y me quiso abrazar y me quiso besar. ¡Y cree que me sacó el «pájaro» y quiso que se lo agarrara con la mano! Yo le había gritado a Lilia, pero no me oyó. Yo me le retiré, ¿verdad?, estaba muy asustada. Pero él se enojó y me dice:

—Pos para que veas... cuando yo sepa que te vas a casar yo voy a intervenir. Pa' decir que no te cases porque ya fuiste mía.

Eso ha de haber pasado como a las seis. A las siete salimos Lilia y yo. Yo chille y chille y ya le dije lo que pasó. Esa noche las dos nos emborrachamos y ya no volvimos a trabajar allí. Ya luego volví a la paletería, porque allí la dueña era una mujer.

Irela, Ema, Chita y yo nos juntamos con una palomilla, unas doce muchachas que vivíamos allí en Bella Vista. Cuando entra uno en una palomilla si es tonta no se defiende, solo llora. Porque en una palomilla hay siempre una que tiene fama de muy mala, de pegar muy fuerte, una fiera.

Las otras le empiezan a temer y por eso a veces se agrupan con estas personas, o se echan a correr. Si le tienen miedo, se cree mucho, pero si encuentra la horma de su zapato y le hacen frente, esas personas muchas veces no son sino puro espejismo. Entonces ya no pueden hacer nada. Yo fui enemiga de que abusaran de la debilidad de otras muchachas, nunca me ha gustado que se aprovechen de las que se ven más tontitas, por eso yo saqué la cara por muchas. Entre las muchachas nos peleábamos por los novios y las pláticas con ellas eran así: «Mira que fulana de tal ya anda de resbalosa con el que a mí me gusta». O, «es muy chismosa», o «muy cochina». Cuando tiene uno novio: «Él me abraza así», o «me besa muy bonito», o «no sabe besar», o «me propone que me vaya a la oscuridad y yo no quiero», o «ya se dieron cuenta en mi casa y no quieren que siga con él». Las palabras preferidas que los muchachos tienen con uno es: «Si de veras me quieres vente conmigo». Y las que de veras los queremos, y sabemos que estamos casi a punto de perderlos teniendo una prueba tan a la mano, la tomamos. No queda más remedio que demostrarles que de veras los quiere uno y se va con ellos.

Ese año que me junté con la palomilla se desató una ola de calentura entre todas. Una por una se fueron desgranando, como lo hacen con el maíz. Una se fue ahora, después la otra. Empezaron las de más edad; las más chicas después. Tina fue de las primeras y las otras no se querían quedar atrás y también se iban. Claro, cuando las ve uno les dice:

—¿Cómo perdiste, en cama o en petate?

A la mayoría se las llevan a los hoteles, un rato, o toda la noche. Otras a la casa de una tía de él, o de la hermana.

A los doce años tuve el primer novio. Se llamaba Donato y era el hijo de Enoé la que trabajaba con nosotros como sirvienta. Vivían en el número 32 de aquí, de Bella Vista. Era un buen muchacho, pero muy feo. Y luego pos siempre lo quería yo ver menos porque yo me sentía el ama y su mamá era la sirvienta. Mi papá era muy delicado, muy estricto, y mis hermanos también y siempre estaban al pendiente de nosotras. Así que nunca salí con él. Si yo hubiera estado más grande hubiera podido, ya uno de grande se da sus mañas, pero yo era muy chica. Y ya a las seis y media quería mi papá que estuviera dentro de la casa y acostada a las ocho. A las diez apagaban las luces de los patios y ya no salía uno. Ahora es diferente. Desde que hay televisión los vecinos andan entrando y saliendo hasta que se terminan todos los programas y las luces las dejan hasta las doce.

Mucho antes las gentes tenían miedo de salir de noche porque tenía fama la colonia de estar llena de criminales, rateros, morfinómanos. No estaba tan poblado como ahora, y había unas zanjas enormes; muchas veces aparecían allí ahogados, ahorcados. Esta vecindad era un nido de rateros. Y de buenas a primeras desaparecían las gentes misteriosamente y muchos creen que bajo los pisos hay muchos enterrados. Por eso muchos han hecho sus pisos de cemento. Y antes era diario robo, asesinato, violaban muchachas. Se sabe de una muchacha que tenía un novio de lo peor. Una vez la invitó a ir al cine y saliendo de éste, que está inmediato a la plaza, la encaminó a su casa. Pero ya había quedado de acuerdo con otros y en un puesto la metieron, la violaron y la mataron. Dicen que tantos hombres hicieron uso de ella que hasta el ano se le salió.

Todo era una ola de terror y ni quién pudiera meter las manos. Y como la ley es muy liviana para estos asaltos, casi no hacen caso. Y esta vecindad fue cambiando porque fueron sacando a la gente mala de aquí.

Pero todavía a la gente le da miedo salir de noche porque dicen que en esta vecindad hay espantos, almas que andan penando. Las vecinas muy viejas son las que saben mucho de los espantos. Dicen que del tinaco sale un charrito, que se aparece y se va esfumando; que una gallina sale junto a la caldera; y por esos lugares hay dinero. Roberto una vez vio al charro; otra vez lo jalaron de los pies; una vez se acostó arriba y amaneció abajo.

Consuelo estaba en el guáter, le hablaron por su nombre y la espantaron. Otra vez a Manuel; venía muy noche, ya en la madrugada, y vio a una viejita que llevaba una carretilla con trastes. Vio que la vieja se metió a un baño y oyó que se le cayeron todos los trastes. Corrió a ayudarla y que no era nada. Llegó a la casa blanco del susto.

A Lupita la espantan mucho los muertos. Las que son devotas de las ánimas dicen que cuando no hay gente las ánimas cuidan y protegen las casas, pero cuando se les deja de rezar espantan. Lupita dice que no podía agacharse porque le picaban las costillas, y que de repente no se acordaba que estaba sola y le metían muchos sustos, en el restorán le aventaban bolitas de pan; y ya no les reza. A mi papá se lo andaba cargando un muerto y a pura grosería se lo alejó, porque dicen que a las almas que fueron buenas se les dice de groserías y a las malas se les reza. Y muchas avisan dónde hay dinero.

Hay vecindades como la Ciudad Perdida; como media manzana de puras casuchas de madera y el suelo de pura tierra. Bella Vista está reina al lado de aquélla. En Magnolia, cerca de la casa de mi tía, hay una de estas ciudades perdidas. Es la peor vecindad del barrio. Si se va ahí bien vestido se llama la atención y como la ven vestida así la tratan. Hay gente que tiene miedo de entrar a estos lugares pero como mi cuñada Paula siempre vivió en esos lugares yo ya estoy acostumbrada y puedo entrar a cualquier lado.

En la Ciudad Perdida no se encuentran señoritas, aunque están jóvenes, porque los mismos de allí abusan de ellas. Allí vivía el Tripas, un escuincle de lo peor, el terror de la Ciudad Perdida. Era un «teporocho», así se les dice a los que tragan puro alcohol y era cuchillero hasta donde no se imaginan. Él y su palomilla iban a un cine de por allí donde a galería van mariguanos, rateros, criminales y a luneta va de todo, familias, palomillas de muchachos. Muchas veces huele a la mariguana que están fumando y si exhiben una película atrevida gritan leperada y media.

En mi barrio hay de todo, hasta mujercitas. Nosotras íbamos a Tintero a mirar. Está ocupada por mujeres de la calle; en la primera calle se veían unas muy jovencitas, de quince o dieciséis años, bonitas; y a la siguiente cuadra ya encontraba mujeres viejas, gordas, nalgonas, con los pechos caídos. Se daban por 3 o 4 pesos, 5, y todavía les regatean. En Orlando, donde nosotros vivíamos antes, también hay mujeres, pero allí los hombres pagan más.

En Rosario era de lo peor. Por allí pasaba cuando iba a casa de Lupita. Viven en accesorias, pero como éstas no alcanzan para tantas, en una accesoria viven dos o más. Hay el número de camas según el de mujeres y están divididas con una colcha que la hace de cortina; tienen su tocadorcito y su espejo y tienen sus santos y retratos de artistas de cine y mujeres desnudas. Mientras tenían cliente se sentaban en la puerta de su accesoria, con las piernas abiertas y el vestido levantado; se les veía hasta por allá. Otras, sin fondo, con el brasier y encima una blusa nailon, todas se traslucían. Cuando acaban de estar con un hombre se lavan —tienen siempre su brasero con carbón prendido y su olla de agua— en un lavamanos y luego tiran el agua a la calle y uno al pasar hasta lo salpican.

En las mañanas temprano si usted las ve antes de que estén pintadas, cuando están arreglando su cuarto, o salen a comprar sus cosas, se las confunde con cualquier muchacha. Pero a mediodía, cuando ya están pintadas, se da uno cuenta inmediatamente de quiénes son. Las mujeres estaban regenteadas por una sola y tienen que entregarle una cuota diaria. Si no habían hecho nada de dinero —porque muchos les regateaban y les ofrecían menos— aceptaban cualquier cosa.

En esa calle se paraban una gran cantidad de hombres a esperar, o solo a estar viendo; la calle nunca estaba sola, a cualquier hora, siempre, había hombres. Yo vi a muchos hombres casados, a muchachos de Bella Vista... flojos, flacos, demacrados, borrachos, y jovencitos de las palomillas. Muchos chamacos no saben ni cómo se hace y tienen que ir con estas mujeres para que los enseñen. Entonces ellos ya se dan idea y después pueden estar con otras muchachas.

Lo único que yo conozco de muchachas de estos rumbos que hayan andado por Tintero son dos. Si alguna de Bella Vista se llegó a ir a esa vida fue lejos de aquí, por donde no la vieran y no la conocieran. Esas dos muchachas se fueron con sus novios y no les cumplieron; las abandonaron y luego se las llevaron a los cabaretuchos y las hicieron trabajar para mantenerlos. La muchacha que se enamora de un hombre de éstos está perdida, la pobre. Mi segundo novio fue Mario, el Soldado, ese muchacho con el que después se fue mi hermana. Le decían «el Soldado» por su modo de caminar. Cada ocho días los muchachos rentaban un tocadiscos y todos los que querían podían bailar en el patio. En ese tiempo yo todavía iba a la escuela y usaba trenzas y tobilleras. El baile empezó a las siete, y se animaba como a las ocho, ocho y media, pero yo me tenía que dar prisa si quería bailar, porque mi papá nos chiflaba y nos metía muy temprano.

Las muchachas estábamos todas recargadas en la pared. En cada baile nos poníamos a decir: «a ver cuántos chamacos te amarras ahora» y ahí hacíamos nuestras apuestas, ¿verdad? Entonces una de las muchachas dice:

—Mira, ése es Mario el Soldado.

Llegó con un suéter y era muy... —bueno, a mí se me figuraba— muy guapo y yo veía que no era tan grosero como los otros. Me gustó mucho, mucho me gustó. Y fue Mario y me sacó a bailar y desde ese momento ya no me soltó. Ya na'más bailó conmigo y quiso saber mi nombre. Pero nunca decía mi nombre verdadero, me ponía Alicia. Ya después me dice:

—Qué, ¿mañana nos vemos?

—¿Para qué? —le dije yo.

—Bueno, pos pa'platicar...

—No, no puedo salir.

—Nomás un ratito. Ándele, sí... me espera allá en la esquina.

Después se fue y a mí me metieron.

Al otro día, en una escapadita me fui al pan y vi a Mario ahí parado. Después lo vi varias veces, pero nunca llegué a salir con él y que me abrazara, que me besara; nomás fue mi novio de palabra, no de hecho. Y supo mi verdadero nombre hasta mucho después.

Alberto Gómez, de aquí de la vecindad, era novio de mi amiga Chita. Después me habló a mí, ¿verdad?, y Chita me dijo que yo le había tumbado a su novio. Llegué a bailar con Alberto varias veces y él sí me abrazó y me besó. Pero no duré mucho con él porque en ese tiempo conocí a Crispín.

Yo era la encargada de ir por la leche y por el pan y mis amigas iban conmigo. Yo tenía mi enamorado en la panadería y en ese tiempo daban ganancia, pero él, aparte, me echaba más pan. Yo me ponía a pensar: «Pos cómo voy a llevar tanto pan a la casa». Entonces a ellas les repartía el pan que me daban de más. Cuando iba a la leche y que quería gastar y no tenía yo en ese momento, le echaba agua a la leche para comprar menos y poderme gastar lo demás de los centavos. Crispín trabajaba en una ebanistería en esa misma calle. Me mandó hablar con un chamaco y yo le mandé decir que si de veras quería hablarme fuera personalmente. Me dijo que si quería ser su novia. Él me dio su nombre, yo le di el mío y esa noche salimos.

Salimos a dar la vuelta, hablamos; no se atrevió a besarme, ni a tocarme, ni a nada. Pero cuando regresábamos nos cayó Consuelo, venía con su novio, Pedro; me regañó y me dio una cachetada y a Crispín lo insultó. Yo tenía temor de que me acusara con mi papá. Pero después Crispín habló con Consuelo y ella me dio permiso de andar con él, para tener relaciones con él. Me dijo que si iba a andar con relajos no me daba permiso, pero que si iba a ser una cosa seria, sí, porque no quería que anduviera vacilando.

Tenía trece años cuando conocí a Crispín. Desde ese momento empezaron los temores, las corretizas, las dificultades, las golpizas. Mis hermanos, sobre todo Roberto, siempre me andaban cuidando. Mi papá, que no me había pegado antes, me pegó tres veces; una vez con una cuarta y otras dos con el cinturón. Todo porque me vio hablando con Crispín.

Crispín y yo salíamos a dar la vuelta pero él nunca llegaba cerca de la casa. La única que lo sabía era Consuelo, pero faltaba Roberto y faltaba Manuel. Consuelo me daba permiso de ir al cine con él. Yo decía:

—Voy a misa —y nos íbamos a las matinés.

En la vecindad ya se están acostumbrando a ver a las muchachas salir al cine solas con el novio, pero mi papá no supo, porque si me llega a sorprender me pega.

Crispín sí me gustó porque era el primero que me besaba y me abrazaba. Una vez en el cine me empezó a abrazar, me empezó a besar, y tanto, tanto me estuvo abrazando y besando que yo sentí que se me calentaron las orejas. Sentí dentro de mí un escurrimiento y me dieron ganas de estar con él; fue la primera vez que quería estar con un hombre. Me dijo él que si nos íbamos a un hotel.

Ya nos salimos del cine y le dije que no, que esperara a que cumpliera yo mis quince años. Él me dijo más veces pero siempre le andaba yo diciendo no.

Una vez me había invitado al cine y yo le dije que no podía ir. Y ese mismo día me fui con Manuel y Paula al cine. Un muchacho que se llamaba Miguel me dio el asiento junto a él. Él me había estado hablando antes y yo no le respondí porque ya andaba con Crispín. Toda la película estuvimos viéndonos.

Pasó. El caso es que pos alguien le ha de haber ido a contar porque a los ocho días me dijo que con quién había yo ido al cine. Le dije que con mi hermano. Que si no había encontrado yo a nadie ahí y le dije que no. Me dio una cachetada y me dijo que por qué lo andaba yo engañando. Fue el disgusto más grande que tuvimos de novios. Nos dejamos de hablar ocho días.

También tuvimos dificultades por el baile. A mí me gustaba mucho el baile pero él se encelaba y no quería que fuera yo sola. Por mí aprendió él a bailar para que yo no bailara con otros, pero cuando yo sabía que iba a haber un baile yo me iba a escondidas con las muchachas. En ese tiempo Crispín vivía frente a Bella Vista y el taller donde trabajaba quedaba cerca de la paletería donde trabajaba yo así es que era muy fácil espiarme. Y luego sus amigos le ayudaban y cuando uno de ellos me veía en un baile iba y le avisaba. Iba Crispín y me sacaba del baile. Me ha gustado el baile, pero decentemente, pero hacer loqueras, payasadas, no. Me daba mucho coraje que se menearan todas, por eso de Consuelo y de Antonia no me gustó aprender nada. Pero Crispín de todos modos se enojaba.

Por ese tiempo mi amiga Irela se había hecho novia del que fue mi novio, Donato, el hermano de Ema. La mamá de ella era muy enérgica, esa vieja, y tan admirada, tan exagerada, que veía a uno correr, o con un muchacho, y nos gritaba majadería y media. Y en una palabra, una señora muy delicada, y todos sus hijos le han salido malos, unos vagos de primera que tienen fama de raterillos y la hija Irela también fue mala muchacha.

Pues Irela se fue con él, pero él no la abandonó, en cuanto abusó de ella siguieron viviendo juntos. Se la trajo a la casa de la suegra y allí no le faltaba qué comer, ni qué vestir. Él es panadero de oficio y lo poco que ganaba era para comprarle zapatos o vestidos. Ella es simpática, no es fea, y él es feo; en realidad no hacían buena pareja. A ella le gustaba vestirse, pasearse, irse al cine y no le importó su marido; no le importaba si él iba a comer, si tenía ropa, y la suegra le hacía todo el quehacer. Él es de esos hombres que tienen la costumbre de meter amigos en su casa y a ella no le gustaba estar allí y se venía a platicar conmigo horas enteras. Yo andaba con Crispín y quería saber lo más que se podía acerca de los hombres así es que le preguntaba muchas cosas.

Luego Donato se la encontró en el cine con otro. Donato en venganza se la llevó con un amigo de él y ni en cama ni nada, en el vil suelo, se la soplaron. Luego la corrió.

Y siguió con uno y con otro, y tuvo la suerte que nunca salió mala. Luego conoció a un tal Pancho, un escuintle, y pues de ése se enamoró. Quiso escoger entre tantos y escogió lo peor. Dejó a Donato, un buen muchacho, y fue a dar con éste, güevón, cochino, una calamidad, que no trabaja, le pega y la tiene viviendo con la suegra. Pero ella lo quiere una barbaridad y cree que si le pega le demuestra que la quiere.

Estuvieron viviendo en un rincón de la casa de la suegra y ni se queja. Tanto tiempo duró de andar de arriba para abajo y nunca salió mala, que nosotros de broma le decíamos:

—Hasta que te atinaron bien el tiro —porque con Pancho tuvo una niña.

Después se fue Ema. Enoé, su mamá, se iba a trabajar a un hospital y se estaba dos o tres días por allá, así es que a Ema se le hizo fácil irse a un hotel con el novio. Entre nosotras no había secretos y en la mañana vino y me dijo:

—Fíjate, te voy a platicar una cosa, pero no se lo digas a nadie... estoy reapurada... pero él salió reenojado porque no pudo bien...

Ella dijo que era un estúpido que no había podido. Al oír estas palabras yo le dije:

—Mujer, si ya te pasó eso, y te salvaste, mejor córtalo. ¿Para qué sigues con él? Si ya te probó... al rato va derecho adonde tiene que ir. Pero como era su adoración a los dos días me dijo que ya había pasado lo peor. Ella siguió con él pero tuvo la desgracia de que salió luego luego embarazada. Entonces su adoración la dejó y ella siguió aquí con su familia.

Muchas veces las amigas saben mejor las cosas que los padres, hermanas, tías. Desgraciadamente las madres mexicanas no les presentan a las hijas la realidad y por eso tienen la cruz de un desengaño. Si ellas se fijan en algo raro de sus hijas no tienen el valor suficiente para preguntarle... una palabra para sacarle la verdad. Y dejan todo así hasta que su desengaño es peor. Cuando ven a sus hijas embarazadas, cuando ya no pueden intervenir porque ya él las dejó, no aceptan la verdad tan dolorosa, que ya deshonraron a sus hijas.

Por eso no se confía uno en su madre. Si uno les dice que tiene novio, le dan un bofetón. Si les piden permiso para ir al cine, les gritan a sus hijas que son unas «frutas», unas descaradas. Estas palabras duelen y por eso cuando un muchacho ofrece algo, se van. Muchas muchachas se van, no por calentura, sino que sus padres, sus madres, hermanos... todos, las regañan. Parecen pilas de agua bendita. El que no le pega por una cosa, lo hace por otra. Maltratan mucho a las hijas mexicanas, por eso hay tanta madre soltera.

Ahora es raro ver a una muchacha que de veras valga la pena. Se ven caras bonitas y cuerpos bien formados, y es triste la realidad; ya no son señoritas. Es triste para el hombre que de veras las quiere y una gran felicidad se pierde. Muchas engañan al hombre, pero tarde que temprano ellos se cercioran. Y es por eso que en lugar de obrar el hombre con más cariño las desprecia por haberlos engañado.

La hija mexicana sufre porque no tiene confianza en sus padres. Prefiere confiarle sus problemas secretos, íntimos, a una amiga. Por ejemplo, de la regla, la mayoría lo sabe fuera de su casa... Mi periodo me bajó por primera vez a los trece años y me espanté pues nadie me había preparado. En pláticas con las muchachas yo oía que cuando una muchacha se iba con un hombre que sangraba mucho. Cuando me vi el calzoncillo manchado me puse a pensar: «Pos si yo no me he ido con nadie». Estaba Paula viviendo entonces con nosotros y le digo:

—¿Por qué le sale a uno sangre? ¿Por qué?, yo no me he ido con nadie y me está saliendo sangre.

Y ella me espantó más porque me dijo que nunca se me iba a quitar. Pos que me suelto a chillar, pensando que todo el tiempo iba a estar así. Paula nomás me dijo:

—Métete a cambiar.

Tenía miedo que mi ropa, mi fondo y mi vestido, se me mancharan, así es de que me puse papel periódico. Ya después Irela me dijo de fomentos, como mota. No sabíamos de las toallitas que se usan.

Crispín y yo fuimos novios como año y medio. Me gustaba mucho y juntos estábamos muy contentos, pero lo sorprendí con otras muchachas. Cuando iba a cumplir quince años —cuatro meses antes— nos peleamos. Lo encontré con una muchacha y me dio tanto coraje que iba a terminar con él. Entonces dijo que yo iba a ser la causante de lo que le pasara. Tenía miedo de que se fuera a matar o hacer una locura y que luego me echaran a mí la culpa. Me siguió proponiendo que nos fuéramos. Me dijo:

—Si de veras me quieres, vámonos.

Era mi mayor ilusión, mi sueño dorado, casarme por la Iglesia, salir de blanco... tener mi casa yo sola, nada de que me llevaran allá con mi suegra... tener mis hijos. Yo veía, ¿verdad?, que muchas empezaron a irse, pero no estaba bien eso, porque aparte de que hacía uno sufrir a sus padres, la gente ya no la tenía a uno por buena y le decían a uno loca. Luego yo les decía a las muchachas:

—Yo, el día que me case he de salir de blanco...

Y me decían:

—¡A poco te vas a casar!

Porque yo también fui débil. Ahora reflexiono, debieron aconsejarme, pero nunca me dijeron nada. Nadie me aconsejó, máxime que me veían jugar siempre con hombres; unos no solo juegan, sino que se aprovechan para tentar a uno. Por eso cuando Crispín me dijo que nos fuéramos y que después sus padres hablarían con el mío, que nos íbamos a casar, quedamos de acuerdo. Y también pensé en ese momento que iba a perder a Crispín si no me iba con él. Esa misma noche me fui; íbamos a terminar de novios para seguir de queridos.

Como yo no llevaba abrigo, ni suéter, vine a la casa. Mi papá no estaba aquí, estaba cuidando a Antonia que estaba enferma en casa de su mamá. Me acompañó mi amiga Ema. Ella traía su abrigo en el brazo, puso el mío debajo y así Consuelo no se dio cuenta. Dije que iba por unos cuentos y me salí. Y me fui con él, y nadie supo adónde me había ido, porque Ema no supo tampoco nada.

Nos fuimos a un hotel que está por la Penitenciaría. Ahora que he visto bien me doy cuenta de que era un hotel de lo peor. Esa noche me fue muy mal. Él se empezó a desvestir —bueno, los hombres no tienen vergüenza— pero a uno siempre le da pena y yo nunca me había desnudado delante de un hombre. Esa noche no dormí con el temor de que mi papá nos fuera a encontrar —porque siempre le he tenido miedo—. Y con el miedo oía silbatos, las sirenas de la Cruz Roja y pensaba que ya me andaban buscando.

Al otro día salimos temprano del hotel —como a las cinco de la mañana— y llegamos donde vive su mamá. Me dejó afuera esperándolo. Se me figuraba que todas las miradas se dirigían hacia mí, sentía que las piernas las llevaba como de charro. Se tardó cerca de una hora y yo me imaginaba que ya me había dejado, ya no estaba segura de que se iba a casar conmigo. Dentro de mí pensé: «¡Canijo!, ya me hizo el favor y ya se fue». Cuando al poco rato llegó y me dijo que había estado hablando con sus padres y que pos no querían ellos. Entonces me trajo para la casa.

Veníamos para acá cuando encontramos a Roberto en el patio y amenazó a Crispín, y que le saca un cuchillo y que le dice de cosas. Hasta que Crispín le dijo que sus papás iban a venir a hablar con mi papá.

Se hizo un escándalo en la casa cuando supieron la verdad. Consuelo me dio dos chicotazos con una cuarta, pero yo la arañé, le rasguñé las manos. Manuel me iba a pegar y Paula intervino. Fue a la única que le confesé y ella lloró conmigo, como si hubiera sido su hermana, o su hija. Me dijo que había sido muy tonta. Yo con Paula no me había metido ni para bien ni para mal... era muy reservada, muy seria, era de carácter... pero nunca voy a olvidar que pos ni mi hermana, ni nadie lloró como ella.

Cuando vino mi papá de trabajar yo estaba afuera, en el patio, porque no quería yo meterme para donde estaba mi papá y enfrentarlo. Pero mi papá no me dijo nada, ni me tocó; ya había yo dado un mal paso y ya no quería saber nada de mí. Después le dijo Manuel que iban a venir los papás de Crispín a hablar con él y dijo mi papá que no volvería a verme más y que ahí me las arreglara yo como pudiera. Cuando vinieron el que habló con ellos fue Manuel; les dijo que yo no sabía hacer nada, que no sabía llevar una casa, que la Primera Comunión la hice a los trece años, y que si no sabía hacer nada era porque no hubo quien me enseñara. Ellos estuvieron conformes de que poco a poco me irían enseñando. Mi papá le había dicho a Manuel que pusiera un plazo de dos años para casarnos porque yo estaba muy chica.

Mi papá dejó de hablarme como un mes. No me hacía caso, después de haber sido yo la consentida. Ya me comenzaba a tratar mal. Yo sentía muy feo que él me tratara en esa forma. Estaba apenada y no le quería dar la cara. Tenía tanto sentimiento que una noche comencé a llorar tan fuerte que mi papá salió a ver qué pasaba. Le dije que me perdonara y él me dijo que no fuera tonta, que él era mi padre y que nunca me abandonaría. Entonces ya me sentí mejor.

Crispín venía a la casa todos los días, o me llevaba a su casa, al cine, al parque, o a otro lado. A veces, muy a escondidas, íbamos a un hotel. Cuando cumplí quince años él estuvo aquí y unos amigos que tenía me trajeron un tocadiscos y me hicieron mi fiesta. Mi papá siempre había querido hacerme una gran fiesta de quince, con mi vestido largo y mis damas, baile, todo, pero como ya no era yo señorita y ya no valía yo la pena, lo único que me dio fue un par de zapatos.

A los ocho días me fui a vivir con él a su casa, con la suegra. Ya no decía nada de que nos casáramos, pero yo tenía vergüenza, o miedo de salir enferma y estar en mi casa. El pobrecito de mi papá fue a buscarme a la casa de mis suegros, porque no le avisé a qué me iba, ni nada.